高等院校旅游专业应用型系列规划教材

旅游心理学

程　瑞　洪二丽　主　编
汪　艺　赵海荣　副主编

对外经济贸易大学出版社
中国·北京

图书在版编目（CIP）数据

旅游心理学／程瑞等主编. —北京：对外经济贸易大学出版社，2012

高等院校旅游专业应用型系列规划教材

ISBN 978-7-5663-0383-7

Ⅰ.①旅… Ⅱ.①程… Ⅲ.①旅游心理学－高等学校－教材 Ⅳ.①F590

中国版本图书馆 CIP 数据核字（2012）第 160343 号

旅游心理学

程　瑞　洪二丽　主编

责任编辑：李晨光

对外经济贸易大学出版社

北京市朝阳区惠新东街 10 号　邮政编码：100029

邮购电话：010－64492338　发行部电话：010－64492342

网址：http://www.uibep.com　E-mail：uibep@126.com

山东省沂南县汇丰印刷有限公司印装　新华书店北京发行所发行

成品尺寸：185mm×260mm　15.25 印张　353 千字

2012 年 8 月北京第 1 版　2012 年 8 月第 1 次印刷

ISBN 978-7-5663-0383-7

印数：0 001－5 000 册　定价：31.80 元

高等院校旅游专业应用型系列规划教材

编写委员会

总序

在世界经济飞速发展的今天，旅游业是世界经济中发展势头最强劲、规模最大的产业之一。我国已经成为全球规模最大的国内旅游市场、亚洲最大出境客源国和最活跃的国际旅游市场，2010 年我国首次成为世界第三大旅游目的地国，实现了由旅游资源大国到世界旅游大国的历史性跨越。整合旅游教育资源，加强专业建设，深化教学改革，提高教育水平，为旅游业输送更多高素质人才，是旅游院校的基本任务，也是促进旅游业持续快速健康发展、实现世界旅游强国宏伟目标的战略措施之一。

为了适应旅游业的发展、培养高端技能型人才，也为了满足学校更新旅游教育教材的迫切需要，加强旅游专业教材建设是改善和提高旅游教育水平的当务之急。为此，对外经济贸易大学出版社安徽信息中心自 2011 年 10 月份起就开始精心策划、组织，在广泛征求高职高专院校旅游专业的专家、学者、学生以及旅游业界专业人士对旅游专业教材建设的意见与建议的基础上，成立了“高等院校旅游专业应用型系列规划教材”编写委员会，研究审核高职高专旅游专业教学内容和规律，统一明确高职高专教材的指导思想、体系结构、职业要求、格式特色、编写标准、编者资格、选用程序等，以之来规范教材的编写和选用。本套“规划教材”的作者中既有直接从事旅游专业一线教学和科研工作的教授、学者和“双师型”教师，执教的课程很多都是省级、校级的精品课程或重点课程，有着丰富的理论基础和教学经验，也有长期任职于旅游主管部门以及大型旅游企业的领导、业务骨干，具有丰富的管理实践经验。

本套“高等院校旅游专业应用型系列规划教材”是 2011 年中央财政支持高等职业学校提升专业服务能力项目的建设成果，教材编写主要体现如下特色：

1. 在体例上打破传统教材固定的结构体系

每章根据教学内容设置了“任务介绍”、“任务分析”、“任务实施”等模块，从介绍完成任务的思路、技能点和知识点开始导入新课，每章都穿插图表、相关知识，章后还附有归纳总结、拓展提高、练习或实训，锻炼学生的实际操作能力，以突出旅游专业应用性、实践性的特点。

2. 在形式和文字等方面满足高职教育教和学的需要

针对高职学生抽象思维能力较弱，书中都配有一些图示，并结合旅游产业的最新案例来分析，做到图文并茂，激发学生的学习兴趣，加强学生对内容的理解和掌握。

3. 注意突出教材内容的技能性特点

对于理论部分，运用形象化的语言使抽象的理论更易于被学生认识和掌握，同时注重介绍旅游业界的最新动态和趋势；对于实践性内容，每小节通过设计较简单的工作任务或项目，依照实际工作流程或模块循序渐进来完成，由此整章内容就完成了一个较复杂的任务，突出了旅游教材的实用性、实践性。

4. 注重校企联合开发教材

在编写教材时邀请了相关旅游企业的专家或资深从业人员来共同研究开发，实现理论学者与一线专家的紧密结合，反映了旅游企业生产岗位的最新技术和最新要求，也有利于学生“双证书”的获取，适应学生未来进步的需要。而且，不同教材编写人员之间可加强了解、沟通和协作，在不同教材之间统筹兼顾，避免了内容的重复和交叉。此外，通过校企合作编写实训教材，促进了旅游学校和旅游企业间其他方面的合作发展，例如建立或深化校外实习基地合作、促进教师“双师型”建设等。

本套教材的编写得到了省市旅游主管部门、旅游企业及兄弟院校和企事业单位的大力支持与帮助，他们是：安徽中澳科技职业学院、安徽国际商务职业学院、安徽财贸职业学院、安徽经济管理学院、安徽工业经济职业技术学院、芜湖职业技术学院、安徽国防科技职业学院、亳州职业技术学院、安徽粮食工程职业学院、安徽三联学院、安徽涉外经济职业学院、万豪国际集团、安徽好之旅国际旅行社、安徽环球国际旅行社、安徽塞纳河畔酒店集团等。对此，编委会表示真挚的感谢。

本套教材可作为高等职业院校、高等专科院校、高等本科院校旅游专业学生用书，也可供五年制高职院校、中等职业技术学校及其他需要了解旅游产业的人员使用，还可作为政府旅游管理部门和科研机构、旅游培训机构以及有志从事旅游行业人员的参考资料。我们真诚地希望旅游教育界的专家学者以及使用这套教材的老师和学生们能及时提出批评和建议，使这套教材不断得到完善，更适应旅游教育改革的需要。

本套教材的编纂出版，从选题的确定到教材的出版，对外经济贸易大学出版社提供了许多有见地的建议，同时也得到了有关专家学者的鼎力相助，在此深表谢意！

编委会

2012 年 5 月

前言

《旅游心理学》是高等院校旅游专业应用型系列规划教材编委会组编的系列教材之一。

本教材主要针对高职高专旅游专业学生，内容设计上突出实用性，通过实例与实训内容，培养学生分析、解决实际问题的能力。在理论上以“够用、必须”为原则。其具体特色如下：

1. 突破传统模式，采用项目式编写体例

以体例定位编写模式，确定编写内容重点。传统章节式教材往往容易导向纯粹的理论讲述，而项目式理论上以“够用、必须”为原则，突出实际问题的分析内容，是比较综合的技能组合。

2. 理论为辅，现实为主

各项目内容编写广泛参阅、认真研究心理学理论成果，并将其放在现实意义上考量，精选部分用于实际问题的分析。在编写过程中，始终坚持理论是为现实服务的，避免理论艰涩和累赘。

3. 针对实际问题的典型案例

教材中案例突出了两大特点：一是时间性，案例都选自近几年发生的事；二是实用性，针对项目下具体任务，选取典型案例探讨，发现问题、分析问题或引导解决问题的思路、方法。

4. 注重练习与实训内容的设计

练习与实训设计，以思考方式让学生复习巩固项目内容及分析重点问题，以案例分析、实训操作培养学生解决实际问题的能力。

5. 丰富的当前旅游信息资料

教材内容紧密联系现实，针对旅游是一种时代性和变化性较强的活动的特点，项目中在案例材料和扩展资料中纳入丰富的当代旅游市场信息，让同学们能够充分掌握当前旅游市场特点和旅游业发展特点，并形成关注旅游动态的学习习惯，从而为将来进入旅游业分析市场，利用市场做足准备。

本教材由安徽经济管理学院旅游管理系程瑞副教授和洪二丽老师担任主编，安徽粮食工程职业学院汪艺老师和安徽经济管理学院赵海荣老师担任副主编，具体分工为程瑞负责编写项目七、项目九；洪二丽负责编写项目二、项目三；汪艺负责编写项目四、项目五；安徽经济管理学院赵海荣负责编写项目一、项目八；安徽财贸职业学院李杉杉负责编写项目六、项目十。

本书编者都是高职高专院校一线教师，深知一本好的旅游心理学教材对教学的重要性，因此，在教材编写过程中，本着求实、求索的态度坚持向这个方向努力，但仍难免存在很多不足之处，真诚地希望使用本教材的老师和同学们批评、指正，帮助我们在修订时将其完善。

编　者

2012 年 5 月

目　录

项目一

旅游心理学概述

随着中国经济的迅速发展，旅游业已构成我国第三产业的重要组成部分。旅游活动是人的活动，包含着人的多种心理因素，是最富有人性特征的社会活动，而旅游业的发展也迫切需要系统、深入地研究旅游活动中各种复杂的心理现象，为发展旅游业、提高旅游服务，提供心理学依据。

任务一 了解旅游心理学研究理论基础
任务二 掌握旅游心理学研究对象及意义

任务一　了解旅游心理学研究理论基础

任务介绍

介绍旅游心理学的重要性；
介绍旅游心理学的起源和发展。

任务分析

旅游心理是什么？旅游心理学研究哪些问题？能为旅游业提供什么指导？这些是旅游心理学要解决的首要问题。本任务需要同学们熟悉旅游心理学的基本知识，掌握旅游心理学理论基础和研究方法。

任务引入

由不成功的案例引起

美国旅游经营部门曾经为了开拓英国旅游市场，对英国人进行了调查，问他们在决定去美国访问的时候，他们考虑的最重要的因素是什么？英国人毫不犹豫地回答："费用"。根据这项调查，美国人在英国展开了一场昂贵的广告宣传。广告说："去美国旅游，一天只要15美元，就能观赏美国。"按照原先设想，该广告本应带来成千的新游客，但实际只去了数百名。

通过深层次心理调查，美国旅游部最后发现，表面上，英国人认为费用是个很大的障碍，实际上，他们真正害怕的是在美国可能看到的那些东西——高大的摩天大楼、复杂的公路系统、令人毛发悚然缺乏感情的消费经济；更担心的是英国的休闲宁静正遭到破坏，在步美国的后尘，也许几年或几十年后，英国将变成美国。在得知英国人这一心理后，美国改变了宣传的内容，大力宣传科罗拉多大峡谷、尼亚加拉大瀑布、黄石公园等自然风光，这种基于英国人旅游心理的广告宣传取得了成功，吸引了众多的英国游客。

（资料来源：http：//www. jidiao. net/space－251－do－blog－id－5444）

评析：游客在作出旅游决策时，关心哪些问题？人们有了旅游需要和动机，就一定外出旅游吗？怎么能让游客到一个景区重复旅游，如何提供旅游者满意的旅游服务等问题的回答，离不开旅游心理学知识。

任务实施

一、旅游业的发展需要心理学

在我国，旅游业是一个新兴行业，人们对于旅游业的认识也经过了一个不断深化的历程。在1978年以前，旅游业被当作一个文化事业来看待；1978年以后，旅游业被逐步认为是一个经济产业。旅游业与其他产业相比，具有很强的特殊性。

（一）旅游业的工作对象是人

旅游是人类社会的一项活动。古代只有少数人去从事这项活动。旅行者是为了政治、军事、宗教、经商、探险等需要外出旅行。如我国西汉的张骞，唐代的玄奘和鉴真和尚，西方的马可·波罗都是历史上著名的旅行家。那时的旅行条件非常艰苦，交通不便，住宿简陋，还没有形成为旅游者服务的行业。

旅游作为一种服务性的行业却是近代才出现的。随着经济和文化的发展，科学技术的进步、人类的物质和精神需求相应达到了新的水平。现代交通工具的出现大大缩短了时间和空间的距离，现代饭店业的发展极大地改善了人们外出旅游的食宿条件，为旅游的发展提供了便利，使越来越多的人有条件、有可能参加旅游活动。旅游人数的大量增加，促使了一种新行业的问世，那就是为旅游者提供各种服务的旅游业。

旅游业的性质决定了当它出现于人类社会时，就围绕着其如何更好地为旅游者服务这一根本问题开辟了自己的道路。从事这一行业的经营者、服务者总是以通过招徕、接待旅游者，组织旅游活动，为旅游者提供食、宿、行、游、购、娱等优质服务并取得赢利为其宗旨。旅游者也因经营者为其提供安全、方便、舒适和愉快的服务而获得生理和心理上的满足。因此，旅游业的工作对象不同于工农业等物质生产的产品，而是有血有肉的活生生的人，是来自四面八方的、形形色色的、具有不同心理过程和不同个性心理的旅游者。

旅游业的经营者和服务者只有懂得旅游工作的特殊性，了解旅游者的心理特点，才能为自己的工作对象提供优质的服务，才能显示旅游业强大的生命力。

（二）旅游业的发展需要心理学

心理学是一门研究人的心理现象及其规律的科学，旅游业的工作对象也就是心理学的研究对象，两者之间的密切联系，能有效地促进旅游业的发展。随着世界经济的发展和人们生活水平的提高，旅游已经成为人们休闲度假的主要选择方式之一。旅游业也已经成为一些国家和地区国民经济的重要组成部分。旅游业的发展是这些国家和地区繁荣经济、赚取外汇、解决就业问题的重要渠道，同时也是各国、各地区人民之间友好往来的重要途径。但世界各国、各地区旅游业的发展是不平衡的，有些国家的旅游业相当发达，旅游者甚至超过了本国的人口数，在国民经济中占举足轻重的地位；有的国家则在一度兴旺后又出现衰退。其原因虽然是多方面的，但主要是心理方面的问题，如是否从各方面深入研究了旅游者的心理，然后针对旅游者的心理特点开展宣传工作，迎合旅游者的心理需求。

二、旅游心理学的起源和发展

1841 年，英国的木材商人托马斯·库克开办了世界上最早的近代旅游业务。他包租了一列火车，运载 540 人去参加一次禁酒大会。库克在旅游业务方面还有许多创新，比如，他组织了最早的团体旅游，设置了最早的导游员，编印了《旅游手册》。他不仅组织以娱乐、宗教为目的的旅游，还组织了以参观博览会为目的的旅游，试图发挥旅游的文化和教育功能。正因为如此，托马斯·库克被公认为是第一个真正的专职旅游代理商和近代旅游业的创始者。

1879 年，德国著名的心理学家冯特创立了世界上第一所心理实验室，标志着心理学正式成为一门有自己独立的研究对象和独特的研究方法的学科，从此，心理科学开始突飞猛进地发展起来。这两件相距 38 年而又似乎毫无联系的事情，却在一个世纪后一起成为一门新的心理学分支学科——旅游心理学。为什么旅游业会与心理学发生联系并由此形成一门新的学科呢？这要从旅游业的形成和发展谈起。旅游活动并非始于今日，中外历史上都有很多关于旅行活动的记载。例如，我国西汉的司马迁 20 岁就开始漫游全国，为写作《史记》积累资料；明代的徐霞客周游全国，写下有重要科学、历史和文学价值的《徐霞客游记》；意大利的马可·波罗游历中国；哥伦布环球航行；英国的达尔文也曾进行过为期 5 年的探险考察旅行，在旅行中搜集的科学资料证据导致了生物进化论的诞生等等。然而，旅游成为一种社会行业则是从库克时代才开始的。

20 世纪 50 年代以后，旅游业得到了飞速发展。这首先是由于世界经济、科学技术、交通运输和文化的迅速发展；其次是由于旅游业得到各国政府的重视和鼓励；再次是由于上述社会、经济原因造成了人们心理上的变化，认为旅游是人们重要的精神享受，是现代文明生活的一个标志；此外，现代化大工业日益发展，加快了生活节奏，城市环境污染严重，工作紧张单调，人们承受着巨大的压力，这种状况也促使人们在紧张的工作之后，离开“水泥森林”外出旅游，以消除身心疲劳。其他如家庭结构变小、教育水平提高、旅游宣传的刺激等因素，也是旅游日益普及的原因。

总之，旅游活动已成为人民群众物质文化生活中不可缺少的内容之一。从中也可以看出，心理因素对旅游业的发展起着重要作用。

每一门新的学科都是适应客观的需要而出现的。探讨旅游活动中的心理现象，几乎在旅游业形成之时就开始了。许多旅游管理人员和服务人员从实践中注意到了心理因素在旅游服务中的作用，开始探索针对旅游者心理搞好服务工作的措施，积累了大量经验素材，只是缺乏系统的理论论证和深化。随着旅游业的发展，心理学家、不少其他领域的学者逐渐开始从不同的角度来研究旅游心理。同时，旅游业本身的发展也迫切要求系统、深入地研究旅游活动中各种复杂的心理现象，为发展旅游业、提高旅游服务质量和效率、培养优秀的旅游从业人员提供心理学依据。在这种背景下，旅游心理学应运而生了。

旅游心理学作为心理学的一门分支学科，它是以研究旅游活动中人们（包括旅游者、旅游从业人员）的心理活动和旅游条件中的各种心理现象及其规律为主的科学。在旅游过程中，旅游者及潜在旅游消费者需要什么，他们在想什么，他们怎么娱乐，个体和群体对旅游消费决策所产生的影响，旅游决策是如何做出的，影响旅游行为及心理的环境因素，判断导致旅游者满意或不满意的原因……旅游心理学就是试图解决上述问题的。旅游心理学尽管还很年轻，但它的作用和意义已开始为人们普遍承认和重视，它的各种理论观点在旅游业研究中正在得到应用。在我国的旅游事业中，旅游心理学也应该，而且必然会发挥日益重要的作用。

案例1-1

新加坡一无奇特的自然风景，二无著名的历史古迹，全国人口约 316 万。但 2004 年新加坡的入境旅游者创下 830 万人次的纪录，旅游收益达到 96 亿新加坡元。新加坡十分重视调查研究各类旅游者的心理，并采用各种方式展开宣传攻势，不遗余力地推广新加坡。为了在中国推广新加坡，新加坡旅游局在北京、上海和香港等城市成立了办事处，负责广告和宣传工作。新加坡政府鼓励国民使用华语，以使新加坡能够成为中国旅游者宾至如归的旅游胜地。新加坡还以低廉的飞机票价把旅游者吸引入境，然后在各方面想方设法延长旅游者的逗留时间，让旅游者多消费。如配合新加坡国庆节推出“狂欢新加坡”活动，活动期间，凡在当地旅行社报名参加在新加坡至少停留三晚的旅游线路的中国公民，前 1 000 名将会获得新加坡旅游局送出的狂欢新加坡购物礼券一份，价值新币 100 元（折合人民币近 500 元），去新加坡最大的现代化商场——新达城购物中心尽情购物。新加坡还以高大的热带树、翠绿的草坪、盛开的鲜花、清洁的环境迎接旅游者。那里的飞禽公园、动物园和植物园更是独具匠心。新加坡以其高质量的服务，处处给旅游者以舒适、愉快的感觉。

分析：影响旅游业的发展虽然有多种因素，如通货膨胀、石油危机和政治动乱等，但在一般情况下，人为的因素是主要的，其中包括政府和地方的积极性，旅游资源的开发和利用，旅游设施的改善，尤其是旅游服务质量的提高，无不体现着人的心理因素。又如旅游交通、食宿、游览等方面，怎样使旅游者感到舒适、满意；怎样使旅游者觉得不虚此行，对旅游留下难忘的印象，并有再次前来旅游的愿望，都需要从心理学方面去研究和探索。因此，旅游业的发展离不开心理学。

两千多年前，我国就有“仁者乐山，智者乐水”的说法，折射出人们出游的心理动机。旅游业形成之后，尤其是现代旅游业的发展，促使人们加强对旅游心理活动理论的研究，总结旅游心理规律。从实践角度看，旅游的主体是人，即旅游者和旅游从业人员，要更好地发展旅游，为旅游者提供服务，就要知己知彼，既要研究旅游者的心理，也要研究从业者的心理，于是旅游心理学便应运而生。

任务二 掌握旅游心理学研究对象及意义

任务介绍

介绍旅游心理学的概念；
介绍旅游心理学的研究对象；
介绍旅游心理学的研究内容和研究意义。

任务分析

目前，旅游心理研究已然成学。旅游心理学的含义是什么，主要研究对象有哪些？有何特点？本任务内容即分析、探讨相关内容。

任务引入

费解的门票

在美国，发生过这样一个故事，某年的8月初，一对夫妇约上三位朋友一行五人去亚特兰大旅游。当他们到达石头山公园时，发现门票标价是6美元，乘坐园内的缆车、火车等其他游乐设施还要另外买票。

大家都认为缆车通到山顶。视野绝佳，胜过其他游乐设施，于是决定只坐缆车。当他们去售票窗口想买5张缆车票时，售票小姐亲切地告诉他们，缆车票每张16美元，但只能用于坐缆车一项，如果花7.5美元买一张Pass，可以玩遍园内所有的景点。

16美元只能玩一项，7.5美元却可以玩所有的游乐设施？一定是售票小姐说错了或者是把两项的价格说反了？他们这样猜测着。

当其中一位朋友正要请售票小姐重新说一遍时，反应较快的另一位朋友向他挤了一下眼儿，示意他不要再问，同时告诉售票小姐要5张Pass。

买好票后大家窃喜，挤眼的那位朋友说："如果再问，售票小姐发现说错了，我们就买不成了。"虽然大家曾想到，明知售票小姐卖错了票而不明示有点不合适，但过了一会儿他们还是忘掉了内疚。

大家玩遍了所有的项目，花的时间比预计的多出了很多。原定到市内的中餐馆吃晚餐，结果也改在了公园内的餐饮部吃饭。亚特兰大城天气闷热潮湿，他们不停地买饮料喝，而且公园内又有很多工艺品店，大家几乎在每家店都流连许久，每个人都塞满了大包小包。

他们一直沉浸在占了很大便宜的喜悦之中，但因天色已晚，必须返回市区住宿。离开公园前，为了求证票价，他们又特意来到售票处仔细查看窗口旁的价目表，令大家费解的是，票价表上的确写着：缆车票价16美元，Pass7.5美元，售票小姐并没有卖错票呀！

去停车场的路上，他们一行5人一直为这事儿纳闷，谁都说不出所以然来，直到上车时大家把大包小包放到车里，感觉空间有点紧张时才恍然大悟。本来他们打算在公园里坐完缆车后回到亚特兰大城吃晚饭，并在市区逛街购物，这样，公园只能从他们身上赚到16美元的缆车费。但有了这张Pass，他们便改在公园吃饭、喝饮料、购物，平均每人消费70美元~80美元。Pass和缆车票之间虽然有8.5美元的差额，但他们却在餐馆和礼品店里获得了10倍于此的营业额，用多获的利润去弥补两张票的差额绰绰有余。大家想一想，Pass的价钱本就是7.5美元，公园经营者故意在旁边加上缆车16美元的价格，使游客自以为占了便宜都购买Pass，这和把一件物品的标价加倍后再半价出售又有什么两样呢？真正聪明的不是买主，而是卖方。

（资料改编自：田戈．改变世界的100个营销故事．北京：朝华出版社，2004.）

评析：从事经营活动必须研究消费者的心理，上述故事就是抓住了游客想占便宜的心理，并且设法延长游客在经营区逗留的时间。只要客户肯付出时间，经营者就有机会捞回成本，甚至可以大赚一笔。

任务实施

一、旅游心理学的概念

旅游心理学是旅游学与心理学相互交叉的边缘学科，也算是心理学家族的一位新成员，它是把心理学的相关研究成果和有关原理及研究方法运用到分析、了解旅游这一现象而产生的新兴应用学科，是心理学的研究成果与一般原理在旅游领域的应用与发展。旅游心理学主要研究旅游过程和组织中的个体行为、群体行为和领导行为，目的在于提高旅游企业员工的职业素质，增加旅游企业的经济效益。旅游心理学最初产生于发达国家，被介绍到中国只有十几年的时间。虽然近些年也有了一些研究成果，但积累仍不够丰厚，所以说旅游心理学还是一个很年轻的学科。

西方早在20世纪70年代就使用了旅游心理学的概念，但其内涵至今没有明确界定。我国以旅游心理学为题的论著几乎都有旅游心理学的定义，流行的观点主要有两种：一种观点主张，旅游心理学是心理学的分支，是将心理学原理运用到旅游工作而形成的新学科。如屠如骥等认为："旅游心理学是心理学的分支学科，属于应用心理学，是将心理学的研究成果及其一般原理运用到旅游工作而形成的一门新兴学科。"另一种观点主张：旅游心理学是心理学原理在旅游领域的应用，是研究旅游者心理和行为的科学。如贾静等认为："旅游心理学是研究旅游者心理现象发生和发展规律的科学，是心理学基本原理在旅游领域的应用。"

二、旅游心理学研究对象及内容

旅游心理学主要研究旅游消费心理、旅游服务心理和旅游企业员工心理。这三方面内容构成了旅游心理学的主体。作为旅游专业的学生和旅游从业人员学习旅游心理学，主要是研究旅游者的旅游心理与旅游行为的发生、发展及其变化规律。旅游这一现象本身是一种复杂的社会、经济、文化和心理现象的综合，通常旅游心理现象不能单独存在，而是与旅游的其他方面交织在一起的，所以研究旅游心理学既复杂又有一定的难度。

（一）旅游消费心理

人们的旅游消费行为是在其消费心理支配下发生的，因此，了解旅游者消费心理的发生、发展及变化规律是非常必要的。传统的心理学已经为此提供了较为成熟的研究模式。美国心理学家勒温（Kurt Lewin）提出，任何行为或其他心理事件既取决于个体的状态，也取决于环境，虽然个体和环境的相对重要性在不同个案中有所不同，但他认为个体的行为或其他心理事件是个体与环境的函数，这可以用下列数学公式来表达：$B=F(P, E)$ 式中，B 表示行为（behavior）；P 表示个体（person）；E 表示环境（environment）；F 为函数（function）。

勒温通过上面的行为公式说明，人的行为受两大因素的影响，一个是旅游者个体的情况，另一个是旅游者所处的环境，人的行为就是其个体情况和所处环境的函数。旅游者个体的情况，就是他的生理因素和心理因素。在研究旅游行为的规律时，可以把对旅游者个人心理因素的探讨作为最有价值的切入点，每个人的心理都具有与他人不同的特点，因而形成相互之间在心理因素上的差别。由于这种差别的影响，使得人们在面对相同的旅游条件时可能会产生不同的反应：有的产生旅游行为，有的不产生旅游行为；有的产生这样的旅游行为，有的产生那样的旅游行为。另外，环境也是影响人的行为的另一个重要因素，人的行为取决于人的个体和外部环境两者力量的对比和相互作用。所以，一方面要探讨旅游者的个体因素（即生理因素和心理因素）对旅游行为的影响，另一方面还要探讨旅游者所处的外部环境对旅游行为的影响。

前面所讲的生理因素是指旅游者个体的性别、年龄、身高、体重、身体健康状况等具体因素；心理因素是指旅游者个体的心理现象。两者都是旅游行为的重要影响因素，同时对旅游行为发挥作用。例如，探险旅游就和旅游者的诸多身心条件有关，如身体健康状况、兴趣、态度、需要、动机、意志、能力、价值观等，都会对探险旅游产生这样或那样的制约作用。上述公式中的环境包括物理环境、社会环境和心理环境。物理环境是指旅游者所在地点的实际环境，如所在的公园，公园所在的城市，城市所在的国家。社会环境是指旅游者与其他人的关系，个人的地位、人格、职业、事业心、梦想、渴望等。心理环境是指旅游者头脑中的环境，即旅游者对物理环境和社会环境的主观反映，它直接对旅游行为发挥影响作用，而物理环境和社会环境属间接因素，必须通过心理环境才能发挥作用。因此，在旅游行为研究中，一方面要准确把握旅游者所处的可能影响旅游行为的客观环境；另一方面应该更加重视旅游者本人对这些客观环境因素的认识、理解和评价。

研究旅游心理学，就是要探讨旅游者的旅游消费心理，探讨旅游行为产生的规律，探讨旅游者的旅游知觉、旅游动机、旅游态度、旅游者的人格、旅游者的情感以及旅游审美心理等，了解心理因素对旅游行为的产生、选择和旅游心理效果的影响。对于旅游经营者而言，只有了解旅游者的心理规律，才能正确理解并预测旅游者的行为，从而为影响和引导旅游者的行为打下基础。《孙子兵法》说："知己知彼，百战不殆"。在旅游业竞争激烈的今天，运用旅游心理学理论研究工作对象的心理是非常有价值的。

（二）旅游服务心理

旅游业之所以能在当今世界上存在和发展，一个重要的理由就是旅游业有"接待"这一特点。旅游就是旅游者花费一定的时间、金钱和精力获得一段特殊的个人经历。从心理学角度解释，旅游服务实质上就是旅游服务人员通过与旅游者打交道，帮助旅游者构造其美好经历的旅行过程。但实际上使游客有好的经历、好的体验、好的感受并不是一件容易的事，它需要迎合旅游者的心理，满足旅游者的需要。只有在认真了解旅游者心理的基础上有的放矢地去进行旅游服务，才是有理性的，才能收到较好的服务效果。

（三）旅游企业员工心理

旅游心理学的研究对象包括旅游企业员工的心理，应根据本行业的需要和特殊性，把管理心理学和其他与旅游行业相关的心理学内容有选择地运用于旅游企业经营中来，为旅游企业的管理提供理论指导。

旅游企业经营的成败取决于它的管理和服务。由于旅游业的特殊性，旅游产品包括两大类：有形产品和无形产品。无形产品的生产过程就是旅游企业的员工与游客打交道的过程，这类产品的质量有很大的不确定性，监控也非常困难，在很大程度上依赖于员工的素质和自觉性。当今企业常说的一句话叫做："顾客是上帝"，但在旅游服务业，要想使员工真正做到把游客当成上帝，永远尊重游客，把游客的需要放在第一位，却不是很容易的。为此有人提出了"员工第一"的管理思想，用句最时髦的话就是"人性化管理"，也就是首先要把员工放在第一位，关注企业中的人际关系，员工的心理保健，员工的劳动心理，旅游企业的领导心理等。尊重员工、善待员工，充分调动员工的工作积极性，科学地使用员工，使员工愉快地、主动地、创造性地做好服务工作，从而才能达到使游客变成"上帝"的组织目标。因此，作为管理者必须首先了解员工的心理，做到知己知彼、有的放矢，这是企业管理成败的关键。

总之，旅游心理学是应社会发展和旅游学科发展的需要而产生和发展起来的。旅游心理学既关注旅游者心理和旅游行为的规律，也关注影响旅游行为的心理因素，探讨旅游者心理与旅游行为的关系，同时还关注旅游企业员工的心理，探讨如何遵循这些规律来搞好旅游服务和旅游管理工作。因此，旅游心理学既是心理学的一个新的分支，又是旅游学科体系中一门重要的应用学科。旅游心理学的研究成果，必将为完善和发展心理学和旅游学的学科体系，为丰富它们的知识宝库做出重要贡献。同时，也能够为旅游从业者做好实际的旅游开发、经营、管理、宣传和服务等工作，提供有益的指导和帮助。

三、旅游心理学的研究方法

旅游心理学是心理学的一个新的应用学科，它既具有社会属性，也具有自然属性，所以，其研究方法也应和其他心理学的研究一样，必须坚持科学的原则，以辩证唯物主义和历史唯物主义为理论指导，遵循客观规律，运用科学的方法。研究旅游心理学主要借鉴心理学中已经成熟的研究方法，同时还借鉴社会学的知识和研究方法，根据旅游心理学的学科特点有选择、有变化地使用。这些先行学科的发展为旅游心理学的研究创造了先天的优势，而其后天的优势则是强大的社会需要。

（一）旅游心理学的研究原则

旅游心理学研究旅游者的心理现象和旅游行为，目的在于科学地揭示旅游心理和旅游行为发生、发展及其变化的规律。因此，旅游心理学研究必须遵循以下五项基本原则。

1. 客观性原则

客观性原则就是实事求是的原则，就是对任何心理现象都必须按照它的本来面目去加以考察，必须在人的实际生活和活动中进行研究，这是因为心理现象是人脑对外部事物的反映。客观性原则是一切科学研究活动都必须遵循的根本原则，旅游心理学的研究也要遵循。根据客观性原则，在设计旅游心理学研究方法时，应该注意以下几个问题。

第一，要确定一定的外部活动，针对这样的外部活动来研究旅游者的心理现象。例如，研究旅游者的旅游偏好，就要根据研究的需要选定课题（如在经济条件和时间允许的情况下选择哪些地方去旅游）作为确定旅游偏好的某种指标，通过旅游者完成这些课题的活动来考察和研究旅游者的旅游偏好。

第二，控制外部条件。心理现象要受到外部条件的制约，研究旅游心理学必须要确定心理现象与外部条件的关系：即一定的心理现象依存于什么样的外部条件，一定外部条件的变化会引起什么样的心理现象的变化。控制和改变一定的外部条件，可以确定外部条件与所要研究的心理现象的关系。

第三，确定观察心理现象的生理指标。对心理现象的生理指标方面的研究，标志着从对心理现象的描述到本质的说明。心理现象与生理的变化存在着一定的关系，在许多心理现象的研究中，都要说明心理现象和生理的变化的相互因果关系。要求在研究某种旅游心理现象时，有时要记录、观察生理的变化，使旅游心理现象的研究建立在客观、科学的基础上。

第四，要对研究中所获得的各种材料或数据进行全面的分析，尤其对那些矛盾的材料要引起特别的注意，力求对矛盾的材料做出明确的解释或者做进一步的补充研究。

2. 发展性原则

世界上的任何事物，都处在永恒的运动和不断的变化之中，作为人脑对客观事物的反映的心理现象，以及与此相关的各种行为，也不可能一成不变，一定会随着客观刺激物的发展变化而变化。因为，人脑作为人的心理的物质基础，是历史发展的产物，因此，要求心理学研究者必须遵循发展性原则来研究心理现象和行为的发生、发展及其变化规律。在旅游心理学的研究中，遵循发展性原则，是指要把旅游心理和旅游行为看成是一个动态的发展与变化的过程。例如，研究某一个或某一类旅游者的旅游动机，不仅要描述旅游动机的现状和探索它们的影响因素，而且还要研究那些旅游动机的过去，弄清它们的来龙去脉。只有这样，才能发现旅游动机发生、发展及其变化的规律，并预测出它们未来的发展趋势。

3. 联系性原则

辩证唯物主义者认为：世界是由物质组成的，物质是运动的，运动着的各物质之间是相互联系、相互影响和相互制约的。人的心理现象的产生、发展和变化与自然环境、社会环境的各种因素也是相联系的，是受自然和社会各种因素相互作用的影响和制约的。具体地说，在旅游消费活动中，旅游者的心理现象的产生，要受到环境气氛、服务手段、主体状况等外部因素和内部因素的影响和制约。因此，研究旅游心理学不仅要考虑引起心理现象的原因和条件，还应考虑影响和制约心理现象的各个因素的相互作用。如旅游产品、旅游价格、商品品名、商品商标、接待服务、旅游宣传广告等心理影响。旅游管理和服务人员一定要把上述各种因素联系起来一起考虑，要遵循联系性原则。

4. 实践性原则

旅游心理学具有较强的实践性，必须坚持理论联系实际的原则，把旅游管理的一系列策略、技巧和方法付诸实践，在实践中得到检验，发现新问题，掌握其规律。旅游市场竞争的现实告诉人们，研究和了解旅游消费者的心理及其发展变化规律，对于增加旅游企业的竞争能力，在竞争中获胜，有特别重要的意义。随着旅游事业的快速发展，旅游心理学将会有更加广阔的发展前景，它的理论、策略、方法也将越来越得到人们的重视并被运用到旅游实践中去。旅游心理学既是实践经验的总结，同时又有待于进一步在实践中检验和不断地探索、研究、补充和完善，使其理论向深度和广度拓展。

5. 综合性原则

综合性原则是从以下三个方面体现出来的：第一，要综合分析和研究旅游者在旅游活动中的不同心理特点和个性特征。旅游活动中所产生的心理现象，通常都是以单个人的心理和行为反映出来，并形成其独特的个人心理品质。对此，旅游经营和管理人员一方面要综合找出此类心理现象形成的消费者群，另一方面要通过此类个体心理现象的多次反映找出某些具有规律性的特点。第二，要综合分析和研究影响和制约旅游活动心理现象的内部和外部因素。因为这些内、外部因素是相互联系和相互影响的，所以，研究旅游心理学决不能把内、外部因素割裂开来。第三，要综合其他相关学科的研究成果，将其借鉴和吸收到本学科的内容体系中来。

（二）旅游心理学研究的主要方法

研究方法是人们为实现某种研究活动预期目标所必须采用的手段。旅游心理学作为心理学的一个分支，其研究方法往往兼有自然科学和社会科学的特点。旅游心理学的理论基础是应用心理学，因此人们在借鉴应用心理学的基础上，提出旅游心理学的四种研究方法。

1. 观察法

观察法就是指在旅游活动中的自然情况下，有计划、有目的、有系统地通过对旅游消费者的外部表现（如动作姿势、面部表情、言语和行为习惯等）的观察，去了解和分析其心理活动规律的一种方法。运用观察法，要求在观察过程中要敏锐捕捉各种现象，准确、详细地记录下来，及时予以整理和分析，以利于科学结论的产生。观察法应在自然条件下进行，研究者不应去控制或改变有关条件。这种方法的好处在于：调查人员与被调查人员不发生直接接触，被调查者的活动是在不受外部因素的影响下被观察到的，因而取得的资料能更准确地反映实际情况。另外观察法简便易行，可以涉及相当广泛的内容。其不足之处是：调查者仅能通过被调查者的外部表现，去判断被调查者的心理活动，由于没有对顾客心理活动的产生有意识地施加影响，有些现象只能等待它自然出现，不能在必要时对某一特定的对象反复观察，对观察所得的材料难以区别哪些是偶然的，哪些是有规律性的，因而难以深入、全面地了解其心理活动的过程。此外观察法对研究者要求较高，表面看起来观察法很简单，但实际运用起来难度却很大，只有经过严格训练的人才能有效地使用观察法。

2. 实验法

实验法是指有目的地通过严格控制或创设一定的条件，人为地引起或改变被试者某种心理现象的产生，以获得第一手心理调查资料而对它进行分析研究的方法。实验法能够给出实验的状态条件，并能有规律地去变化它们和能够提出有关影响相互关系的证明，因此它比观察法优点多一些。实验法的采用，是心理学发展史上的一个转折点，是心理学研究方法的一次革命，它不仅极大地推动了心理学成为一门独立的学科，而且有力地促进了现代心理学的飞速发展。1897 年德国心理学家威廉·冯特在德国莱比锡大学创立的第一个心理实验室，是实验法的源头。当然，实验法也有不足之处，其主要表现在于：实验之前要求制订出精确的实验计划和方案，因而比较费时间。另外，这类方法还必须由专门受过训练的专业人员去运用，须配备专门的仪器，要求的条件较高。实验法在具体运用时还分为实验室实验法和现场实验法两种形式。

（1）实验室实验法

它是在专门的实验室内借助于各种特设的仪器来进行的。在设备完善的实验室里研究心理现象，从呈现刺激到记录被试者的反应、数据的计算和统计处理，都采用计算机、录音、录像等现代化手段，实行自动控制。因而对心理现象的产生原因、大脑生理变化以及被试者行为表现的记录和分析都是比较精确的。用实验室实验法来研究旅游现象难度较大，一般很少使用。

（2）现场实验法

现场实验又被称为自然实验，它是在旅游活动即旅游管理或服务工作的实际情况下，由研究者有目的地创造一些条件或变更某些条件，有时会给被实验者的心理以一定的刺激或诱导的条件下去研究被试者心理活动的一种方法。例如，在餐饮服务中，可以用现场实验法研究餐厅服务人员的服务方式对旅游者就餐行为的影响，解决服务工作的实际问题，提高餐饮服务的效率与质量。在旅游区管理中，旅游从业者经常会遇到像“五一”黄金周那样的情况，旅游者人数陡然上升，营业收入大幅度增加，但是，旅游者的满意感直线下滑。此时此刻，管理者就必须要找到一个旅游接待人数与旅游者满意感之间的最佳结合点，才能既保持较好的营业收入，又让绝大多数旅游者感到比较满意。实施现场实验法，能帮助管理者找到这个最佳结合点。这种方法在很大程度上可以推断因果关系，而且其研究结果接近实际的社会生活情况，推广应用起来也比较容易。此方法既可以用于研究旅游者一些简单的心理活动，又可用于研究比较复杂的心理活动。这种实验法具有主动性，应用范围也比较广泛，在实际运用中，经常被用于测试消费者对于价格变动、商品包装变动、零售商店调整店内商品的陈设和柜台的分布等变动后发生的心理反应等。

3. 测量法

测量法是指根据一定的法则，使用特定的仪器或标准化的测验量表对具有某一属性的对象给出可以比较的数值而采取的方法。测量时所使用的工具称为测验。例如，要想知道某人的智能水平，一般使用智力测验作为测量工具，测出该人的智力商数，然后将所得数值与一般人的智商做比较，从而判断出这个人智力水平的高低。这种方法常被用于对旅游业工作人员的心理测试，用以研究旅游业员工的心理事实与服务行为的关系。测量法在研究旅游企业员工心理方面用途比较大。

4. 调查法

调查法是指在对旅游活动的研究中，当某些心理现象不能通过直接观察或实验室取得可靠信息时，而通过调查人员采用多种形式和手段与被调查对象直接接触，从而搜集被试者的各种有关资料，间接地了解被研究对象心理活动的研究方法。调查方法在具体运用时，可根据调查者与被调查者相距的空间远近、联系的难易程度而采用访谈调查法、电话调查法和问卷调查法等不同的方式。

(1) 访谈调查法

它是指调查者与被调查者直接见面谈话，询问有关问题，了解和确定被调查者的某些心理特点的方式。运用谈话法了解被调查者的情况，要事先确定谈话的目的、拟定谈话的内容纲要。交谈时可以根据心理调查的目的和要求，采取单个交谈或集体座谈。访谈调查的特点是灵活性强，能够根据被调查者的具体情况，进行深入的询问，从而获取较多的资料。访谈调查还可以使调查者能够随时观察到被调查者的心理反应，进而有助于判断被调查者的真实想法和所回答问题的准确程度。访谈调查法也有它的不足，由于被调查者的语言表达能力有较大的差异，被调查者的心理特点的结论是凭其口头回答做出的，有的被调查者表达能力不强，其调查结果有时可能不太可靠，在一定程度上会削弱其客观性。

(2) 电话调查法

它是指调查者借助于电话向被调查者进行询问，以了解被调查者心理反应的一种方式。当今社会我国城镇居民的电话已经普及，随身携带的手机的普及率也达到一定程度，调查者借助于这一方式去掌握第一手资料既有助于节省调查时间，也能节省调查的费用。电话调查的不足在于当以电话簿为基础进行随机抽样时，存在着被调查对象不全面的缺点，对那些没有联系方式的对象的心理反应就反映不出来。另外，有时电话调查不容易得到对方的真诚合作。

(3) 问卷调查法

它是指将要调查的所有内容设计成书面答题的形式，通过不同的方式交给被调查对象供其选择回答，然后再将调查结果进行统计、分析和整理，从中找出有规律性的、可靠的数据资料，从而研究被调查对象心理现象的一种调查方法。此方法要求被调查者回答问题思路要清晰，表达要正确，实事求是。问卷调查法的优点是可以同时进行大规模的调查；缺点是问卷回收率低。由于有些问卷的回答者不一定认真对待该调查问卷，所以对所回收的问卷答案难以判断其真伪。问卷调查法主要分为现场问卷、入户问卷和邮寄问卷等几种类型。

心理学的研究方法还有很多，比如个案法、经验总结法、模拟法等。这些方法各有其优缺点。由于旅游心理现象的特殊性和复杂性，进行研究时应根据研究对象的特点和具体任务的差别选择某一种或某几种方法。

四、旅游心理学的研究意义

研究旅游心理学对于旅游学科的建设和发展以及旅游业的繁荣都有着十分重要的意义。作为旅游学科建设与完善的需要，必须对旅游心理学进行深入的研究，才能解答有关旅游方面的一些问题。比如人们外出旅游的真正目的和动机到底是什么？心理学和社会学能够提供一个更令人满意的答案。研究旅游心理学不仅能回答理论问题，更重要的价值在于它具有多方面的实用意义。

（一）有助于更好地解释旅游行为

旅游行为是一种复杂的消费行为，按照世界旅游组织马尼拉会议（1980）的界定，旅游行为是指人们出于实现经济、社会、文化及精神等方面的个人发展与促进人与人之间的了解与合作等目的而进行的旅行。现代意义上的旅游行为产生于19世纪40年代的英国，经过大约一百年的发展以后，旅游行为开始日益普遍化、大众化和国际化。与此相应，旅游行为也充分彰显出了它的经济意义、社会意义、文化意义和政治意义等属性，并引起了人们的广泛关注，旅游行为也成了诸多人文社会学科共同研究的对象，人们纷纷使用自己的理论和方法去研究和解释旅游行为。例如，每年出版的《中国旅游年鉴》中披露的统计资料，如入境旅游人数、国内旅游人数、出境旅游人数、旅游者的人均消费水平、旅游外汇收入和货币回笼、旅游的目的、旅游者的地域分布、旅游企业数量、国家和地方的旅游法规与政策等，就是最具代表性的研究结果。但是，由于缺乏旅游心理学的介入，研究者刻意回避了一个非常重要且人们普遍关心的问题，那就是旅游行为的主观原因到底是什么？现在人们还没有真正全面系统地解释旅游行为。

旅游业的实践和经济学、社会学、人类学、人口学、统计学等学科对旅游行为研究的结果都没有对旅游者在旅游过程中的一些选择做出解释，如旅游者旅游为什么选择杭州，而不选择苏州？为什么旅游者乘坐火车，而不乘坐汽车？为什么旅游者要跟旅行社组织的旅游团一起旅游，而不独自出行？如果旅游从业者不了解甚至不知道如何去了解旅游者的旅游决策，做好旅游服务只能是一句空话。旅游心理学就是研究旅游者旅游行为的主观原因，解释旅游者的选择原因。通过对旅游心理学的研究就会知道，旅游者之所以做出了不同的选择，是因为不同旅游者的不同的心理特征（如需要、动机、态度、兴趣、人格特征）发挥作用的结果。经济学等学科只能研究旅游行为的可能性，而旅游心理学则能研究旅游行为的必然性。按照旅游心理学的理论去研究旅游行为，就能够获得更加全面系统的科学解释。

（二）有助于旅游事业的发展和旅游服务质量的提高

作为旅游从业人员，只有充分了解旅游对象的服务需求，才能做好旅游服务工作。旅游者的需要一般分为生理方面的需要（如食、宿、行、购等）和心理方面的需要（如兴趣爱好、情绪情感以及更深层次上的人性需要等）两个方面。前者更具实物性，操作起来容易把握，而后者把握起来可能困难更多一些，只有使所提供的旅游产品和旅游服务能够更好地满足旅游者的心理需要，才能更有效地推动旅游业的发展，这也是旅游业赖以生存和发展的生命线，所以，要求旅游从业者必须具备相应的旅游心理学知识。

近年来，我国的旅游事业在硬件方面发展很快，已经接近甚至赶上了世界发达国家水平。但是在软件方面，尤其在旅游服务方面与旅游先进国家相比还有较大的差距，已经严重影响了我国旅游事业的发展。改革开放以来，我国的现代化建设发展迅猛，旅游业的发展更具有领先性，它是我国各行业中最早与国际接轨的领域，但是由于我国国民素质参差不齐，在知识、文化和思想观念方面落后于发达国家，体现在旅游从业人员方面就是总体素质较差。

旅游从业人员现在不但要为国际旅游者和国内部分高素质的旅游者进行国际标准的服务，而且还要为国内素质较低的旅游者服务，这对于综合素质本来就不很高的旅游从业人员来说就更困难了。旅游业要与国际接轨，在对旅游从业人员进行服务技能、服务意识和服务理念的灌输和培养上，其任务就显得更加艰巨，旅游业不但要提高旅游从业者的业务素质，而且还要提高他们的综合素质，这就给旅游业增加了一些额外的工作任务。在此情况下，引进和学习旅游科学知识就显得尤为重要，旅游心理学和其他旅游学科一同肩负着这个重任。因此，旅游心理学对于发展我国旅游事业、提高服务质量有着极其重要的价值。

在掌握和运用旅游心理学知识的时候，不但要着眼于知识的具体运用，以达到知己知彼、有的放矢，了解旅游者的心理，预测旅游者的行为发展，有目的地引导其行为，最终获得好的经济效益，还要培养大旅游的概念，不能仅仅把旅游心理学知识当作获取眼前利益的一种招数，它应是旅游业整体格局的一部分。旅游心理学的运用是为大旅游服务的，着眼点应放在帮助旅游者构建其美好经历上，真正实现“旅游促进生活质量的提高”的目标（世界旅游组织 1980 年的口号），这才是旅游心理学的最大意义所在。只有旅游业对社会有价值，急人们之所需，为人类造福，社会才可能回报旅游业，旅游业才能因此得到更大的发展。

（三）有助于提高旅游企业的经营和管理水平

进入 21 世纪以来，我国的旅游事业飞速发展，旅游企业之间的竞争显得日趋激烈。这种竞争是全面的，不仅体现在技术上和环境上的竞争，更重要的是在经营方针和策略上的竞争，在竞争中，每一个旅游企业都有被淘汰的可能。在这种机遇与挑战并存的时代，要想在竞争中取胜，就要把注意力放在旅游市场的变化和发展趋势上，学会对旅游市场进行科学的预测和决策，这就要求旅游管理人员加强对旅游科学知识的学习和研究，努力提高自己的经营管理水平。研究旅游心理学可以帮助旅游管理人员运用心理学知识去分析旅游者的心理规律，了解其需要和变化，有针对性地开展旅游宣传吸引游客，并依据对旅游者心理变化的特点和趋势，分析并及时地调整经营方针和策略，在了解旅游者心理趋势的基础上进行科学的预测和决策。旅游业的竞争实际就是瓜分市场的竞争，是争夺旅游者的竞争，旅游心理学能在这场竞争中为旅游管理人员提供有效的帮助。

旅游心理学有助于提高旅游企业的管理水平，是因为对企业管理的内容可以分为四大块：人、财、物以及市场。所有的工作都需要具体的人去做，对人的管理是各项管理中的重中之重，是具有统帅性的。历史上西汉建国之初汉高祖刘邦在与群臣探讨成功的原因时总结说：运筹帷幄之中、决胜千里之外，我不如张良；筹措粮饷、募集兵员，我不如萧何；领百万雄兵、战必胜而攻必克，我不如韩信，但为什么我做了皇帝得了天下？原因是我“善用将”。通俗解释就是刘邦善于管理和领导这些有才能的人，从而他才得了天下。由此可以得到一个启示：事业的成功取决于对人的管理。旅游心理学为旅游企业管理人员的管理提供了必要的知识支持。旅游心理学对旅游企业员工心理进行深入的研究和分析，可以帮助管理者了解员工的心理状态和心理特征，了解企业内部的人际关系状况，有针对性地做好员工的思想工作，调动其工作积极性，对改善企业的经营管理，实现组织目标具有十分重要的意义。

（四）有助于科学合理地开发旅游资源和安排旅游设施

旅游设施和旅游资源是旅游业生存和发展的基础，没有旅游资源和完备的旅游设施，旅游业就很难得到发展。要把潜在的旅游资源变为现实的旅游产品，其前提就是必须让广大旅游者接受，这需要遵循和利用旅游心理学的知识做理论依托。旅游资源的开发和利用其前提是旅游者的需要，这是制订资源开发和利用方案的依据。旅游产品和旅游景点的设计开发首先要考虑旅游者的需要、旅游者的心理特点和旅游者的兴趣爱好、知觉特点、审美习惯等。只有旅游者喜欢才是旅游资源开发利用的先决条件，否则，没有旅游者光顾便一切都是空话。

旅游设施的安排上，也必须考虑旅游者的心理规律，现代化程度越高，就越要充分考虑旅游者的心理特点，论证它的科学性和实用性。只有充分注重旅游者的心理因素，使旅游者在旅游活动中得到最大满足，才算得上是成功的旅游产品。越是在其硬件建设上具有很现代化的旅游交通设施，就越是要全面地考虑旅游者的安全、快速和舒适的心理需要，现代化的旅游交通设施是根据旅游者的心理需要而改进和发展的。现代饭店需要为旅游者创造方便、舒适、恬静的生活环境，在设施安排上更应充分考虑旅游者的生理需要、心理需要和心理特点，以求吸引更多的旅游者。旅游娱乐设施的设计和建设也需要以旅游心理学知识作为理论支持。根据现代人生活和工作的特点，以及有些人喜欢亲自参与带有刺激性、冒险性的娱乐项目，旅游经营者开发设计了相应的旅游娱乐项目，从而达到吸引旅游者的目的。

旅游设施和旅游资源的开发利用一定要考虑旅游者的心理活动规律，否则就会事倍功半，浪费人力、物力，甚至破坏旅游资源，使得设施和资源很难发挥出应有的社会效益和经济效益。旅游心理学为旅游设施和旅游资源的开发利用提供了理论基础。

（五）有助于旅游市场的细分

旅游市场的定义可以有多种解释，狭义的来讲，旅游市场是指旅游需求，即旅游客源市场；广义的来讲，它是指在旅游产品的交换过程中所反映的各种经济关系的总和。在本教材中提到的旅游市场一般是指旅游客源市场。旅游市场细分指的是根据旅游者的地理、心理、行为、购买力等因素，将整体旅游市场按照一定标准划分成若干个分市场，以确定目标市场的过程。

进行市场细分的目的是要选择最适合的目标市场。细分市场的标准很多，最流行的标准包括九个方面的消费者特征：(1) 地理因素，包括气候、地形、行政区、城市、农村、自然资源、江河湖海、交通运输、人口密度等。(2) 人的因素，包括年龄、性别、收入水平、职业、民族等。(3) 心理因素，包括旅游者的消费需要、动机、性格、学习、态度、兴趣、偏好、感知觉等。(4) 消费心态因素，包括旅游者的生活方式、购买动机、品牌偏好、追求的消费档次等。(5) 社会文化因素，包括周围的文化环境氛围、个人的文化程度、宗教信仰等。(6) 使用情况因素，包括购买旅游产品的频率、对旅游产品的了解程度、产品品牌忠诚度、使用数量、使用时间、使用频率、产品品牌、产品质量、产品效益等。(7) 使用情景因素，包括旅游者对旅游时间、旅游目标、旅游目的地和旅游方式等的选择。(8) 利益因素，包括商品价格、社会认可度、耐用度、经济价值、其他附加利益等。(9) 混合因素，包括几种混合在一起同时起作用的因素和其他未考虑到的因素等。在九个市场细分的因素中，与心理学研究关系密切的是心理因素、消费心态因素、使用情况因素和使用情景因素。实践证明，研究和考虑这些心理因素和行为因素，有助于旅游管理者对旅游市场进行有效地细分。

案例1-2

2000 年，李某使用问卷法对深圳某公司的锦绣中华、中华民俗村、世界之窗和欢乐谷四大主题公园的市场情况进行了抽样调查，并主要从心理和行为维度分析了华侨城的旅游市场结构，细分了华侨城的旅游市场。在旅游偏好方面，65% 以上的旅游者偏好景区的表演，45% 的旅游者偏好休闲娱乐项目，53% 的旅游者偏好刺激性项目与体育运动项目，偏好自然风光的旅游者占总体的 61%，倾向于人文古迹的旅游者占总体的 39%。在旅游动机方面，具有休闲放松和增长见识动机的旅游者几乎各占一半，约 60% 的旅游者的旅游动机是与孩子一起游玩、共享天伦之乐。在出游方式上，26% 的旅游者是团队旅游者，63% 的旅游者希望与家人、朋友一起旅游（不包括参加团队的旅游者），四大主题公园中，中华民俗村和世界之窗的知名度最高，并且是旅游者选择倾向性高、出游率和重游率都比较高的旅游目的地。

（资料改编自：李舟．深圳华侨城2000 年游客调查分析研究．旅游学刊，2001 (1).）

分析： 通过上述案例材料可以得出结论，如果以心理因素、消费心态因素、使用情况因素和使用情景因素作为细分旅游市场的基础，就必须学习和研究旅游心理学，参考旅游心理学对旅游者的心理和行为规律的研究成果去细分旅游市场。

（六）有助于旅游市场的预测

从 2001 年 12 月中国加入 WTO 以来，我国的旅游业已经进入了世界范围的旅游竞争圈，所有的旅游企业都面临着来自世界范围的日趋激烈的同业竞争，机遇和挑战是前所未有的。

因此，对中国旅游业来说，要在竞争激烈和复杂多变的旅游市场中获得有利地位，就要时刻关注旅游市场供、需的变化，对旅游市场进行科学的预测。旅游市场预测是指在旅游市场调查基础上，系统地分析和研究旅游市场的历史与现状，提出对未来旅游市场的性质、规模和结构的假设。预测旅游市场的最终目的是为了制定出高水平的政策法规，做出英明的经营管理决策，用领先的理念、健康的环境、优质的产品、知名的品牌来吸引国内外游客，保持源源不断的旅游客源。学习旅游心理学就是为了通过对旅游者的心理和行为规律的研究，帮助旅游从业者科学地预测旅游者的心理、行为发展与变化趋势，从而有针对性地进行旅游产品的生产与销售活动，满足旅游者的需要。

补充资料1-1

为了预测旅游市场，从 1990 年起，国家旅游局每年都进行入境旅游者抽样调查。从 1993 年起，每年都用抽样调查的方式来了解国内旅游者的心理和行为的基本情况，为各级政府旅游职能部门和旅游企业提供决策参考。通过对 2000 年入境旅游者抽样调查资料统计分析，其结果表明，在旅游目的方面，观光度假的人员占 36.5%，从事商务活动的人员占 27.5%，探亲访友的人员占 14.3%，参加会议的人员占 9%，健康疗养的人员占 4.3%，文体科技交流的人员占 3%，宗教朝拜的人员占 1%，其他目的的人员占 44%。在旅游资源偏好方面，旅游者对山水风光最感兴趣占 52.5%，对文物古迹感兴趣的占 44%，对民俗风情感兴趣的占 34.6%，对饮食烹调感兴趣的占 31.9%，对购物感兴趣的占 26.3%，对文化艺术感兴趣的占 24.5%。在旅游商品偏好方面，33.3% 的旅游者选择了具有地方特色的旅游纪念品和工艺品、食品和茶叶、服装和丝绸等，23.5% 的旅游者选择了瓷器和陶器，20.5% 的旅游者选择了中成药和保健品，另有 19.7% 的旅游者对文物复制品和字画表现出了浓厚的兴趣。根据上述的调查资料，旅游从业者完全可以对中国旅游业入境旅游市场的发展趋势做出大致的预测。

（资料改编自：曾博伟．进一步完善国内旅游统计系统的构想．旅游调研，2003（7）.）

分析：由上述材料可以推测，在未来一段时间内，观光度假、商务活动、探亲访友和参加会议等，将是入境旅游者的主要旅游目的。因此，旅游资源开发和旅游促销应围绕这些领域进行。旅游业应继续强化观光类旅游产品的地位，抓住美食产品，重视以民俗风情和文化艺术为吸引物的参与性强的休闲娱乐类产品，积极拓展购物旅游。要加强具有地方特色的旅游纪念品和工艺品、食品和茶叶、服装和丝绸、瓷器和陶器、中成药和保健品、文物复制品和字画等旅游商品的开发和生产。当然，如果要全面地预测旅游市场，仅仅依据旅游者的心理因素是不行的，必须结合其他因素进行综合预测，才能实现预期的目的。

（七）有助于为旅游者提供更加丰富的旅游体验

在现代，绝大多数旅游者更注重旅游过程中所得到的无形体验。这种无形体验与旅游产品的特征有关，旅游产品的特征是：在时间上它不能贮存，在空间上也不能转移，所有权不能转让，生产与消费同步进行，其使用价值是满足旅游者审美与愉悦的需要等。因而旅游者根本无法把旅游产品从生产和消费的现场带走，即旅游者只能获得体验，无法获得有形的实物。当代旅游消费文化的特征使旅游者宁愿获得体验而不去获得有形实物。在日常生活和旅游活动中，现代旅游者不断地以虚拟、仿真的方式构建世界，消除了现实世界与表象之间的差别，真实地转化为各种影像，时间碎化成了一系列永恒的当下片段。这就使旅游者难以领会现实世界的完整意义，促使他们更加热情地投身于那些具有直接性、强烈感受性、超负荷感觉的感官体验和情感体验之中，以把握每一个时间片段。这就是旅游者更注重旅游过程中无形体验的原因。

体验是使每个人以个性化的方式参与其中的事件，是当一个人的情绪、体力、智力甚至精神达到某一特定水平时，在其意识中会产生的难忘的感觉。现代旅游者所要获得的终极目标就是旅游体验。例如，当父母带着孩子去迪斯尼乐园游玩时，并不是为了看迪斯尼乐园这件事本身，而是为了全家去共同体验这样一种特殊的经历。一批又一批的旅游者来到漓江旅游观光，他们谁也没有把漓江带走，而带走的是对漓江的一种特殊体验和对这种体验的长久的记忆。旅游从业者应该做的就是要有意识地以旅游资源为大舞台，以旅游产品为道具，大家（旅游从业者和旅游者）一块粉墨登场，同台演出，使旅游过程变成情节丰富的戏剧或狂欢，从而使旅游者产生更加丰富和难以忘怀的旅游体验。

旅游业的实践已经证明，为旅游者提供更加丰富体验的主要方法是为旅游者的体验设定主题，这正是迪斯尼乐园在世界范围获得成功的有说服力的经验。旅游心理学的任务就是研究旅游者的心理和行为，将旅游者按消费特征归并成不同的群体，然后去研究每个群体可能会感兴趣的体验主题，直到找到多数旅游者渴望的一系列的体验主题，以此来指导旅游从业者去开发旅游资源，创设体验情境，设法使每个旅游者都能获得自己想要获得的旅游体验。美国一些学者们的研究为主题的来源做出了回答，马克·高特迪内（Mark Gottdiener）在《美国主题》一书中提出了十类人们渴望体验的主题，包括地位和身份、热带天堂、荒芜西部、古典文明、乡愁、阿拉伯狂想、都市情调、堡垒建筑与警戒、现代主义与进步、无法展现的展现（如越战军人纪念墙）。伯恩德·施密特和亚历克斯·西蒙森（Bernd Schmitt & Alex Simonson）在《市场营销美学》一书中则提出了九类人们渴望体验的主题，包括历史、宗教、时尚、政治、心理学、哲学、实体世界、大众文化、艺术。上述学者们提出的主题虽然源于大洋彼岸，但是却有普遍的指导意义，中国旅游从业者也可以借鉴过来为我所用。

归纳总结

旅游心理学是心理学的一门分支学科，它是把心理学的相关研究成果和有关原理及研究方法运用到分析、了解旅游这一现象上来，而产生的新兴应用学科。通过本章的讲解，使学习者基本了解了旅游者的旅游消费心理、旅游服务心理以及旅游企业员工的心理，熟悉了旅游心理学的研究方法、原则及研究旅游心理学的意义，从而为提高旅游服务质量、提高旅游企业的经营管理水平、科学合理地开发旅游资源和安排旅游设施、科学地进行旅游市场的细分和预测等奠定有效的基础。

练习与实训

一、思考题

1. 什么是旅游心理学？

2. 简述旅游心理学的形成和发展。

二、实训题

要求：设计一份问卷调查表，到人群中做一次真实的问卷调查（发放问卷不少于100份），回收后进行统计、分析，写成调查报告。

假设的已知条件：再过几天就是“端午”小长假或“十一”黄金周。

调查对象：机关的工作人员、学校的师生、厂矿的工人或街上的行人等。

调查目的：预测黄金周旅游市场。被试者在黄金周是否准备去旅游？去何地旅游？是随旅行社组织的旅游团一起去，还是独自出行？是乘飞机，还是乘火车或汽车？为什么要做出这样的选择？等等。

拓展阅读

旅游心理学是心理学的一门新兴的应用性学科，它运用心理学的相关研究成果、有关原理和研究方法等，了解、剖析旅游现象。它属于应用心理学的范畴，是心理学的基本原理在旅游上的运用，其研究和发展是建立在以往心理学的基础理论之上的。因此，要展开旅游心理学的研究，应首先对心理学有基本的了解和认识。

一、从心理学到旅游心理学

心理现象是指人的感觉、知觉、记忆、思维、想象、情感、意志、能力、气质和性格等。早在2 000多年以前，人们就开始探索自身心理活动的规律。2 000多年前，中国古代和古希腊的哲学家、思想家的著作中就含有丰富的心理学思想。例如，孔子提出的有关因材施教的观点，是世界上最早的渗透心理学思想的教育原则：亚里士多德所著的《论灵魂》一书，对人的心理现象及其发展规律作了系统论述，是西方最早的研究人类心理现象的著作。但他们对人类的本性、本能、心灵、感觉和意识等问题的讨论主要是从哲学的角度进行探究，因此很长时期内心理学一直被包括在哲学之中。1879年，德国心理学家冯特在莱比锡大学建立了世界上第一个心理学实验室，这被公认为是心理学成为一门独立学科的标志。作为一门独立的学科，心理学的产生只有100多年的历史，但它已形成独特的研究对象和广泛的应用范围。心理学分为理论心理学和应用心理学两大研究领域。

二、心理学的研究任务

人的心理现象是非常复杂的。心理学把个人身上所发生的心理现象分成心理动力、心理过程、心理状态和心理特征4个方面。

（一）心理动力

心理动力是指决定个体对现实世界的认知态度和对活动对象的选择与偏向的心理现象系统。它主要包括动机、需要、兴趣和世界观等心理成分。人的一切活动，无论简单的还是复杂的，都是在某种内部驱动力的推动下完成的。这种引起并维持个体活动，并使之向一定目标和方向进行的内在驱动力就是动机。个体在动机的作用下，产生行为并使其指向一定目标，在行为进行过程中不断调节行为的强度、持续的时间和方向，使个体最终达到预定目标。动机的内在心理基础是需要，需要是个体缺乏某种东西的一种主观状态，它是客观需求的反映；这种客观需求既包括人体内的生理需求，也包括外部的社会需求。兴趣是一种对事物进行深入认知的需要，是需要的体现。世界观则对人的需要进行调节和控制，并由此确定个体对客观世界的总体看法与基本态度。

（二）心理过程

人的心理是一种动态的活动过程，即人脑对客观现实的反映过程，它包括认识过程、情感过程和意志过程。认识过程是人通过感觉、知觉、记忆、思维等形式反映客观事物的特性、联系或关系的过程。人在认识客观世界的时候，对待所认识的客观事物总是保持一定的态度，人对这种态度的体验就是情绪和情感。意志是人自觉地确定目的，并根据目的调节和支配自己的行动，克服困难以实现预定目的的心理过程。认识、情感、意志等心理活动都被称为心理过程。在现实生活中，个体的认知、情感和意志活动并非彼此孤立活动的，它们是紧密联系、相互作用的。探讨心理过程产生和活动的规律及它们之间的联系和关系，是普通心理学研究内容的一部分。

（三）心理状态

心理状态是指心理活动在一段时间里出现的相对稳定的持续状态。它既不像心理过程那样变动不羁，也不像心理特征那样稳定持久。例如，在感知活动时可能会出现聚精会神或漫不经心的状态；在思维活动时可能会出现灵感或刻板状态；在情绪活动时可能会产生某种心境、激情或应激的状态；在意志活动时可能会出现犹豫或果敢的状态等。事实上，人的心理活动总是在睡眠状态、觉醒状态或注意状态下展开的，这些不同的心理状态体现着主体的心理激活程度和脑功能的活动水平。

（四）心理特征

心理特征就是人在认知、情绪和意志活动中形成的那些稳固而经常出现的意识特性，主要包括能力、性格和气质。能力是人顺利完成某种活动所必须具备的心理特征，体现个体活动效率的潜在可能性与现实性。例如，从事某些工作时，有人善于概括，有人善于分析；有人记忆力强，有人记忆力差；有人思维灵活迅速，有人思维呆板迟钝。性格是表现在个人对现实的态度和行为方式中的较为稳定而又有核心意义的心理特征，它是一个人心理面貌本质属性的独特结合，是人与人相互区别的重要方面。对待事物的不同态度和不同行为方式，反映了人们性格特征的不同，并且，这种不同是相对稳定的。气质是表现在人的心理活动和行为的动力方面的特征，如速度与强度的特点、稳定性的特点和指向性的特点等。例如，在人的日常活动和交往中，有的人精力充沛、动作敏捷；有的人无精打采、动作迟缓；有的人活泼急躁，有的人沉静稳重；有的人情绪稳定而内向，有的人情绪容易波动而外向。这些差异就属于气质方面的特征。人的气质虽然千差万别，但事实和学者们的研究都表明，在人群中有几种典型的气质类型。关于气质类型的划分，古今中外流派很多，其中比较流行的是古希腊医生希波克拉特的“体液说”。希波克拉特根据每种体液在人体内占优势的情况，把人的气质分为4种不同的类型：多血质、胆汁质、黏液质和抑郁质。

三、心理学的发展与主要流派

任何学科都有一个产生和发展的过程，心理学也同样如此。

（一）心理学的发展

19世纪以来，自然科学得到迅速发展，特别是生物学、生理学等学科的发展积累了大量关于人体的知识。自然科学的突飞猛进，启发了人们的思维，刺激了人们寻找研究心理的新方法。德国心理学家、哲学家威廉·冯特在吸收前人成果的基础上，于1879年在德国莱比锡大学建立了世界上第一个心理学实验室，并主持开展了对感觉、知觉、情感等系统的研究。自此，心理学才真正脱离哲学而成为一门独立的实验科学。

作为一门独立学科，心理学的产生只有100多年的历史，但它独特的研究对象和广阔的应用范围，赋予它强大的生命力和无限的发展前景。心理学在越来越多的领域得到广泛应用。由于心理学研究人的心理活动规律，而任何领域的实践活动都是人的活动，人的活动又都是在心理的调节支配下完成的，因此可以说，任何领域都离不开对心理学的应用。因为只有掌握了心理活动规律，才能根据实践活动的需要，促进、控制或改造某些心理活动的形成和发展，以提高人的实践活动效率。目前，心理学已被广泛地应用于国防、教育、体育、医疗卫生、司法机构、工商企业、社会服务等各个部门，形成了以普通心理学为主干的、具有多个分支的学科体系。

（二）现代心理学的三大学派

现代心理学的历史不长，流派却很多，其中最著名的是西方心理学的三大流派，即弗洛伊德的精神分析心理学、华生创立的行为主义心理学和以马斯洛为代表的人本主义心理学。

1. 精神分析心理学

奥地利心理学家弗洛伊德是心理治疗中精神分析学派的创始人。他认为心理上的病态是人的本能冲动被压抑的结果。当一个人觉得自己的冲动严重地违背了“做人的原则”时，他就会压抑这些冲动。压抑的结果是：虽然再也意识不到这些冲动，并且已经可以心安理得地相信自己“没有”这些冲动，但这些冲动依然存在于意识不到的内心深处。他认为，这种“冲动”与“对冲动的压抑”之间的冲突，就是导致心理失衡的病因。他还发现，病人的那些被压抑的冲动，往往会有所改变地表现在他们的梦境中，他认为治疗者应该通过深入的分析去破译梦的含义。1900年，他正式出版了自己的著作《梦的解析》（有的也译为《释梦》），同年他又着手编写《日常生活的心理分析》，把对病人的研究扩大为对一般正常人的研究。

弗洛伊德认为推动人们去做各种事情的“原动力”是那些人与动物共有的本能欲望的冲动，其中主要是“性冲动”和“攻击的冲动”。人按本性来说，总是想不择手段地为所欲为，但社会不允许人这样做。他并不主张放纵，相反的，他认为对人的本能加以控制是完全必要的。如果人类放纵自己，必将自取灭亡。但他所从事的心理治疗又使他认为，一味地压抑人的本能冲动不仅会使人生活得不痛快，而且会使人生病，所以也是不行的。总之，他认为可取的办法既不是放纵，也不是压抑，而是“升华”，即把原本用于做坏事的心理能量用来做好事。人类的命运就取决于人类的文化能在何种程度上使人的本能得到升华。

2. 行为主义心理学

行为主义心理学在20世纪初产生于美国，其创始人是华生。他反对研究意识，而把人和动物的行为作为研究对象。他从人和动物的行为中找到的基本因素是刺激和反应，并断言“我们能将我们的一切心理学问题及其解决，都纳之于刺激和反应的规范中”。“刺激—反应”公式就成为行为心理学的基本公式。

在一批“新行为主义”心理学家中，最著名的是创立“强化学说”的斯金纳。他认为通过动物实验也能揭示人的行为规律，因为人和动物的行为服从于同样的规律。最重要的问题不在于各种各样的行为是由什么样的刺激引起的，而在于已经出现的行为有的能巩固下来，有的则不能。他用大量实验证明，已经表现出来的行为因为得到奖励而增加它重复出现的可能性，也就是说奖励能强化已经出现的行为。

3. 人本主义心理学

美国的马斯洛等人本主义心理学家认为，对于人来说，最本质也是最可贵的东西不是人与动物共有的那些本能，而是那些动物所没有的，只有人才有的潜能。1954 年他所著的《动机与人格》一书问世，提出了需要层次理论，认为所谓自我实现是通过发挥人的潜能来实现人的价值。

马斯洛所说的人所特有的潜能，如爱的潜能、创造的潜能，都是善的，而不像弗洛伊德所说人的本能是恶的，但人的潜能与人的动物本能相比要软弱得多，它们只有在良好的环境条件下，才能由潜在的可能性变为现实，在恶劣的环境中，是很容易被摧残的。理想的社会就是能使人的潜能得到充分实现的社会。

20 世纪 50 年代末，马斯洛与弗洛姆、罗杰斯等共同发起并于 1962 年成立了“人本主义心理学会”，他们所确定的人本主义心理学的基本原则之一是“心理学应该关心人的尊严和人的提高”。

项目二

旅游决策及影响因素

我国目前旅游业虽然发展迅速，但在发展的同时也出现了旅游产品同质化严重、恶性价格竞争、欺诈坑骗游客等诸多问题，旅游投诉问题不断。如何吸引更多的人走出家门去旅游，如何更好地为游客服务？这是旅游业发展必须考虑的重要问题。而对旅游者旅游决策及其决策影响因素的研究，将有利于促进问题的解决。

任务一 了解旅游决策行为
任务二 掌握影响旅游决策的社会因素

任务一 了解旅游决策行为

任务介绍

介绍旅游决策概念及类型；
介绍旅游决策过程；
介绍旅游决策影响因素。

任务分析

旅游行为过程也是一系列的旅游决策过程。本任务将分别阐述旅游决策概念、类型和决策过程，分析影响旅游决策的心理因素和社会因素。

任务引入

近年来，随着人们收入水平的提高，旅游消费人群不断扩大。大学生假期旅游已成为时尚。李晓、王明、周梁是某高校大三学生，他们平时关系甚好。在李晓的动议下，三人经过与其家长反复沟通、商议，并在家长那里获取足够的旅游资金后，决定暑期在国内选择一家旅行社进行他们人生中第一次旅游消费活动。旅游消费活动对三人来讲毕竟是第一次，由于旅游花销较大，各个旅行社知名度、服务水准差异也大，旅游产品购买风险显而易见。三人开始分头了解、搜集相关旅行社的信息。经过看广告、网上查询，与有经历、经验的同学交流，去学校附近的旅行社咨询等调研后，他们决定选择 A 旅行社推出的“国内某一大城市经典游”项目进行旅游消费。

A旅行社为改变旅游“产品”无法满足人们的多样化、个性化需求，暑假根据大学生的旅游需求特点，在不增加项目费用的前提下增加了项目的特色。比如在原旅游项目中增加郊外运动游（爬山、漂流）。在促销方面，推出有奖旅游销售，特等奖获得者可免费获得重大体育赛事门票两张（在此期间，该城市有国内足球甲A比赛）。但该旅行社的定价并不比其他旅行社的同类旅游“产品”高。三人暑期随团如期进行了旅游，旅行社按合同约定圆满提供了相应的服务。回校后李晓逢人便兴致勃勃地讲该次旅游的趣事，将该次旅游总结为一个字“爽”，俨然像该旅行社的一个推销员。

评析：三位大学生（李晓、王明、周梁）为什么会选择A旅行社，为什么旅游后评价非常好？本案例充分展现了旅游决策过程及旅游决策影响因素。具体地说，一方面是李晓、王明、周梁搜集信息、选择旅行社、购买旅游产品、出行、游后评价，另一方面是A旅行社的旅游项目、旅游促销、旅游价格和旅游服务。

任务实施

一、旅游决策概述

作为旅游活动的主体——旅游者，在计划外出旅游时，要考虑多方面的问题。比如，到哪里去旅游，什么时候去，选择哪一家旅行社，什么旅游线路，乘坐什么交通工具，要旅游几天，旅游费用多少等。在这一系列问题考虑之后，才会做出一个旅游决策。

（一）旅游决策概念

旅游决策是指个人根据自己的旅游目的，收集和加工有关的旅游信息，提出并选择旅游方案或旅游计划，最终把选定的旅游方案或旅游计划付诸实施的过程。一般情况下，旅游决策所要处理的问题，主要涉及食、住、行、游、购、娱旅游六要素，而这些要素，都与旅游目的地（旅游区）息息相关。因此，个人在进行旅游决策时，收集和加工的旅游信息，应该是以那些以旅游目的地（旅游区）为核心的旅游产品和服务的信息为主。只有旅游目的明确，旅游信息完善，信息处理得当，个人才有可能作出满足自己需要的旅游决策。

（二）旅游决策类型

由于旅游决策所要解决的问题通常多种多样，相应的，旅游决策也可分为多种类型。不同类型的旅游决策，具有不同的性质和特点，进行决策所需要的信息、使用的方法和程序，以及在旅游者的旅游活动中的影响也常常不同。

1. 常规性决策

当旅游者遇到的旅游问题与其日常生活及工作问题相同或基本相同时，他们通常会采用长期处理此类问题的经验来较好地解决问题，也就是基于习惯不假思索地做出决定，这就是旅游者的常规性决策方式，又称为习惯性决策。采用常规决策过程的旅游者往往根据自己头脑中已有的知识、经验和观念做出选择，很少去收集和吸收更多的信息。

2. 扩展性决策

扩展性决策指那些无先例可循而又具有大量不确定因素的决策。由于客观事物是复杂、多变的，决策者面临的绝大部分问题不可能用某个标准程序或模式来概括。这时，旅游者就需要接受有助于做出选择的信息。这些信息可能来自于身边的亲戚、朋友、同事，也可能来自于旅游广告、宣传册和其他一些跟眼前选择有关的、非个人的信息来源的帮助。

3. 瞬时决策

有些决策事先并未经过考虑，几乎是在一瞬间做出，因此称为瞬时决策或冲动性决策。在一般情况下，一个人作出某一旅游决策时，所采用的决策方式并非一成不变，而且很可能根据不同的事物采取不同的决策方式。如有时，他会因按常规性决策方式没能达到预期的目的，而又采取扩展性决策方式去寻找更为满意的目的地；而对于乘坐工具本来有多种选择方案，但通常会按照惯例选择自己喜欢的交通工具；本来决策中并没决定去某一景区，但受到商家的多方诱导，如马路边的宣传牌，景区建在旅游者易于看到的地方并引起了旅游者兴趣，便会很容易作出瞬时决策。

（三）旅游决策过程

旅游决策是一个包括从内在的心理活动到外显行为的连续决策过程，可以划分为一系列相关的阶段或步骤。

根据邱扶东的调查研究结果，旅游决策过程可划分为七个阶段。对于大多数人来说，旅游决策的第一阶段，是产生外出旅游的想法，即在日常生活和工作中，因为各种原因，产生了旅游需要或动机；旅游决策的第二阶段，是通过各种渠道（如通过旅行社、亲朋好友、网络、新闻报道、旅游广告等）收集有关旅游的信息，这些信息包括，旅游目的地的景观、气候、风俗、治安状况、宾馆情况、交通，以及旅游价格和旅行社的服务情况等；旅游决策的第三阶段，是确定旅游目的地或旅游线路，即在充分了解旅游信息的基础上，从两个以上可供选择的旅游目的地或旅游线路中，最后确定一个旅游目的地或旅游线路；旅游决策的第四阶段，是进行旅游预算，即根据选定的旅游目的地或旅游线路的情况，结合自己的支付能力，确定花费多少金钱和时间；旅游决策的第五阶段，是确定出游方式，即根据实际情况，确定是自己一个人出游、全家一起出游、和亲朋好友结伴出游，或者参加旅游团；旅游决策的第六阶段，是最后作出总的结论，决定是否外出旅游，或者对前面的有关决策进行调整；旅游决策的第七阶段，是实施自己的决策，外出旅游。

其实，旅游决策除了以上七个阶段之外，还有一个重要阶段（第八个阶段），也是最后一个阶段，即旅游后满意或不满意的评价。旅游行为使旅游者获得前所未有的旅游体验、收获、经验、教训等反馈的信息，这都将影响他们的下一次的旅游决策。如果旅游者对这次旅游很满意，就会产生新的旅游动机，产生新的旅游决策；如果不满意，旅游者就可能不会再做出类似的旅游决策。旅游决策的过程见图 2－1。

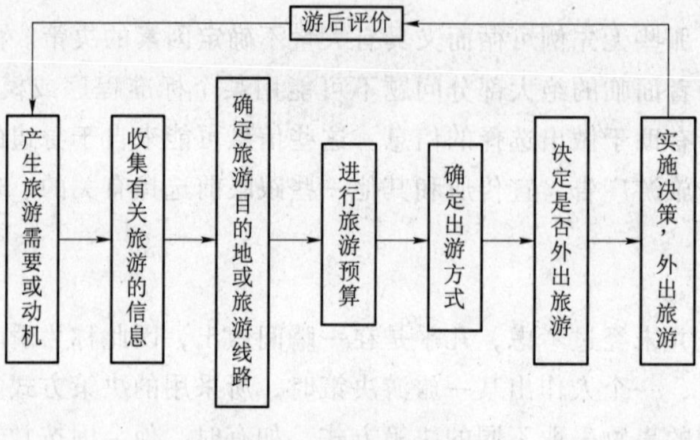

图 2－1　旅游决策过程

二、影响旅游决策的两大因素

作为一种特殊的消费决策，旅游决策过程最基本的影响因素包括社会因素和心理因素两大方面。其中，影响旅游决策的心理因素包括知觉、需要动机、性格、情绪情感及态度。而影响旅游决策的社会因素主要来自于家庭、群体、社会阶层和社会文化。

（一）影响旅游决策的心理因素

旅游决策过程的八个阶段，多个阶段都涉及影响旅游决策的心理因素。主要表现：旅游需要、信息寻求（知觉认识）、旅游目的地、旅游方式（旅游者性格），游后评价（情绪、情感和态度）。

1. 需要与旅游决策

有需要才会有旅游决策，心理需要是旅游决策行为产生的前提条件。现代社会，不管是学生还是工作人员，面对很大的压力，都需要放松心情，调节状态。而旅游是满足这种需求的一种方式，这就为旅游业提供了可供开发的有利市场。旅游行业的工作是如何通过各种宣传、促销和实际的服务质量激发需要，使潜在的旅游者变成现实的旅游者。

2. 知觉与旅游决策

旅游过程中的知觉是指直接作用于旅游者器官的旅游刺激情境的整体属性在头脑中的反映。而旅游决策是建立在旅游者对旅游产品知觉认识的基础上的。也就是说，旅游者在旅游过程中感知到的客体、事件和行为在头脑中一旦形成一种印象后，这种印象就和其他印象一起被组织成一种对个人来说有某种意义的模式，而这些印象和形成的模式又会对旅游行为产生影响。因此，摆在旅游者面前的影响主观判断的若干因素中，一个最重要的因素是对每种选择满足自我要求程度的知觉认识。旅游者所做出的旅游决策，对旅游产品和旅游服务的评价，旅游需要是否能得到满足，都与知觉过程所接受的信息及知觉者的心理特点密切相关。

3. 情绪与旅游决策

情绪是一种以主体为中介的心理活动形式，是个体与环境意义事件之间关系的反映。情绪具有动机功能，它能够驱策个人发生反应，从事活动，在最广泛的领域里为人们的活动提供动机。它的作用对于旅游决策来说可能是促进也可能是阻碍。在实际决策过程中，当人们进行现实的行为选择时，既受人类信息处理能力的限制，又无法避免情绪的影响。针对情绪对决策的影响作用，国外学者提出了后悔理论。“如果决策者在选择之前，意识到自己的某种选择结果，可能不如另外的选择结果时，就将产生后悔情绪；与此相反，则产生愉悦情绪。预期情绪会改变效用函数，影响决策的结果。”决策者总是希望能够把后悔降低到最低限度。在旅游决策过程中，如果在决策者进行选择之前，唤醒后悔、失望等消极情绪，将对最终的决策结果产生影响。其表现在于：消极情绪具有机动作用，会影响信息的加工过程，导致不同的旅游决策结果；消极情绪会造成认知失调，影响积极的旅游决策。

案例2-1

由于客观原因，赵先生带的这个团只能在H市停留一天，原定去某温泉的行程也将被取消。地接社操作失误，致使赵先生事先没有接到任何通知，也就无法把“转变态度”的工作做在前头。地陪又是一位新手，竟然在赵先生毫无准备的情况下，就把计划变动直截了当地告诉了客人，而且对领队的询问做了很粗暴的答复。这就引起了团队的一场“骚动”，全团游客坚决要求仍按原来的计划在该市旅游。

来到下榻酒店，愤怒的游客在大厅里还在坚持他们的要求。赵先生说：“由于最近这个地区遭受自然灾害，许多供电设备还没有修复，燃料供应也时断时续，所以，酒店只有下午四点半到晚上九点才供应洗澡的热水。大家一路上都非常疲劳了，我想还是请各位先从领队那里领了房间的钥匙，进房间洗个澡，休息一下，然后我们再来解决大家提出的问题。”

等客人分散到各个房间之后，赵先生首先批评了地陪的态度，做通了地陪的思想工作，然后又与地陪一起一个房间、一个房间地去做游客的工作。到晚上十点半，所有游客的工作都做通了，也就没有再把大家集合起来说这件事。

第二天一早，在车上地陪再次向领队和全体游客作了检讨，对情况变化的缘由作了详细的解释，最后提出了一个补偿性的方案。在游客的宽容之下，团队执行了修改后的旅游计划，于第二天晚上离开H市。

分析：本案例讨论“旅游团骚动”的群体心理。形成并维持旅游团“骚动”的群体心理因素主要是“情绪感染”和“循环作用”。当旅游团的“骚动”处于“初级阶段”时，在旅游者之间传递着“旅游信息”和“情绪信息”，而当旅游团的“骚动”进入“成熟阶段”时，在旅游者之间传递的就主要是“情绪信息”了。所以，此时的旅游团必然是“一片混乱”。“旅游团骚动”中的情绪感染不是单向的，而是“相互”的：你感染我，我又感染你，这就形成一个“循环作用圈”。要平息“旅游团骚动”就必须阻止“情绪感染”，切断“循环作用圈”，就要中止旅游者之间的情绪传递。实际操作中就是在空间上把旅游者分割开来，不让他们聚群。这里赵先生是通过让旅游者先洗澡的“缓兵之计”分解了旅游者的聚集状态。当“循环作用”不存在了，旅游者的情绪就会逐渐平静下来，变得较为理智，劝导工作也就比较容易进行了。

（二）影响旅游决策的社会因素

旅游决策不管是何种方式，经历怎样的过程，受到怎样的心理影响，它都避免不了受到社会因素的作用。也就是说旅游决策的过程，不仅是个人心理决策的过程，而且总是受社会大环境影响的过程。相关社会因素影响旅游决策内容我们将在任务二中详细分析。

任务二　掌握影响旅游决策的社会因素

任务介绍

介绍群体与旅游决策；
介绍家庭与旅游决策；
介绍社会阶层与旅游决策；
介绍社会文化与旅游决策。

任务分析

在社会生活中每个人都必然要与他人发生各种关系并影响相互的行为，作为社会化行为的旅游决策行为，也就必然受到来自家庭群体，社会阶层群体，社会文化群体的影响。本任务将阐述群体、现代家庭、社会阶层和社会文化，分析它们对旅游决策的影响。

任务引入

由于旅游旺季，英语导游紧张，某旅行社于是从当地一外语学院请来一名口语不错的在校生充当临时导游，接待一个泰国团，该导游服务热情周到，在带团初期一切状况良好，但后来却发生了一件不愉快的事而招致客人投诉。原因是团内有一对年轻夫妇的小孩长得十分可爱，导游忍不住在男孩的头上摸了一下，这种在中国看来最平常不过的举动，却触犯了泰国人“重头轻脚”的禁忌，男孩的父母当即脸就沉下来，只是没有当场发作，但导游却不懂得察言观色，后来又忍不住摸了一下小孩的头，这下男孩的父母再也控制不住当场与导游吵了起来，导致最后的投诉。

评析：导游处于接待工作的最前线，他们的服务对象——旅游者特点、状态各不相同。导游不仅要了解他们的需要、兴趣、情绪、性格等内在特点，还要充分了解旅游者由于环境因素产生的不同，比如家庭、群体、社会阶层、社会文化各方面的差异。本案例即反映了不同国家文化方面的差异，而导游由于不了解，触犯到游客的一些基本的禁忌。

任务实施

一、群体与旅游决策

（一）群体概述

1. 群体的含义

什么是群体？群体是相对于个体而言的。它是指两个或两个以上的人，有着共同的利益和目标，相互作用、相互影响，并以一定的方式联系在一起进行活动的人群。一定的组织结构、共同的目标、公认的规范或规则、群体归属感是群体的四个方面特征。

2. 群体的类型

根据不同标准，可以将群体分为不同类型。

首先，按照群体的构成原则进行分类，可以将群体分为正式群体和非正式群体。正式群体是指由一定的社会组织认可的、有规定的权利和义务、有明确的职责分工。非正式群体是指那些由若干人自发结合形成的，成员的地位和角色、权利和义务都不明确，也无固定编制的，它通常以感情来维系成员间的关系。

其次，按照群体在成员心目中的地位，可以将群体分为所属群体和参照群体。所属群体是指个体作为其中的正式一员实际参加的群体。这种群体既可以是正式群体，也可以是非正式群体。参照群体是指个体不参与其中，但总是倾向向往，并自愿接受其规范准则，以此来指导自己的行为的群体。

（二）相关群体与旅游决策

1. 群体的作用

群体通过三种机制对个体发挥影响作用。

首先，暗示。暗示是指在无对抗条件下，用含蓄、间接的方式对个体行为产生影响。比如，通过各种媒体宣传的旅游广告，即会形成对人们关于旅游的暗示，使人们自觉不自觉地产生旅游的意识或对某个旅游地的兴趣。

其次，模仿。模仿是指个体主动参照群体中其他成员的行为方式从事自己的活动。模仿是人的生存能力的一种体现，当一个人不知道怎么去做或认为周围某些人的行为符合其理想模式的时候，就会主动去模仿他人。

再次，服从。服从是指个体迫于一定的压力而遵从群体行为规范。无论是正式群体还是非正式群体，一旦形成，就作为一个动力系统对个体发挥影响作用。例如，在中国人传统思想观念中，男子在家庭中是一家之主，具有绝对权威，其他成员要服从他的安排。

2. 相关群体与旅游决策

一个人的相关群体可以是正式群体，也可以是非正式群体；可以是所属群体，也可以是参照群体。它们都会以不同方式对旅游决策产生影响作用具体表现在以下三个方面：

（1）相关群体对旅游决策的信息作用

人们的旅游消费行为离不开信息的刺激和影响。相关群体是人们获取旅游信息的重要渠道，而且往往来自相关群体的信息对个体的旅游决策影响很大。比如，到哪里旅游，选择哪家旅行社，乘坐什么交通工具，去多长时间等，相关群体传递的信息往往比旅游部门的回答更具影响力。

（2）相关群体对旅游决策的规范作用

群体的规范对其成员的行为方式往往具有重要的制约作用。作为一定群体的旅游者，其旅游行为会自然地向所在群体看齐。

(3) 相关群体对旅游决策的榜样作用

旅游者相关群体中“中心人物”或“权威人物”的一言一行往往会影响旅游者的心理和行为，也就是说，在旅游消费行为中，“中心人物”或“权威人物”总是起着榜样和示范作用。旅游企业在进行宣传、促销时，可以充分发挥相关群体“中心人物”或“权威人物”的示范效应，调动人们旅游消费的积极性。

二、家庭与旅游决策

中国是一个家庭伦理观念很强的国家，随着生活水平的提高，人们越来越重视家庭成员间的共处与活动，举家出游的比例越来越大。

(一) 现代家庭形态

家庭是社会构成单位，家庭成员结构状态，影响着消费需求的重点、消费动机的类型、消费能力的大小。通常，依据家庭成员的婚姻关系、血缘代际层次关系将现代家庭形态分为三大类型：

1. 配偶家庭

这种家庭有两种情况，一是未生育子女的家庭，二是空巢家庭（即子女长大成人，离开父母，建立了新的家庭）。这一类型家庭不需要支付子女的教养费用，没有大的支出，很容易产生旅游动机，旅游消费的愿望和能力都会比较强。

2. 核心家庭

由夫妻与他们的子女组成。核心家庭是现代社会主流家庭模式。这类家庭的消费重点在孩子的成长和教育上。家庭的旅游动机多从孩子的教育和发展出发。

3. 复合家庭

由三代或三代以上的家庭成员构成，其基本结构特征是“上有老，下有小”，这类家庭人口多，负担比较重。

(二) 家庭生命周期

一般情况下，一个家庭的生命周期，是从一对青年男女结婚建立家庭开始，然后生育繁衍，抚育儿女成人，到这对夫妻生命结束，家庭解体为止的全部时间过程。它是由婚姻状况、家庭成员年龄、家庭规模和主人的工作状态等变量组合而成的复合变量系统。家庭生命周期的变化，是影响人们旅游决策倾向变化的重要因素。家庭生命周期一般依据年龄划分为三个阶段：青年阶段、中年阶段、老年阶段。由于收入、年龄、家庭角色、家庭需要等因素的影响，家庭生命周期的各阶段表现出不同的旅游消费心理和行为。

1. 青年阶段（一般在 35 岁以下）

这一阶段还可以进一步分为两个类型：已婚无子女和已婚有子女。已婚无子女时期又被称为“蜜月期”，这段时间一般不超过两年。在这段时间内，很多青年夫妻热衷旅游、度假，在旅游消费领域表现较为活跃。

2. 中年阶段（一般在 35 岁 ~60 岁之间）

这一阶段又可以分为满巢期和空巢期。满巢期指有子女家庭的家庭成员完整时期。这类家庭的生活方式多数以子女为中心，家庭能否外出旅游，在很大程度上取决于家庭的经济状况和父母对旅游的态度。如果家庭经济状况良好，父母又把旅游当作开阔孩子视野、增长知识的途径，就会经常组织外出旅游。空巢期指子女独立，仅剩年长父母的家庭时期。子女长大成人，各自独立，父母的经济负担大大减轻，同时，子女的离开也使得夫妻开始考虑新的生活方式，这时，旅游意愿将会显著表现出来。

3. 老年阶段（60 岁以后）

一般来说，一家之主到了60 岁退休的时候，家庭生命周期进入老年阶段。退休意味着生活方式和经济状况都要发生变化，他们能否外出旅游主要取决于经济状况和身体条件。退休金丰厚或有大量积蓄，且又身体健康的老年夫妻就可能很希望享受外出旅游度假的退休生活。很多旅行社和旅游部门把“银发旅游”作为一种推销策略来吸引老年旅游者。

（三）家庭旅游决策类型

现代家庭中，核心家庭结构最具代表性。这里我们即以核心家庭为例来分析家庭旅游决策。根据家庭成员在旅游决策中所起的作用，我们将旅游决策分为三种类型：丈夫主导型；妻子主导型；夫妻协商型。

1. 丈夫主导型

这类家庭收入来源往往主要依赖于丈夫，妻子没有工作或收入相对微薄。家庭旅游决策很大程度上主要取决于丈夫。如果丈夫对旅游不感兴趣，就会限制家庭旅游行为，如果丈夫重视旅游对调节身心、教育子女的作用，就会积极促成旅游行为。

2. 妻子主导型

这类家庭往往是妻子经济收入多或知识水平高。由于女性好奇心强，家庭心情观念重，注重时尚等方面的特征，因此对于参与旅游活动有积极的态度。对旅游的各项决策，包括旅游目的地、旅游线路、旅行方式、吃住标准、购物花费、娱乐活动等均会进行决策。

3. 夫妻协商型

这是目前较为普遍的家庭旅游决策类型。当家庭中遇到一些具有重要影响的事情，往往由夫妻双方共同协商、决定。在外出旅游的实际问题上，夫妻双方会共同协商、共同决策选择在什么时间旅游，选择什么旅游目的地和旅游方式，在具体事宜安排上，又会共同协商，一方决策。比如，对于怎样搜集信息，选择交通工具，要不要带孩子，旅行时要带哪些物品等问题。因此，夫妻协商型往往又分为两种情况：一是共同影响，一方决策；二是共同影响，共同决策。

表 2－1 是综合美国学者詹金斯对在度假旅游决策过程中，家庭各成员在一些方面起的不同作用和戴维斯对夫妻双方在购买某些商品方面做决策的影响力的研究成果，对照家庭旅游决策四种类型，进行的家庭旅游决策类型与决策内容之间的关系或倾向的分析。可以看出，一般情况下，旅游地点、旅游住宿条件由丈夫主导；食品和服装由妻子主导；是否带孩子一起旅游、旅游度假时间长短、旅游度假的日期、旅游交通工具的选择、旅游度假活动的内容则为共同影响，一方主导；而是否外出旅游度假、旅游度假的花费则由双方共同影响，共同主导。

表 2－1 家庭旅游决策类型与决策内容的关系

家庭旅游决策类型	决策内容
丈夫主导	旅游地点
丈夫主导	旅游住宿条件
妻子主导	食品
妻子主导	服装及其他生活用品
共同影响，一方决策	是否带孩子一起旅游
共同影响，一方决策	旅游度假时间长短
共同影响，一方决策	旅游度假的日期
共同影响，一方决策	旅游交通工具的选择
共同影响，一方决策	旅游度假活动的内容
共同影响，共同决策	是否外出旅游度假
共同影响，共同决策	旅游度假的花费

在家庭旅游决策中，虽然儿童一般不直接参与家庭旅游决策，但是孩子对家庭旅游决策的影响很大。孩子的需要和兴趣往往影响着父母对旅游目的地、旅游活动内容、交通工具、住宿条件、旅游食品等方面的选择。

三、社会阶层与旅游决策

由于人与人之间在职业、收入水平、受教育程度以及声望、地位等方面的不同，形成了不同的群体。同一群体在行为、态度和价值观念等方面具有同质性，不同群体的人们在这些方面则存在较大的差异，从而形成了不同的社会阶层。而分析社会阶层对于深入了解旅游者的旅游决策行为具有十分重要的意义和价值。

（一）社会阶层划分

社会阶层归属不是受单一因素的影响，而是同时受职业、收入、教育、财富等多种因素影响。学者普遍认为理想的现代社会阶层结构，应呈现两头大的橄榄型，它有庞大的社会中间层，而传统社会阶层结构则是顶尖底宽的“金字塔结构”。目前中国社会结构还只是一个洋葱头型，与理想社会阶层结构还有很大差距。

1. 中国社会阶层的划分

2001 年中国社会科学院“当代中国社会阶层研究”课题组经过三年对湖北汉川、辽宁海城、广东深圳、北京燕山石化总厂和天津南开大学进行的抽样调查和研究，以职业分类为基础，以组织资源、经济资源、文化资源占有状况作为划分社会阶层的标准，划分了我国的“五大等级，十大阶层”。

（1）国家与社会管理者阶层

指在党政、事业和社会团体机关单位中行使实际的行政管理职权的领导干部，具体包括：中央政府各部委和直辖市中具有实际行政管理职权的处级及以上行政级别的干部；各省、市、地区中具有实际行政管理职权的乡科级及以上行政级别的干部。目前，中国的社会政治体制决定了这一阶层在趋于等级分化的社会阶层结构中居于最高或较高的地位等级，是整个社会阶层结构中的主导性阶层之一，是当前社会经济发展及市场化改革的主要推动者和组织者。这一阶层的社会态度、利益及行动取向和品质特性，对于正在发生的经济社会结构的变迁和将要形成的社会阶层结构的主要特征具有决定性的影响力。

目前，这一阶层在整个社会阶层结构中所占的比例约为2.1%；在城市中的比例为1%～5%；在城乡合一的县行政区域中的比例大约为0.5%。

（2）经理人员阶层

指大中型企业中非业主身份的高中层管理人员。这一阶层的社会来源主要是三部分人。第一部分是原来的国有和集体企业干部。随着现代企业制度的发展，这一部分企业干部逐渐从行政干部系列中脱离出来，成为职业经理人。第二部分来自较大规模的私营企业或高新科技产业领域中的私营企业，这些企业自20世纪90年代后期以来开始出现所有权与管理权分离的趋势，一些企业主聘用职业经理人来为他们经营管理企业；另一些业主则通过企业股份化而使自己从业主型的创业者转变为职业经理人。第三部分人是“三资”企业的中高层管理人员。经理人员阶层是市场化改革的最积极推进者和制度创新者，他们代表着先进生产力和现代经济体制的发展方向。这一阶层的成员支配着大量的经济资源，他们都有较高的学历和专业知识水平，同时，他们的政治社会地位也较高，被称为“老总”。这个阶层还在发展之中，在目前社会阶层结构中所占的比例约为1.5%，但在地区之间的分布极不平衡。

（3）私营企业主阶层

指拥有一定数量的私人资本或固定资产并进行投资以获取利润的人，按照现行政策规定，即包括所有雇工在8人以上的私营企业的业主。私营企业主阶层是改革开放的产物，是在社会主义市场经济发育和发展的过程中产生和成长起来的。他们不仅是先进生产力的代表者之一，而且是社会主义市场经济的主要实践者与重要组织者，他们也是有中国特色社会主义伟大事业的建设者，在中国经济的高速增长中发挥了重要的作用。

由于传统意识形态的阻碍，私营企业主阶层的政治地位一直无法与其经济地位相匹配，他们对社会政治生活的参与受到很大局限。就全国而言，私营企业主阶层在社会阶层结构中所占比例约为0.6%，但地区差异比较大。

（4）专业技术人员阶层

指在各种经济成分的机构（包括国家机关、党群组织、全民企事业单位、集体企事业单位和各类非公有制经济企业）中专门从事各种专业性工作和科学技术工作的人员。他们大多经过中高等专业知识及专门职业技术培训，并具有适应现代化社会大生产的专业分工要求的专业知识及专门技术。

专业技术人员是现代工业社会的中等阶层的主干群体，他们既是先进生产力的代表者之一，也是先进文化的代表者之一。而且，他们还是社会主导价值体系及意识形态的创新者和传播者，是维护社会稳定和激励社会进步的重要力量。在当代中国社会，专业技术人员阶层在推动科学技术发展和市场经济理念传播方面发挥了重要的作用。目前，专业技术人员在社会阶层结构中所占比例约为5.1%，但城乡差异很大，经济发展水平不同的地区差异也很大。

（5）办事人员阶层

指协助部门负责人处理日常行政事务的专职办公人员，主要由党政机关中的中低层公务员、各种所有制企事业单位中的基层管理人员和非专业性办事人员等组成。这一阶层是社会阶层流动链中的重要一环，其成员是国家与社会管理者、经理人员和专业技术人员的后备军，同时，工人和农民也可以通过这一阶层实现上升流动。这一阶层也是现代社会的社会中间层的重要组成部分，他们在目前的中国社会阶层结构中所占比例大约为4.8%。

（6）个体工商户阶层

指拥有较少量私人资本（包括不动产）并投入生产、流通、服务业等经营活动或金融债券市场而且以此为生的人。如小业主或个体工商户（有足够资本雇用少数他人劳动，但自己也直接参与劳动和生产经营的人）、自我雇用者或个体劳动者（有足够资本可以自己开业经营，但不雇用其他劳动者）以及小股民、小股东、出租少量房屋者等。

个体工商户阶层是经济改革的产物，这一阶层的规模随着经济改革的推进而不断扩大。目前，个体工商户阶层在整个社会阶层结构中所占比例为4.2%，这一比例是根据国家工商部门的登记数计算出来的，但该阶层的实际人数比登记人数多得多。

（7）商业服务业员工阶层

指在商业和服务行业中从事非专业性的、非体力的和体力的工作人员。由于中国目前的商业服务业还不发达，而且产业层次较低，这一阶层的绝大多数成员的社会经济状况与产业工人阶层较为类似。但在一些大城市中，在与国际较为接轨的商业服务业部门中，商业服务业人员的社会经济状况较接近办事人员阶层。随着工业化和市场化的推进以及第三产业的发展，这一阶层的规模将会进一步扩大。目前，商业服务业员工阶层在社会阶层结构中所占比例约为12%。

（8）产业工人阶层

指在第二产业中从事体力、半体力劳动的生产工人、建筑业工人及相关人员。产业工人阶层是推动先进生产力发展的基本力量，是近代以来中国经济社会发展特别是社会化大生产的产物。随着中国工业化、社会化的继续发展，这个阶层将会进一步提高自身的政治、科技、文化素质，其劳动技能也将不断提高，从而为社会主义现代化事业做出越来越多的贡献。

在相当长时期内，中国的产业工人阶层内部一直存在着企业所有制和户籍身份制所导致的差异。这种差异体现在收入、福利、社会地位、劳动保障等多个方面。近几年来，随着国有企业改革和市场经济的深化，不同所有制企业的工人之间的差异相对缩小，但户口因素的影响仍然很强。目前，整个产业工人阶层在社会阶层结构中所占的比例则为22.6%左右，其中农民工占产业工人的30%左右。

（9）农业劳动者阶层

这是目前中国规模最大的一个阶层。该阶层是指承包集体所有的耕地，以农、林、牧、渔业为惟一或主要的职业，并以农（林、牧、渔）业为惟一收入来源或主要收入来源的农民。在改革开放的过程中，农业劳动者阶层曾经起过极为重要的作用：他们是传统计划经济体制的真正突破者，是农村经济体制的率先改革者，是市场经济的最早实践者和推动者。而农村经济体制的改革，尤其是家庭承包责任制的实行，使农民得到了自主和实惠，解放了生产力，农业连年获得丰收，不仅很快解决了绝大多数中国人的吃饭问题，而且推动了中国整个体制的改革。另外，这个阶层还通过分化而产生个体工商户阶层、私营企业主阶层、产业工人等的母体阶层。

尽管如此，由于这个阶层几乎不拥有组织资源，所拥有的文化资源和经济资源往往也低于上述所有阶层，所以在整个社会阶层结构中的地位比较低。与中国改革开放初期相比，中国农民阶层的规模已经有了显著的缩小，纯粹的农业劳动者和以农业为主业的农民在劳动人口中所占比例，已经从 1978 年的 70% 以上减少为 1999 年的 44% 左右。

（10）城乡无业、失业、半失业者阶层

指无固定职业的劳动年龄人群（排除在校学生）。体制转轨和产业结构调整导致一批工人和商业服务业人员处于失业、半失业状态。就业机会不足使许多新进入劳动力市场的青年劳动力长期待业。城市大批征用农用地，则使大批农民无地可种，而这些农民在城镇一时还找不到合适的职业。另外，还有不少城乡居民因为残障或长期卧病的困扰而不能就业，他们多数也陷入贫困境地。目前，这几部分人的数量还在继续增加。

任何社会都会存在部分的失业者，但无业、失业、半失业者构成一个阶层，却是中国目前这一特殊历史过渡阶段的产物。这一阶层的许多成员处于贫困状态。目前，这一阶层在整个社会阶层结构中所占比例约为 3. 1% 。

同时，这十大阶层又分属于社会上层、中上层、中中层、中下层和底层五种社会等级。社会上层，主要由国家与社会管理层中的高层领导干部、经营人员阶层中的大企业经理人员、私营企业主阶层中的大私营企业主、专业技术人员阶层中的高级专业人员组成；中上层由国家与社会管理层中的中低层领导干部、经营人员阶层中的大企业中层管理人员、中小企业经理人员、私营企业主阶层中的中等私营企业主、专业技术人员阶层中的中级专业人员组成；中中层主要由私营企业主阶层中的小私营企业主、专业技术人员阶层中的初级专业人员、个体工商户阶层中的收入等较高的个体户、办事人员阶层中的办事人员、商业服务业员工阶层、产业工人阶层中的工资福利保障等较高的人员、农业劳动者阶层中的收入等较好的人员组成组成；中下层主要由个体工商户阶层中的一般个体户、商业服务业员工阶层中的一般人员、产业工人阶层中的一般人员、农业劳动者阶层中的一般人员组成；底层主要由商业服务业阶层、产业工人阶层和农业劳动者阶层中生活处于贫困状态并缺乏就业保障的部分人员和城乡无业、失业、半失业人员阶层组成。

2. 美国社会阶层的划分

美国七种主要社会阶层的划分：上上层（不到 1%）：他们是继承了大量的遗产，出身显赫的达官贵人；上下层（2% 左右）：他们是职业和业务能力非凡、拥有高薪和大量财产的阶层；中上层（12%）：他们没有高贵的出身、又没有多少的财产，关心的是自己的职业前途，像已经获得自由职业者、独立的企业家及公司经理等职位；中间层

（32%）：他们是中等收入的白领与蓝领工人，居住在“城市中较好的一侧”，并力图“干一些与自己的身份相符的事”的阶层；劳动阶层（38%）：他们是中等收入的蓝领工人和那些过着“劳动阶层的生活方式的人”，而不论他们收入多高、学校背景及职业怎样；下上层（9%）：他们的工作与财富无缘，虽然生活水平刚好在贫困线以上，却无时不在追求较高的阶层；下下层（7%）：他们是与财富不沾边的，一看就知道贫穷不堪，常失业或干“最肮脏的工作”，他们对寻找工作不感兴趣，长期依赖着公众或慈善机构的救济。

（二）社会阶层与旅游决策

1. 同一社会阶层的旅游行为的相似性

同一社会阶层的人在价值观、行为准则、消费观念、需求动机等方面都具有一致性，在旅游消费行为上表现出明显的相似性。中国社会阶层中的中下层和底层的人几乎是用绝大部分或全部收入维持基本生活，其经济状况决定了他们不会有太明显的旅游动机，偶尔出游，通常选择离家较近的旅游目的地，开支不至于太大，以求实、求廉为主导。中国社会阶层中的中中层的人在维持基本生活前提下，会有节余，因此，有可能开始谨慎地扩展消费项目。在旅游方面，他们不会选择去遥远的地方旅游，他们理想的旅游方式是到附近的旅游目的地，以观光为主，主张文化内涵和教育意义的旅游产品与服务，对出国旅游也很感兴趣。而中国社会阶层中的中上层由于经济宽裕，他们开始按照自己的心理倾向扩展消费领域。在旅游活动的选择上更多突出了个性和品味。

2. 不同社会阶层旅游消费的差异性

不同社会阶层的成员，由于受教育程度、收入和社会地位等方面的不同，旅游决策行为的差异显著。例如：社会阶层中的小部分人群，购物时倾向于求美、求新，注重品牌和款式。他们外出旅游，不仅想漫游全国，还想周游世界，而且多选择自驾游。社会阶层中的大部分人群，则倾向于求实、求廉，注重物品的实用价值，要求所购买的商品价廉物美。他们旅游时多选择旅行社，选择搭乘汽车或火车前往比较近的旅游区旅游观光。

四、社会文化与旅游决策

旅游行为本身就是一种文化的交流。旅游活动的全部过程和内容都与社会文化密不可分。

（一）文化概述

“文化”一词有多种定义。目前，学术界公认英国人类学家 E·B·泰勒，是第一个在文化定义上具有重大影响的人。泰勒在《原始文化》中说：“文化或文明，就其广泛的民族学意义来讲，是一复合整体，包括知识、信仰、艺术、道德、法律、习俗以及作为一个社会成员的人所习得的其他一切能力和习惯。”

关于文化的区分，最为常见的说法就是广义文化和狭义文化，也有人把它称为是大文化和小文化。在这一点上，日本著名社会学家富永健一认为：“正如我们将社会区分为广义的社会和狭义的社会那样，有必要将文化也分为广义的文化和狭义的文化。广义的社会是与自然相对应的范畴；同样，广义的文化也是作为与自然相对应的范畴来使用的。在这种情况下，技术、经济、政治、法律、宗教等等都可以认为是属于文化的领域。也就是说，广义的文化与广义的社会的含意是相同的。但另一方面，狭义的文化与狭义的社会却有不同的内容。后者是通过持续的相互关系而形成的社会关系系统；而前者如我们上文中提出的定义那样，是产生于人类行动但又独立于这些的客观存在的符号系统。"

社会学对于文化的区分还有一种"亚文化"的概念，"当一个社会的某一群体形成一种既包括主文化的某些特征，又包括一些其他群体所不具备的文化要素的生活方式时，这种群体文化被称为亚文化。亚文化可以围绕着职业种类发展而成，如医学或军事部门的亚文化。亚文化还可能是基于种族或民族的差异，如美国黑人亚文化。亚文化还可能是源于地区的差异，如美国南部各州的亚文化；也可能基于原来的国籍，如美籍墨西哥人和美籍意大利人亚文化。""每一个复杂社会都包括许多亚文化，社会成员常常是在一个以上的亚文化中发挥作用，反过来说，他们在一生中也会经历许多种亚文化。"

（二）社会文化对旅游决策行为的影响

社会文化对旅游决策行为的影响，不像经济因素、时间因素那样直接，它的影响是潜移默化的。不同国家、不同地域、不同民族、不同时期的社会文化使人们形成了与之相应的价值观、审美观、宗教信仰和风俗习惯，它们都不同程度地影响着人们的旅游决策过程。

1. 价值观与旅游决策行为

价值观是在一定文化环境下形成的，是支配人们行为的基本准则。价值观影响人们对旅游的基本态度。比如，中国传统文化造就了克己节欲的价值观，使人们对旅游存在一种抵制和反对倾向，认为旅游是奢侈和浪费的。

2. 审美观与旅游决策行为

不同国家、不同地域、不同民族、不同时期的社会文化下形成的不同审美观，影响着人们的旅游决策行为。比如，西方一些国家崇尚健康，人们认为棕色皮肤是健康的标志，因此很多人喜欢海滨旅游度假，晒日光浴。

3. 宗教信仰与旅游决策行为

具有不同宗教信仰的人，其思想观念、行为方式都会受到宗教的强烈影响，作为旅游者，其旅游决策行为也自然会受到来自信仰的影响。比如，天下名山很多，有道教倾向的人会选择青城山、龙虎山、武当山、齐云山等道教名山作为旅游地，而有佛教倾向的人则会考虑去五台山、峨眉山、九华山或普陀山等佛教名山。

4. 民俗与旅游决策行为

民俗即一个国家、地区或民族中广大民众所创造、使用和传承的生活文化。独特的民俗风情往往会产生或增加一个地方的旅游吸引力，同时，一些国家、地区或民族的禁忌也是旅游者与旅游目的地沟通、交流能否融洽的重要方面，这两方面都会成为影响旅游者旅游决策的因素。这就要求旅游工作者在做好关于特色民俗宣传介绍的同时，对各地禁忌要了解、掌握，避免自己或游客触及禁忌问题，影响旅游者的旅游活动及旅游评价。

归纳总结

本项目介绍了旅游决策及其影响因素。具体地说，即是旅游决策定义、旅游决策类型、旅游决策过程及旅游决策影响因素几大方面，重点介绍了影响旅游决策的社会因素——群体、家庭、社会阶层与社会文化，分析了群体、家庭、社会阶层与社会文化呈现的特点及对旅游决策的影响。

练习与实训

一、思考题

1. 什么是旅游决策？
2. 请根据旅游决策过程，谈谈影响旅游决策的心理因素。
3. 社会阶层如何影响旅游决策行为？
4. 什么是社会文化？社会文化从哪些方面影响着旅游决策行为？

二、案例分析

（一）武当山怎么样？

丁女士（30岁，某大学教师）与张太太（52岁，家庭主妇）、周老师（35岁，某中学历史老师）、李小姐（20岁，某单位职工）一起作为某单位家属随团赴神农架旅游。得知大家去年曾随团游过武当山，未去过武当山的丁女士就问大家武当山怎么样。

李小姐：“不怎么样！没什么好玩的，就山上那个金顶还有点看头，金光闪闪。”

周老师：“武当山的建筑很有特色，是道教官观建筑的典型。尤其是武当金顶，那是我们国家建筑历史上的杰作。”

张太太：“什么金顶，我怎么不知道。”

丁女士：“那你去武当山游的是什么？”

张太太：“游什么，去拜祖师爷嘛。”

丁女士：“武当山供奉的是哪位祖师爷？”

张太太：“反正是祖师爷，我也不知道叫啥名字。”

根据上面的材料，分析为什么每个人对武当山的认识和评价都不同。

（二）泰国的禁忌

某国际旅行社组织了一个去泰国的旅游团，在出境前导游介绍了当地的相关风俗与禁忌，一个游客到了泰国后参与了街头的扑克赌博，结果被当地警方处以重罚，并驱逐出境。游客认为是旅行社没有讲清楚，要求赔偿。

请谈谈导游应怎样做才不会发生上述问题。

拓展阅读

一、“她旅游”研究之：女性旅游行为决策的影响要素

“她”喜欢何时出游？

目前，在中国市场上，专门针对女性的营销推广和产品设计并不是很多，或者说还

没有那么多“合身的”产品，大多数旅游目的地，都会选择“三八”妇女节期间，做“她”市场的营销推广。其实，据调查统计，有59.2%的女性游客根据自己的时间、需求和可自由自配收入的分配状况，随机选择出游时间。女性的“感性决策”告诉我们，只要有适合“她”的旅游产品、能激发“她”的体验欲望，“她”随时都可能选择购买。正如“她”去商场买衣服，事先并无计划，很多时候是闲逛中“碰”上了如意的，从而产生冲动性购买。

法定节假日和带薪休假，也是“她”出游的小高峰，分别占调查总样本量的22.2%和11.7%。对于女性来说，家庭游很重要，比如，“十一”黄金周，“五一”、“端午”、“清明”、“中秋”等小黄金周，包括可爱的“三八节”，为“她”提供了全家出游的机会。“她”的周末旅游也占了6.7%，这主要是短途旅游，如农家乐、郊区乡村体验游等同城旅游。同时，在高铁时代产生的同城化效应，为“她”旅游创作了更多可能。

“她”喜欢和谁出游？

调研发现，46.2%的女性会选择独自出行，而仅有2.1%选择跟团。“她”大多不愿受团队限制，旅行方式、住宿设施和景点选择等，都有自己的一套理论和判断。然而，天生的细腻情感和爱家、恋家的性格，是很难改变的，有41.2%的女性游客，还是会选择与家人朋友结伴出行。亲人对于她们来说始终是摆在首位的。“她”天生的母性，出游选择时总是以家庭为主体。朋友是她们心灵的港湾，旅行是巩固朋友圈子的一种重要方式。“她”旅游又带动了另一个旅游群体——陪游客，“她”的带动性同样不可小觑。

同时，越来越多的女性商务旅行，也是一个迅速发展起来的市场，很多国家的女性商务旅游已经是占到将近1/3的比例。商务型的“她”，更追求一种舒适、便捷、品牌，对于价格等方面考虑得较少，是高端旅游的重要组成部分。

“她”喜欢如何获取信息？

“她”获取信息的渠道，是旅游目的地可以利用的市场营销渠道。对于容易受外界影响的“她”来说，选择“她”喜欢的信息获取渠道，能实现精准营销，激发“她”的购买欲望和决策决心。据数据显示，“她”喜欢接受朋友介绍和搜索引擎，分别占35.15%和34.73%。它向我们证实了口碑传播和网络运用的重要性。对于敏感而细腻的“她”，更喜欢对酒店、美食、景点、服务等要素评头论足。某网站上超过100万条酒店点评中，接近68%是由女性贡献的。除了口碑和搜索引擎以外，门户网站旅游频道和专业旅游网站（如携程网、去哪儿网、驴妈妈网、途牛网等等）也是“她”获取信息非常重要的渠道，对“她”的出行提供非常便利的购买参考。同时，“她”还看中官方网站的真实性和可信赖度。其他信息渠道，在“她”的出游选择中，也发挥着不可替代的作用，如旅行社门市、实体的沟通和交流，其可靠性和个性化，都是虚拟传播所无法比拟的。

“她”喜欢去哪儿旅行？

据女性游客市场调研数据显示，山水风光永远是“她”的最爱，高达85.71%的支持率。“她”注重保健，认为大自然是最纯美的，空气清晰、山水灵动、花草舒展，可以放松心情、运动减压。民俗风情、特色美食、海滨沙滩，也是“她”的最爱，支持率分别在59.66%、58.82%、57.56%。“她”天生的好奇心和求知欲，总是促使“她”想去了解别人的生活，“十里不同风，百里不同俗”的多民族文化，可以让“她”体验到另类风格的食、住、行、游、购、娱，甚至连服饰都可以入乡随俗。回归自然，无拘无束的游玩和体验，是“她”释放天性、追寻童真的最爱。

当然，文物古迹、文化艺术、主题公园、旅游购物、节庆演出、医疗保健等也会时而触动“她”的神经，但是要与自然山水和海滨相比，对于“她”的吸引力就相对较弱了。这就要求，为“她”提供个性化休闲娱乐场所和服务设施，比如，女士酒店、酒店女士楼层，专属的健康、休闲、美容、购物之旅等，也给她们更多的选择和市场诱惑。山东济南的高铁售票处，开设的女性服务窗口，就能让“她”享受到尊贵的便利服务。

德安杰认为，在做“她旅游”市场时，要依据“她”的行为动机和影响“她”的决策要素，明确细化产品类型、时间节点、营销渠道和服务方式，做到知己知彼，在求同存异中创新，才能打造适合“她”的旅游目的地。

（资料来源：“她旅游”研究之：女性旅游行为决策的影响要素，新华网发展论坛，2011年。）

二、“6+1”家庭结构形态下的旅游消费特点

“6+1”家庭结构形态下的旅游消费积极因素和制约因素并存，但总体来看，随着家庭经济收入的提升和消费观念的改变，家庭出游尤其是家庭自驾出游越来越成为旅游市场一道靓丽的风景线。

积极因素主要表现在：

一是生活观念改变——对于旅游，家庭消费观念发生了多方面的变化，如认为旅游是物质生活得到满足后提升生活品质和丰富精神生活的重要方式，认为旅游是增进家庭成员之间感情的有效方法，认为旅游是增进身心健康的极好的途径……，这些观念使家庭出游安排快速增多；

二是经济水平提高——家庭经济收入的增加为出游提供了基础支撑，很多家庭已将旅游支出列入每年必须的开支预算之一，私家车的快速增加也为家庭出游提供了便利；

三是孩子地位提升——独生子女现象使孩子在家庭中的地位得以空前提升，孩子的愿望和要求很大程度上左右甚至决定着全家人的出游决定或出游安排；

四是客观因素刺激——现代都市压抑的生活环境和不良的空气质量使很多家庭不得不借助外出旅游转换环境去获得身心健康。

制约因素主要表现在：

一是养老储蓄制约——受传统储蓄养老思想及我国社会保障制度仍不完善等因素影响，加之年轻人养老压力的增加，很多家庭在旅游支出上仍然很谨慎。调查显示：随着老年人口数量的增加，“421”家庭数量激增，有35%的家庭要赡养4位老人，49%的城市家庭要赡养2~3位老人。如果独生子女下一代还是独生子女，那么第三代就要面对一对年轻夫妇最多赡养12位老人的局面。同时，独生子女政策将使得提供养老金的青年人群比例缩小，家庭养老压力增大；

二是养育成本增加——独生子女现象虽使子女养育数量大大减少，但总的养育成本却比以前大大增加，家长在孩子的健康、教育等方面投入了大量的财力，这在很大程度上会影响家庭的旅游消费。据有关机构统计研究，在上海、北京等城市，孩子出生至大学毕业的总体花费平均高达30万元~50万元；

三是出游时间有限——虽然老年人时间自由，节假日制度也越来越完善，孩子的节假日也不少，但对于城市尤其是大都市大多数上班族而言，工作匆忙，出游时间较少，一家人同时有空出游的机会就更少，一般集中在黄金周等节假日出游居多。北京市老龄委的调查发现，49.8%的年轻人认为最大的困难之一是工作忙没有时间照顾老人及家里；

四是距离间隔限制——中国社科院《第一代独生子女婚恋观念及教育观念研究》报告指出，在现实生活中，第一代独生子女婚后主流为小家单独居住，35.4%的人婚后没有与父母共同居住。49.2%的独生子女的理想家庭结构为三口之家，独生子女还是倾向于小规模的、代际关系简单、靠夫妻关系联系起来的核心家庭形式，这种情况使得全家一起出游的机会有所减少。

（资料来源：非常“6+1”与非常旅游开发——现代家庭结构发展趋势及其对旅游开发的启示．[2010-5-14]．http：//www.lwcj.com.）

三、旅游团也有“十八变”

小苏第一次做全陪回来感慨万分地说：“团队就是一个小姑娘，女大十八变，团队也会十八变！”

赵先生问：“怎么个十八变？”

小苏说；“刚入境的时候，客人好像都是‘自顾自’，遇到什么问题都来找我。后来就不一样了，他们都变得有事先告诉那位林太太，再由林太太来找我。这位林太太可真厉害，我这一路上没少受她的气！我觉得他们好像已经以林太太为中心抱成了一团，不再把我这个全陪放在眼里了。我觉得这个变化很大。”

小陈说：“这种情况我们都遇到过。像林太太那样的客人，有的是全团选出来的团长，有的虽然没有团长的名义，但实际上就是一个团长。听赵大哥说过，这叫旅游团的‘中心人物’。”

赵先生说：“旅游团里出现一个‘中心人物’，这倒是很普遍的现象。原因也不复杂，客人不放心，怕他们的利益会受损害，所以要推举一个人出来替他们说话，这个人就成了‘中心人物’。你刚才说，客人围着林太太抱成了一团，不再把你放在眼里了，这说明客人不信任你，他们信任林太太。林太太为了表现自己是游客利益的忠实代表，与你交涉的时候，自然不会轻易让步。这就是你‘受气’的原因。”

小陈说：“小苏你别着急，这种情况有规律性。有道是‘一回生，二回熟’。”

小苏说：“我看也不那么简单。这一次我是‘套团’，在广州把团送走以后，又从广州‘套’了一个团回来。第二个团的游客刚入境的时候，和第一个团的游客差不多，我想。或多或少我也有了一点经验了，谁知道情况又变了！这一次并没有出现‘林太太’，也没有像第一个团那样大家都抱成一团，而是分成了三帮，抱成了三个团。”

小陈说：“你一定觉得他们像三个帮派，从此就不得安宁，是不是？”小苏说：“是啊，真能吵，今天为用餐，明天为客房，后天又为自由活动……他们相持不下，就要我出来主持公道。我怎么主持公道？公说公有理，婆说婆有理，就是我没理！头疼死我了！”

赵先生笑了笑说：“小苏啊，你第一次做全陪，就遇上了这么多的事，我看也是好事。就算你这一次没有遇上，以后还会遇上嘛！你刚才说的‘帮派’，实际上就是旅游团的‘亚群体’。‘亚’的意思是第二级，就是群体下面又有了第二级的群体。不过，这个问题比较复杂，不是三言两语能够说得清楚的。”

本案例所讨论的是旅游团“群体水平”的发展性。一般说来，旅游团是处于松散水平的群体，但是，有些旅游团随着旅游活动的展开和旅游者相互交往的深入，旅游团会形成高于“松散水平”的群体。这主要有两种情况：

一种情况是，随着“中心人物”的产生，旅游团群体水平的提升。如果“中心人物”公开地代表全团旅游者来发表意见，这表明团队的“群体水平”已从“松散水平”发展到“联合水平”。如果“中心人物”只是幕后操纵，或者处于半公开的状态，旅游团还处在由“松散水平”向“联合水平”的发展过程中。

另一种情况是，随着“亚群体”的出现，旅游团群体水平的弱化，“亚群体”的群体水平高于旅游团群体水平。不同的“亚群体”虽已形成，但是还没有发生公开的对抗，团队活动尚能在导游员的组织下进行，这表明“亚群体”达到“联合水平”，而旅游团仍处在“松散水平”的上限。如果“亚群体”已经为了各自的利益而公开对抗，那就表明“亚群体”已达到“合作水平”，而旅游团已处在“松散水平”的下限了。

伴随着旅游团“群体水平”的变化，旅游者个体言行也会明显地变化。如：旅游者与旅游者交往的密度由普遍的稀疏变为不均衡的频繁，情感联系由“远”变“近”，或由“近”变“远”，对导游员的态度由顺从变为自主等。作为导游员，应密切注意这些变化，因为发生这些变化的过程就是社会交往矛盾酝酿、发展、公开化乃至恶性爆发的过程。

（资料来源：阎纲．导游实操多维心理案例100．广州：广东旅游出版社，2003.）

项目三

旅游者的需要和动机

现代人为什么偏爱旅游？又会对哪些旅游目的地情有独钟？从心理角度来说，旅游正是满足人们内在需要的一种重要的生活方式，是人们求知、求奇、求审美、求健康等动机的表现。旅游工作中，必须了解和掌握旅游者内在需要和动机，从满足旅游者的需求出发，才能赢得旅游市场。

任务一 掌握旅游需要相关知识
任务二 掌握旅游动机的激发

任务一 掌握旅游需要相关知识

任务介绍

介绍旅游需要的概念及特点；
介绍旅游需要的层次性、多样性和发展性。

任务分析

无论是一般需要还是旅游需要，都源于人的内在需求，都具有层次性和多样性的特点。本任务从旅游者的生理需要和心理需要分析旅游需要的层次性，从旅游者不同类型和旅游活动过程不同阶段角度分析旅游需要的多样性，以促使旅游工作者更好地掌握旅游者的旅游行为。

任务引入

湖州的旅游新气象

湖州，经过多年旅游产品结构的不断调整，生态乡村旅游、红色旅游等多元化旅游产品格局逐步形成，地域特色文化鲜明。

2011 年，湖州顺应旅游产品从“景区时代”向“目的地时代”过渡发展的趋势，打造多个平台，将乡村旅游、文化旅游、生态旅游、商贸旅游、运动休闲、新型度假、休闲娱乐融合起来，在不同区域发挥各自的优势。而市区旅游 5 大特色区块，在解决

“游、娱”环节的同时，“食、住、购”等旅游要素之间的结构和比例趋于平衡，完善和丰富了旅游产品内涵；温泉、仁皇阁等以及湖州民俗文化成了吸引游客的又一看点，湖州四大温泉项目全线火爆。

2011 年春节黄金周，全市共接待国内外旅游者 80 万人次，同比增长 30%；旅游经济总收入达到 5.7 亿元，同比增长 36%。2011 年“五一”假日，全市共接待游客 110.47 万人次，同比增长 32.81%；旅游总收入 7.95 亿元，同比增长 39.79%。2011 年“十一”黄金周，全市接待人数突破 200 万大关，达 211.87 万人次，同比增长 32.97%。

2012 年春节黄金周期间，湖州旅游达成了人气旺、秩序好、投诉少、无事故的目标，实现接待旅游人数和旅游总收入双丰收。据统计，全市共接待国内外旅游者 100.11 万人次，同比增长 27.01%；旅游经济总收入达到 7.1 亿元，同比增长 25.26%。

评析：湖州旅游的新发展，从旅游者的需要出发设计旅游路线，其成功正是满足了旅游者多样化和个性化的旅游需要。

任务实施

一、需要概述

“在家千日好，出门一时难”是中国的一句俗语，而现代的中国人则是每逢假日多出门旅游，愿意长途跋涉，不怕旅途辛苦。为什么越来越多的人喜欢旅游呢？其实，旅游行为的产生，其直接动因是人的旅游动机，而隐藏在动机背后的是人们的旅游需要。动机是在需要的基础上产生的。因此，研究人们的旅游行为，就要首先研究人们旅游需要和旅游动机。

（一）需要概念

所谓需要，是指人对某种目标的渴求或欲望，它反映了人的需求。人生活在这个社会上，需要是多方面的，也是多层次的。

就需要在人的活动中的表现形式，既有生理需要和社会需要之分，又有物质需要和精神需要之分。这些需要之间紧密联系，互相依存，共同实现个体的生存和发展。比如，食的需要属于人的生理需要，而爱的需要则属于人的社会需要。对于一个人来说，二者都非常重要。

同时，人的需要又是不断发展的，人的需要不会永远停留在一个水平上。总是不断满足，又不断去追寻新的需要。从这个层面上来说，需要是推动人的活动的动力源泉。

（二）需要层次理论

1943 年，美国心理学家马斯洛（A · H · Maslow）提出人的需要层次理论。马斯洛的需要层次理论，对揭示人类复杂的需要的普遍规律性做出了贡献，且具有直观、易于理解、相对较合理等特点，因此成为国内外许多管理理论的重要基础。

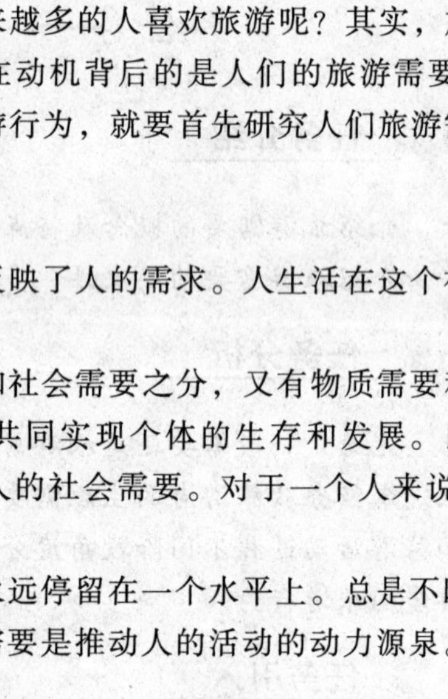

图 3－1 马斯洛的需要层次理论

马斯洛把人的需要分为五个层次（见图 3－1）。其中，生理需要是维持人类自身生存的基本需要，是人类最原始、最基本的需要，如衣、食、住、行、性的需要。“如果一个人极度饥饿，除了食物之外，他对其他东西都无兴趣”。在生理需要得到满足之后，人就会产生安全需要，如避免职业病及事故，摆脱失业威胁及某些社会保障的需要。再上一层需要，是社交的需要，如满足归属感，希望得到友爱等。尊重需要可分为内部尊重及外部尊重，前者指希望自己有实力，后者指对地位、威望的需求。自我实现的需要是个人的最高需要，要求实现个人抱负，施展才能。“自我实现的需要具有复杂性和多样性”，人的潜力各不相同，因而自我实现的需要也就不同，人们只要实现了“自己愿意成为的人”的愿望，就意味着自我实现。马斯洛认为，上述五种需要是按次序逐级上升的。当下一级需要获得满足之后，追求上一级的需要就成为行动的动力了。

1954 年，马斯洛在《激励与个性》一书中探讨了他早期著作中提及的另外两种需要：求知需要和审美需要。这两种需要未被列入到他的需求层次排列中，他认为这二者应居于尊重需要与自我实现需要之间。

二、旅游需要

旅游需要，是指人们在特定的社会环境和特定的经济条件下为满足某种目的而进行游历、旅行的愿望和要求。它是旅游行为的基本动力。作为旅游者的一种特殊需要，旅游需要同样是生理需要和心理需要的集合体，其主要特点表现为层次性、多样性和发展性。

（一）旅游需要的层次性

旅游需要具有明显的层次性。由于旅游者不同，主导需求也各不相同。有的旅游者看重生理享受，有的看重安全，有的看重友谊和人际关系，有的看重文化，有的看重精神放松，有的看重名誉和面子，有的则通过旅游实现自己的人生价值。

1. 旅游是对人的生理需要的满足

首先，对于人类来说，生存、健康、维持生理平衡，是他们最基本的要求与愿望。人们的工作或生活状态达到一定的时间或限度，就需要休息、休憩、休闲。如一台机器，运行到一定的时间就需要保养。一般说来，生活在寒冷地带的游客，希望到温暖的地方去旅游，其目的是为了有效地躲避寒冷对人们的侵袭；反之，生活在炎热地方的人，则想到凉爽的地方去旅游，也是为免遭酷热煎熬之苦。患有各种疾病的人以及经过长期劳作、需要通过休息来恢复精力的人，希望到海滨、山地等环境优良的地方去旅游，获得那里纯净的空气、明媚的阳光和特殊矿物质等，以利于病痛的康复和疲劳的消除。所以人们去旅游，从生理角度上说首先需要获得这些方面的满足。

其次，生命活力是生命存在和发展的基本需要和动力。生命的存在是个积极的、主动的动态过程，它有赖于外在刺激与环境动荡才得以生机勃勃而获得无限的欢愉和快乐。用生物学的话说，就是生命体的神经系统必须保持在一定的激活和兴奋水平上。旅游作为一种生命体验，可以最大限度地激发人体的活力。正是由此，人们才会常常舍弃平静的居家生活，不顾旅程的劳累，赶赴天南地北去游玩；甚至要作种种艰难的、冒险的活动，如冲浪、爬山、自行车环球、荒漠徒步、航海、探险等等。可以这样说，从生命体层面上，人类通过旅游寻求刺激、动荡和艰险，打破居家的平静来达到激发生命力的目的。

第三，生命在于运动。这种好动的欲望也是旅游活动发生的重要原因之一。有人把旅游作为体育活动的一种，因为这种活动的确对人的肌体来说有其特殊的舒筋活血，放松身体的功能，尤其是在生活节奏日益加快，工作环境日益规范化、秩序化的现代社会，人的本质好动的身体被固定在一个相对狭窄的空间，好动的欲望不能得到实现，他们便试图通过旅游活动来得到补偿，于是在社会高速发展，物质生活相对丰富的今天，旅游的风气逐渐盛行。

2. 旅游是对人的心理需要的平衡

首先，人们生来便充满了各种好奇心，充满了了解与认识世界的渴望。尽管在家庭生活上追求和谐，在日常生活中追求安定，但在心理上又常常厌烦刻板的、规范化的生活，希望了解与自己所熟悉的生活不同的东西，吸收“来自差异中的差异”。当现有的自然、社会和文化环境不能满足他们的这种好奇的愿望时，人们便借助外出旅行来调节自己的心理。

其次，人们能够通过旅游活动获得心灵的解放。荣格认为“凡是人处在压抑、闭塞的环境中，则真实的旅游或梦中的旅游，一样均可提供人超越现况的解放感”。人是因为需要获得心灵的解放，才外出旅游、探险。现实生活中，竞争和压力越来越大，生活圈子越来越小，生活环境越来越差，人们渴望暂时从现实生活中解脱出来。旅游正好在某种程度上符合了人们寻求心灵解放的需要，对人类的这种心理冲动起到了一定意义上的抚平作用。

第三，作为一种普遍的社会心理，人们总是希望获得群体和社会对自我存在和自身价值的认可，使自身的价值不仅得到自己圈子里的人的承认，而且期待着在身外世界中一展英姿。这种认同欲，促使人们涌向更广阔的旅游天地，如商务旅游、探亲旅游等，很大程度上都是源于这种增进理解、寻求认同的心理。我国游客在旅游活动当中“到此一游”的情结非常突出，仿佛旅游的一个最重要的目的就是为了证明“我来过了”。在这里，旅游是旅游者自我实现、自我认同和肯定的重要方式。

（二）旅游需要的多样性

由于旅游者对旅游的需要和在旅游过程中表现出来的需要是复杂的、多方面的，旅游需要相应呈现多样性特点，而旅游产品和形式的发展也必然要多样化和个性化。对旅游市场群体划分越细，越能了解旅游者需要的多样性和个性化，越能增强每一类旅游产品开发的针对性。

1. 不同类型游客的旅游需要

由于职业、年龄、性别、国籍、个性、经验、环境等诸多因素的不同，旅游者的旅游需要也千差万别。

(1) 不同国籍的游客需要

中外游客旅游需要由于民族文化的差异一直以来存在很大的差别。中国人的旅游重在观赏和感受，外国人的旅游注重参与和探寻。概括地说，中国人旅游是神游，外国人的旅游是身游。中国人喜欢游览名山大川，著名景点、景区因此总是人满为患；外国人喜欢进行带有探险性质的旅行，他们常常会到人迹罕至的遥远地区。

当然在今天，中国游客的旅游取向也在改变，人们越来越喜欢参与性的旅游，也开始向遥远的地方进发去探寻美景。

(2) 不同性别游客的旅游需要

性别的差异往往使得男性游客和女性游客需求趋向呈现较大的不同。与女性游客相比，男性游客具有下列心理特点：做事目的性强，善于理智分析，办事果断，但耐心不足，好表现，害怕丢面子。在旅游活动中，他们喜欢关注与事业、政治和经济有关的事情；热衷知识性强、挑战性高的活动；他们常常就导游讲解内容和旅游目的地情况发问；较少斤斤计较，显得比较大度。

女性游客在旅游过程中情绪化倾向明显，对于旅游目的地、导游工作、食宿条件的优劣等，很容易表现出相应的情绪高低、好坏之变化；偏爱富有情趣的活动项目；她们大部分爱面子，好攀比；不管是选择旅游项目还是挑选商品，女性游客都很有耐心；喜欢购物，对物价较敏感。女性游客对购物很感兴趣，并且购买目标模糊，受情绪的影响较大，商场的环境、现场的气氛、工作人员的言行及其他游客的意见都会让她们产生购买的冲动。

(3) 不同年龄的游客的旅游需要

“今天的年轻人是明天旅游市场的主力军”。年龄的特点决定了年轻人喜欢具有新鲜性、参与性和冒险性的旅游方式。比如，随着旅游产品的多样化和人们消费能力的提高，游客（尤其是年轻人）不再满足传统模式化的旅游方式，他们不仅要享受到高品质的旅游服务，还要参与到旅游产品的规划设计中去，获得“我喜欢的”或“单独为我定制的”产品与服务，自由、尽情地体验游历其中的快乐，从而使自身的个性化需求得到最大限度的满足。而如今互联网的日益普及，让游客的上述需求得到了充分释放。

老年人注重养生，健康、安全、宁静、优美是他们的旅游需求。随着生活水平的日益提高，近年来，老年人的消费观念也在改变，不再把旅游当作一种奢侈和浪费行为。老人们越来越注重晚年生活，“夕阳游”已成为旅游市场上重要的一股力量。

同时，老年人对旅游产品质量和旅游服务质量一般也较为看重。对商品不实用不买，不安全不买，太复杂不买；对服务人员的态度好坏，非常介意。

案例3-1

颐养北戴河

2012年2月25日，中国老年旅游联合体年会在北戴河举行。中国老年旅游联合体成立于2002年，由100多家全国大中型旅行社自发组合在一起，覆盖全国50个大中城市，宗旨是促进老年旅游事业的健康发展。目前累计组织接待了全国1 000余万人次的老年游客参与各种旅游活动。年会现场发布，北戴河将成为2012年中国老年旅游联合体目的地。春秋两季，将有两万老人到北戴河颐养度假。当日，来自全国各地27个省市自治区、44个城市的120名联合体成员单位的旅行商代表齐聚北戴河，对北戴河推介的康体养生、体育拓展、浪漫观鸟、休闲海钓等旅游项目产生了浓厚兴趣。北戴河的海洋、沙滩、阳光、绿色等舒适的旅游环境，一直被老年人追捧。休疗养院所、特色乡村家庭旅馆、康复医疗项目以及多年传承积淀的保健养生服务经验，能够为老年人休养度假提供有力保证。据了解，北戴河将以“颐养北戴河”为主题，选择春秋两季当地最美的特色景点，安排农家乐、采摘游、银发观光、逛庙会、养生运动等30余种适合老年群体参与的旅游项目，最大限度地满足老年人休闲养生、度假观赏、异地养老的目的。

2012年5月5日下午，有“中国夏都”美誉的北戴河迎来今年首个“夕阳红”老年旅游专列。来自福建厦门的800余位“银发族”兴致勃勃地参观了各大景区，感受着北戴河初夏的魅力。

在两天的行程中，考虑到游客都是老年人，北戴河旅游局和两家旅行社共同安排了以“颐养”为主题的旅游专线。其中一家旅行社介绍说，“路线是我们精挑细选的，行程安排比较少，每天的游玩时间都不会太长，将给老年游客留有充足的游览时间。”

在当天的游览中，老年游客们漫步于全国惟一的以奥林匹克命名的街道——奥林匹克大道，参观了主题雕像、奥林匹克浮雕墙以及30位历届奥运会获得冠军的中国运动员的掌印、足印及签名。由蓝天、碧海、金沙等的自然景致勾画出的优雅舒适的旅游环境，让老年游客们陶醉其中。

每年，北戴河都会接待大批来自上海、四川、浙江等地区的老年旅游团队。2012年，北戴河成为本年度中国老年旅游联合体举行大型活动的四大目的地之一。预计今夏将有两万老人到北戴河颐养度假。

评析：目前，老年游客市场越来越受到关注，进一步发展适合老年游客需要的休闲养生、度假观光项目，才能吸引更多的老年人走出家门，外出旅游。

2. 不同旅游阶段游客的旅游需要

旅游过程可以分为途中阶段、游览阶段和旅游结束阶段。了解旅游者在不同阶段的旅游需要，有利于旅游服务工作的开展和完成。旅游不同阶段中，旅游者面对的环境和所处的心境各不相同，旅游需要重心也各不相同。

（1）旅游准备阶段

旅游者在这一阶段求安全、舒适和求新异的需要较为突出。在旅途中，安全是人们的第一需求，其次人们也很注重旅途交通的舒适和快速。由于游客刚刚离开熟悉的居住环境，情绪处于较为兴奋的阶段，对途中观望到的一切事物都充满好奇和新鲜，因此在旅途中对一些景与物多做些介绍和讲解是十分必要的。

（2）游览阶段

到达目的地，旅游者求新、求奇、求知、求全和求美需要集中表现出来。基于旅游者在这个阶段的需求，导游应合理分配游览时间、适当进行导游讲解，满足游客的游览需要。

案例3-2

纯 玩 团

近来，旅游市场上出现的“纯玩团”深受游客欢迎。所谓“纯玩团”，就是无购物安排的旅游团。这种无购物旅游之所以受欢迎，是因为当前很多旅游团常都安排购物，不仅使游客有上当受骗的感觉，更耽误了旅游时间。很多旅行社将购物的时间安排在参观旅游景点之间，为了增加购物量，他们将景点的参观时间定得非常紧，购物时间却给得非常宽裕，使得旅游的目的本末倒置了。更有甚者，一些导游还擅自更改线路，减少景点，把游客带到不是景点的茶艺馆品茶，品茶是假，推销是真，实在败兴。

评析：游客的需要是旅游业发展的方向，时刻关注旅游市场的变化，才能不断满足旅游者的需要。

（3）旅游结束阶段

游览结束，即将返程。此时，游客可能产生购物、寄送物品及交流游览体会的需求。导游人员能够提供实实在在的特产选购信息，帮助游客将物品顺利寄送出去，并能引导性地活跃气氛，给予游客充分表达和抒发旅游感想的空间和时间。

（三）旅游需要的发展性

人的需要是不断发展的。一种需要满足了，另一种需要就会产生。低层次的需要得到满足时高层次的需要就会出现。旅游者的需要也是不断发展的。南开大学旅游与服务学院姚延波副教授在《2011 中国旅行社年度报告》中指出：“随着经济收入的增加、旅游消费水平的提高，游客已从‘走马观花型’重量不重质的旅游方式，向深度体验、个性游的方式转变。”目前，单一性形态的“自然、人文景观观光”的旅游产品和“赶路、搭车、照相”的旅游方式对旅游者的吸引力在不断下降，人们已经不再满足于“走马观花”式的旅游方式，逐渐对具有综合性特征的旅游地、体验性和参与性的旅游项目产生了强烈的兴趣和需要。

案例3-3

“深度游”受追捧

“深度游”是一个相对于“观光游”的通俗说法。游客要具备足够的时间和精力，对某一专题或某一目的地进行深入观察与了解。旅途中，旅游者可以寻找对历史文化的深刻感受，追寻生命中更为丰富的体验。

我国自 1999 年开始实行黄金周制度以来很长一段时间里，人们更喜欢进行观光旅游，被形容为“上车睡觉，下车拍照，对着镜头笑一笑”。一个假期下来，游客虽不乏收获，却身心俱疲。随着游客出游心态日趋理性，“深度游”近年来逐渐被更多消费者所青睐。许多游客都希望花长一点时间，细细品味一个地区、一个国家的风土民情。

很多旅行社适时推出“深度游”产品，大受市场欢迎。据中青旅市场推广部总经理葛磊分析，“十一”期间，国内游深度产品受追捧。国庆假期较长，“走马观花”的短程游显然无法满足旅游消费者的需求。相较出境游，证件简单、费用低廉、省心便利的深度国内游备受青睐。国内游蕴含人文气息，消费者慢品慢游，才能体会其中的精髓。

同时在出境游上，以前为人津津乐道的 5 国、8 国甚至 10 余国的“多国游”已渐失市场。目前，某一国或两国的主题式游览占据了较大市场，如一国 8 日游、两国 10

日游等，这些线路重在对当地文化、习俗的深入体验。

（资料来源：国庆假日“深度游”受追捧 自由行渐成重要选择．人民日报，2011-9-27．）

分析：随着旅游经验的积累，中国旅游者对旅游产品的需求也在不断变化。不管是国内游还是出境游，人们的需求层次在向深度提升，不再满足于到过某处，更关注对一个地方的深入了解和参与体验。

任务二　掌握旅游动机的激发

任务介绍

介绍旅游动机与旅游行为；

介绍旅游动机的产生及类型；

介绍旅游动机如何激发。

任务分析

从现实的旅游活动分析旅游动机产生的条件和类型，并根据人们的旅游动机取向探讨旅游发展和开发途径。

任务引入

大学生游客

日前，在山东威海西霞口举办的首届青年旅游论坛上，发布了《大学生旅游市场调查报告》。结果显示：大学生出游意愿强烈，出游频率活跃。七成被调查者平均每年出游频率在5次以内（占77.8%），九成大学生喜欢结伴而行，而自助游是大多数大学生出游的首选方式。

大学生旅游市场往往被业界看作低消费、低利润的代名词。因此，对大学生旅游市场的研究常常被旅游公司忽略，针对这个市场的产品开发通常也不受重视。而事实上，大学生旅游市场潜力巨大，只是旅游目的地、旅游企业对这个市场的认识和了解还不够，导致缺乏相应产品满足他们的需求。

大学生群体与其他出游者群体相比，有显著的特色。大学生旅游主要目的是出游散心，观赏风景和增长见识。他们旅游的诉求是多样性的，当他们众多诉求中的任何一个得到满足，就会对这次旅游有较高的满意度。在对旅游产品进行评价时不会像其他群体那么苛刻。同时，大学生是一个素质较高的群体，他们在旅游的同时会比较注重对当地环境和旅游风貌的保护。

评析：旅游企业对大学生群体的忽视，是基于对大学生旅游动机条件上认识的局限。他们看到了大学生旅游动机条件客观上的不足，却没有发现在主观条件方面大学生有很强的旅游动机和意愿。因此，分析旅游动机要全面，才能进一步了解特定群体的主体旅游动机，设计出符合这一群体需要的旅游方案。

任务实施

一、旅游动机的产生

（一）旅游动机与旅游行为

动机一词来源于拉丁文 Movere，意思是移动、推动或引起活动。现代心理学将动机定义为推动个体从事某种活动的内在原因，也就是引起、维持个体活动并使活动朝某一目标进行的内在动力。需要产生动机，动机产生行为（见图 3－2），整个过程受到主体人格因素和外在环境的影响。

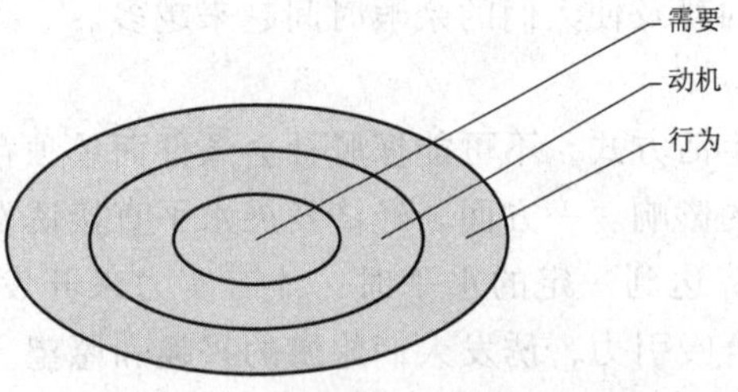

图 3－2　需要、动机、行为的关系

旅游动机是引发、维持个体旅游行为，并将行为导向某一特定旅游目标的内部心理过程和心理动力。个体的旅游行为是在旅游动机的推动下产生并维持的。旅游行为是人的一种外在行动。按照动机的作用原理，旅游行为是在旅游者内部力量的激发和推动下进行的。这种力量就是旅游动机。旅游动机一旦产生，就会推动旅游者搜集、分析和评价各类旅游信息，选择理想的旅游目的地，制定令自己满意的旅游计划，进而引发旅游行为并一直维持到旅游活动结束。

（二）旅游动机的产生

旅游动机源于旅游需要，但有旅游需要并不一定会产生旅游动机。旅游动机的产生必须满足主客观两方面的条件。

1. 主观条件

个人的旅游愿望是旅游动机的诱发性因素。没有旅游的愿望，不可能产生外出旅游的动机。旅游作为一种特殊的产品，具有一定的趣味性和刺激性，在人们享受与发展需要不断增强时，它对许多人产生较强的吸引力，促使人们产生外出旅游的动机。旅游愿望的强弱和旅游者本身的个性因素即年龄、健康状况、性别、文化水平、性格特点等有着直接的关系，这些个性因素对旅游动机的形成有着很大的影响。据调查资料显示，目前阻止人们出游的最主要原因集中在没有足够的时间和金钱，这两项各占到全部选择的 57% 和 42%，这说明当前人们的旅游愿望是非常强烈的。

2. 客观条件

（1）经济条件

食、住、行、游、购、娱，旅游活动的六大消费要素要求旅游者必须在经济上具有足够的支付能力。也就是说，旅游动机能否实现，主要取决于一个人（或一个家庭）的可自由支配收入。所谓可自由支配收入是指在一定时期（通常为一年）内的收入扣除纳税、社会花费、日常必须消费部分以及预防意外开支的储蓄后的剩余部分。可自由支配收入反映一个人的旅游支付能力。它不仅决定人们能否成为旅游者、实现旅游活动，同时还影响旅游者的消费水平、消费结构及旅游者对旅游目的地和旅游方式的选择。

（2）时间条件

余暇时间是决定人们旅游动机形成的又一个重要的客观条件。

旅游活动需要一定数量相对集中的余暇时间才能实现。旅游活动的一个显著特征是异地性，即旅游者必须离开自己的常住地去异地参观访问，这就要求必须有余暇时间。在我国，人们有充裕的余暇时间。周末和法定假期是人人可以依法享有的余暇时间。企事业单位带薪假期制度的普及使人们的余暇时间越来越多。

（3）社会条件

旅游作为一种现代生活方式，不可能摆脱社会条件而单独存在。人们的生活环境对旅游动机的产生有一定的影响。一方面，经济发展水平直接诱发旅游动机的产生。只有当整个国家或地区的经济达到一定的水平时，才有实力来开发旅游资源、建设旅游设施，从而提高旅游的综合吸引力，诱发人们旅游的兴趣和愿望。另一方面社会时尚也推动旅游动机的产生。当旅游像其他消费品一样成为人们生活中不可缺少的内容时，它就像日常消费品一样会形成时尚。亲朋好友、邻居、同事的旅游行为、旅游经历的传播能相互感染，对旅游动机的产生起促进作用。近几年来，我国“五一”、“十一”的旅游高峰，就与社会时尚有着很大的关系。

二、旅游动机的类型

由于旅游动机受到主客观条件的双重影响，尤其是个性因素中的年龄、职业、性别、文化程度、性格和客观因素中的社会生活环境的影响，其旅游动机类型也呈多样化趋势。

（一）国内外学者对旅游动机的分类

对于旅游动机类型，国内外学者根据需要和动机产生条件，提出了较为丰富的动机类型。这里我们选取了国内外“两家”代表性的分类如表 3－1、表 3－2 所示。

表 3－1　　美国学者奥德曼的分类

序号	分类	目　的
1	健康动机	使身心得到调整和保养
2	好奇动机	对自然景观和人文景观的好奇
3	体育动机	参与或观看某些体育活动或比赛
4	探亲访友	寻根问祖、归还故土
5	公务动机	外出考察、公务、经商
6	寻求乐趣	为了游玩、娱乐（获得某种刺激）
7	精神寄托或宗教信仰	朝圣、参加宗教活动或欣赏文艺、音乐
8	自我尊重	受邀请或寻访名胜

表 3－2 南京师范大学张树夫的分类

序号	分类	目的
1	游览型动机	看名胜、开眼界、游山玩水、增长见识
2	休闲型动机	追求自在、舒畅、潇洒、休闲
3	文化型动机	景点探源、寻觅文化遗迹、欣赏乡土文化
4	经济型动机	经商、开展营销业务、考察商业环境和商情、购物
5	探险型动机	探寻自然奥秘
6	生态型动机	认识自然、与自然感情交流、领略大自然野趣、认识大自然规律
7	社交型动机	探亲访友、寻根问祖、结识朋友
8	纪念型动机	把旅游当作某种重要事件的纪念
9	宗教朝觐型动机	朝圣、参加宗教活动
10	国际旅游型动机	探求不同国家、民族的文化，了解不同国家的经济面貌和生活习惯以及风土人情，欣赏异国风光

（二）旅游者旅游动机主体类型

1. 身心健康动机

人们从事旅游活动出自于他们对生理需要满足的追求。对于人类来说，户外活动、享受阳光、呼吸新鲜的空气是生存和健康的需要，人们去旅游，所追求的正是要获得生理需要的满足。并且，在旅游的过程中，每到一地，游客的愿望之一也表现为希望一饱口福，品尝到当地的各种风味食品、名点小吃，获得物质方面的享受，同时使身体摄取到足够的营养，以便精力充沛地参加各种旅游活动。

2. 求知探索动机

好奇和探索是人类基本的心理性内在驱力。现代社会，虽然可以实现足不出户了解世界，但这并不能满足人们探索求知的需要，人的内心中充满着身临其境、亲身体验的欲望。只有旅游可以在世界各地寻求不同的经历和体验，从而获取知识，丰富阅历，比如考古、地质、生物考察旅游，工业旅游，专业学习旅游等。随着人们文化素质的提高，以此为旅游动机的人越来越多。

3. 爱的动机

男女的婚恋之游就是为了爱的旅游，它充满了欢乐与浪漫的色彩。在舒适、轻松的环境氛围中，婚恋中的男女既享受了旅游给他们带来的各种乐趣，彼此之间又增进了了解，培养了爱情。以满足爱的需要作为旅游动机的还有全家老小、亲属、朋友或同事的结伴旅游，通过旅游，也可以增进亲情或友情。

4. 审美动机

许多游客到外地旅游，为了去体味大自然的美好，去获取大自然给他们带来的愉悦和轻松等种种感受。同样，多数游客到有历史遗迹的地方，如中国的长城、秦始皇陵，埃及的金字塔等处去旅游，为唤起他们心中崇高、伟大、悲壮等各种情怀，使他们自己充分感受到历史的美与深邃。

5. 自我实现的动机

有的人平生就有“不走遍全国（或天下），便枉活一生”的思想观念。比如徐霞客，少年时即立下了“大丈夫当朝游碧海而暮宿苍梧”的旅游大志。能够走遍全国(或天下)，是他们的夙愿，是实现他们人生价值的一种标志，因而他们创造条件外出旅游。不少单位将旅游作为一种手段奖励先进人物，无形之中将人生价值的自我实现与旅游结合了起来。

6. 地位与声望动机

人们往往为满足自尊、引人注目、受人赏识、个人能力得以发挥并创造出成绩等需求而产生旅游动机。尤其是有一定身份和地位，支付能力强的游客，强调舒适方便，消费较高，人数相对较少，但出行次数频繁，对价格不太敏感。

7. 宗教朝拜的动机

每年，国内外都有许多为了宗教信仰，为了参加宗教活动或为了了解异地宗教文化而外出旅游的人。这些都是基于宗教信仰和朝拜的动机。

8. 商务动机

商务动机是指人们为了各种商务或公务而外出旅游。现代，因公务或商务外出的人越来越多。比如，经常性的异地会议、考察、交流、讲学、产品展销、洽谈业务等活动，使商务旅游活跃起来，旅游业对这一类型游客的关注也越来越多。为商务或公务外出的游客，通常不受季节影响，目的地和出行时间也无选择余地。

三、旅游动机的激发

研究旅游动机，其目的是为了激发旅游者尤其是潜在旅游者的旅游兴趣，提高他们的旅游积极性。因此，对于旅游企业和旅游工作者来说，只有了解旅游动机，不断激发旅游者的旅游动机，才能使旅游企业和旅游产品保持持久的生命力。

(一) 精心设计旅游产品

富有个性的、具有鲜明特色的旅游产品是激发旅游动机的关键。因此，在旅游产品的设计上，要显示出与众不同的独特风格，以别具一格的形象去吸引旅游者。

1. 开发自然、古朴的旅游资源

在旅游资源的开发上要以自然为本，尽可能地保持旅游资源的原始风貌，以满足旅游者求真求实的心理。在景区景点开发建设过程中，只有既维护自然之美，又利用现代技术建设它，才能达到形、声、色的和谐和美感的目的，才能激发人们的旅游兴趣和动机。如九寨沟正是以它原始古朴的山水美吸引了成千上万的中外旅游者，成了人人向往的“神话世界”。当然，在旅游项目的开发上也要不断进行旅游创新。创新是一切活动的源泉，同样也是旅游业兴旺发达的源泉，是激发旅游动机的有效途径。如蹦极、攀岩、速降、水上飞伞等考验旅游者意志和耐力的极限游乐项目，也是现代年轻人喜欢的旅游项目。

2. 突出旅游资源的个性

鲜明的个性特征是旅游资源的吸引力、生命力所在。因此在开发和建设旅游资源的过程中，要尽力突出它的个性，并加以强化、渲染，以增加它的魅力。同样是山，怎样突显自己的个性？一样是水，又怎样表现自己的独特？同样是古镇，又如何突破同质？

案例3-4

在比较评价中突出个性特征

比较内容，并将每个个性内容按照得分情况进行排序，在多座名山中个性特征得分排序越靠前，这种个性特征越应该得到关注。如，武陵源、衡山均在湖南省境内，武陵源总评价值高于衡山，但衡山的文化古迹一项得分远高于武陵源。南岳衡山是中国南方惟一的一座五岳名山，也是中国历史上南方最大的文化、宗教活动中心，素享“五岳独秀”、“宗教圣地”、“抗战名山”等盛名，是中国第一批国家级风景名胜区，积淀了深厚的历史文化，这是其显著的个性特征，衡山在旅游资源深度开发中，紧紧围绕这一特征确立其主体个性。2002 年来，南岳以名山为依托，利用其厚重的宗教文化底蕴，打造旅游发展的突出个性——福、寿文化，提出“中华生态游、寿岳写春秋”、“五岳衡山独秀、天下南岳主寿”、“祈福到南岳、求寿上衡山”、“寿山福地南岳游”等旅游形象宣传口号，并通过举办南岳衡山寿文化节等节庆活动，把主体个性有效准确地传递到目标受众中，使得旅游市场得到稳定，为区域旅游经济发展起到积极作用。

（资料来源：杨美霞，吴昊．中国名山旅游资源个性特征挖掘与“景区名片”打造．国土与自然资源研究，2008（3）.）

案例3-5

“江南水乡游”面临转型

仿佛是不约而同，近段时间，南浔、同里、乌镇、周庄等几个著名水乡古镇景区相继宣告新一轮景区规划进入实施阶段。有的花重金扩建主题式新景区并喊出高价门票；有的联手地产开发集团，大兴土木打造人居“水天堂”；有的增添“夜游”项目映亮古镇不夜天；有的鼓励外资进入盘活固定资产……这是否意味着长三角水乡旅游格局的“嬗变”，旅游资源个性的重新诠释？

一条流水悠悠的河道，三五座苔藓斑驳的古桥，沿水两旁的老街熙熙攘攘，商家叫卖着仿古工艺品和特色小吃……长三角的数十个“江南古镇”，为不计其数的海内外游客描摹下了这样一幅大同小异的风情画。人们普遍感觉：去过一个“水乡”就不太愿意再去另一个，同样的地方去过一次也不会再去第二次。

南浔：2007 年 7 月 15 日，为期两个半月的中国南浔古镇第四届休闲文化旅游节在锣鼓声中开幕，当晚，整条东大街前所未有地人潮汹涌，人们争相品尝来自台湾 21 市、县的风味美食。江南古镇与台湾美食，看似“混搭”的组合，在主办方看来却是个性的彰显。寻找“个性”曾经是困扰南浔古镇景区文化旅游市场定位的难题。浙江南浔古镇游旅发展有限公司的江鹤小姐告诉记者：这些年来，在江南20余个同类型景区的同质竞争中，南浔的个性既没有得到诠释，也没有如周庄那样的先发效应，没有成为江南古镇的代表。

实际上，南浔开放已经有上百年的历史，吸收融合了古今中外、东西南北的多种影响，它既很古典，又有着海派甚至洋派的现代。包容性是它发展与繁荣的原因，也成为它文化内涵中最深刻的个性。因而，从第四届休闲文化旅游节开始，在新一轮的旅游规划中，南浔定下了打造“雄镇”的主题：不走“水乡”的传统观光路线，避开与同里、角直之间的竞争；以“雄镇”的规模，强调与周庄、乌镇的区别。未来的南浔将以显著区分于其他江南名镇的中西合璧式的建筑群，及其所代表的生活方式为卖点，营造“世界名镇”的秀场；还将积极筹办世界历史文化名镇博览会。

周庄：做大“梦”产业，陈逸飞画作中娴静卧波的“双桥”，引起人们纷纷踏至“寻梦”，扬名海内外的周庄几乎是江南水乡的代名词。不过，开发得最早、赚得最多、至今还是名气最响的周庄，也最早地受到“商业习气太重”、“韵味尽失”的指责。而今，周庄提出的思路是：经过十年保护、十年发展，周庄已跨入十年提升时期，将要实现打造“国际周庄”的战略构想。2007年4月18日，第12届中国周庄国际旅游节上，主办方正式推出了“夜游周庄”活动。80元的票价，游客可以欣赏到“沈万三游周庄”、“梦萦周庄”、“四季周庄”等大型水上情景演出。6月30日，周庄在苏州、上海两地区发行周庄旅游贵宾卡。周庄镇负责人说，发行年卡的主要目的是为旅游转型作一次尝试，希望通过年卡留住更多游客，打破以往单纯的观光游瓶颈，为周庄二日游、三日游创造条件。与此同时，周庄启动了富贵园欢乐世界和“江南采珠游”两个生态休闲旅游项目。种种动作，目的都在于使周庄旅游从单一观光型向休闲度假型转变。

乌镇：早在四年前，乌镇就开始了向休闲度假型旅游发展的“奢华转身”。2007年8月初，浙江乌镇在上海四季酒店举办“生活在梦里的乌镇——乌镇西栅度假旅游产品推介会”。为了营造“生活在梦里”的感觉，乌镇历时四年，耗资近10亿元，打造了一个完全与外界隔绝的、必须买120元门票才能进入的豪华水乡。浙江乌镇旅游开发有限公司总裁陈向宏向媒体表示：乌镇西栅提出由“观光型”向“休闲度假型”转变的思路；目前乌镇每年接待游客约300万人次，乌镇景区二期今年“五一”正式开放后，预计年接待游客能力有望达到700万人次。景区内设有一个五星级会所、一家五星级酒店以及一家四星级酒店，再加上民居客栈，整个景区共有近1 000间客房可供游客住宿。公司负责人表示：“二期工程就是为了度假游客居住的，而且主要是境外游客和比较注重享受的游客。”

同里：据悉，同里镇与中国世贸集团协议共同打造一个131.54平方公里的“大同里旅游生态圈”，以期改变停留在“水乡古镇游”的旅游“短腿”现状，转型成为“一个国际化的高级商务旅游新目的地，一个国际化商务及文化盛事的举办地、国际化的高端人群聚集的理想场所”。在与港方合资成立的“苏州同里国际旅游开发有限公司”中，港资占51%。正是有了这样的底气，同里打出了“千年古镇、世界同里”、“千年水天堂、人间新吴江”的广告语。

专家点评：消费品转型缘于消费转型，“水乡古镇纷纷不满于做小桥流水的观光游览业，而是想尽办法提升到以休闲度假为主题的功能上来，最根本的还是为了适应消费者的体验需求。”上海社科院商业研究中心主任朱连庆这样认为。“差不多十年前，水乡古镇游随着双休日、黄金周的兴起而兴起。因而你可以看到，它们的景点游览路线也是非常适应于短程的观光，满足城市人体验乡村风味的需要。现在人们要求精致游、休闲游、度假游，消费品自然也跟着发生变化。”朱连庆说，各个镇区经过了前一段时期的积累，也确实面临着扩大再生产的需要。景区希望通过调整吸引来较高端、消费力较强的游客，也希望通过改善硬件和软件条件，吸引会展和公务游览，让同一批人群来两次、三次。朱连庆同时提醒说：“主题提升是没错，但在再一次的开发中，各个水乡古镇更要注意避免雷同性，要抓住机会开发多样化的、具有独特性的、又与本身文化历史相融合的功能载体。千万要注意保护历史的延续性。”

（资料来源：“江南水乡游”面临转型．江苏城市发展研究院，2007－9－10.）

3. 发掘地方文化特点

越是地方的就越是世界的。彰显景区地方文化特色，保持某些旅游景观的传统格调，突出地方性，挖掘地方文化特色，有助于增强旅游资源的吸引力。

国家《旅游业“十二五”发展规划纲要（征求意见稿）》在鼓励积极发展专项旅游市场方面，就提到要深度开发文化旅游。“依托我国丰富多彩的文化资源，加强旅游与文化产业的融合，合理利用物质和非物质文化遗产，积极开展文化观光、文化体验、旅游演出等活动。进一步丰富和完善全国文化旅游重点项目，引导各地积极开发各具特色的旅游文化产品，建设旅游文化街区、文化创意旅游园区、旅游文化综合体等一批文化旅游示范区。把提升文化内涵贯穿到食住行游购娱各环节和旅游业发展全过程。”

不仅如此，2011年1月1日国家推动“中华文化游”的同时，各地开展的文化旅游活动数量也猛增。仅仅11月，就已经有福建湄州，安徽黄山、宣城，浙江雁荡山，贵州梵净山等多地举办了各种活色生香的文化旅游节活动。然而，在热闹的活动之外，如何确保“文化旅游”不是一种生硬的贴标签行为，而是由内而外的开发举措，的确是一个值得研究的课题。

著名旅游经济和管理专家魏小安提出：“特色是旅游之魂，文化是旅游之基，环境是旅游之根，质量是旅游之本。未来‘文旅一体化’的趋势，强调在政府主导的文化热潮中，文化旅游将成为文化产业的重点。因此，旅游工作者要比文化工作者更重视文化的挖掘，要比城建工作者更重视城市特色的营造，要比环境工作者更重视环境的绿化与美化，要比文物工作者更重视文物的保护。”“在现代社会，信息技术高度发达，人们完全可以通过现代技术‘卧游’、‘神游’，为什么还要追求‘身游’呢？就是为了眼耳鼻舌身的全面感受，为了综合性的文化体验。这种根本性的要求，就是旅游区发展的质的规定性，要求我们在综合素质上全面提高，在文化品位上不断提升，在各个方面不断创新。”

案例3-6

加快旅游与文化融合发展

2012年，黄山市大力发展文化旅游，加快旅游与文化融合发展。围绕“百村千幢”古民居保护利用工程，实施20个古村落和265幢古民居的保护利用工作。整合编排古民居体验游系列产品线路；策划包装并推出农家乐、文化客栈、农事体验、民风民俗等一批旅游新业态产品；系列开发“百村千幢古民居”、“百佳摄影点”旅游精品线路；在重点推广“徽韵”的同时，推出“花山谜窟激光秀”、“宏村阿菊”和“元一全景影院”三台旅游演艺大戏；发展摄影、写生、文博、影视等文化体验旅游，做好秀里明清影视村、徽州区呈坎影视写生基地、屯溪老街生态博物馆、徽墨文房博物馆、歙县徽秀摄影城、歙县画家村、休宁黄山美术家基地、黟县摄影家国际俱乐部等项目产品推广工作；重点打造屯溪老街、徽文化长廊“百师宫”、耿城镇浦溪家园文化一条街、潜口民宅非遗园、“歙砚一条街”、万安老街、秀里影视村民俗文化休闲街、中国红茶博物馆等非遗旅游体验区；建设屯溪老街、湖边古村落、翡翠谷轩辕车会等、唐模、徽州古城、齐云山道场表演等8处乡村民俗旅游体验基地。全年计划建设项目82个，完成年度投资90.6亿元。

（资料来源：黄山将大力发展文化旅游．中国旅游报，2012－2－13.）

（二）广泛开展旅游宣传活动

旅游宣传活动是激发旅游动机的促进剂。通过旅游宣传活动可以突出旅游企业的形象，扩大企业知名度，争取客源。旅游企业可以通过广播、电视、报纸、杂志、展览会、推介会、新闻发布会等促销媒体对新开发的旅游景点、新开辟的旅游线路、新建设的旅游设施、新增加的旅游项目与内容进行长期连续的宣传推广，以刺激老游客产生新需求，激发游客的旅游动机。

（三）提高旅游服务质量

提高旅游企业管理人员和服务人员的管理水平和服务水平，为客人提供尽善尽美的服务，这是激发旅游动机的重要前提。如：旅游线路的安排要合理、新颖；餐饮服务人员要热情、周到；客房服务要标准、娴熟；导游人员要耐心细致、知识面宽；旅游司机要技术过硬、安全意识强。总之，所有的旅游服务都必须从旅游者的需求出发，尽力让旅游者体会到旅游是愉快的、舒适的、安全的，做到让旅游者“乘兴而来，满意而归”。同时，通过对旅游者提供满意的服务，借助旅游者的“好口碑”效应也可诱发旅游者周围人的旅游动机，为旅游企业带来更多的客源。

（四）进一步完善旅游管理体制

我国旅游管理体制的不断完善是激发旅游动机的政治前提。要继续扩大对外开放，保持政治、经济政策的稳定，充分利用经济、法律、行政手段，使我国旅游业提供的产品、设施、服务、交通、通信实现市场化、国际化、安全化、现代化、网络化；要加强旅游资源的保护和管理，开辟生态旅游这一新的旅游形式，增加旅游人力资本的投资，引进先进的管理和监测技术，规范旅游业的运作行为，通过旅游专业和在职培训，培养合格的旅游人才；建立相应的旅游资格顾问或服务证书考试制度，有效地改善旅游服务；要与国外旅游机构保持密切的联系和广泛的交流，提供国际、国内旅游变化趋势和旅游者的需求变化，及时调整和选择市场目标，更新产品和服务。

归纳总结

本项目主要分析了旅游需要和旅游动机。在马斯洛需要层次理论基础上，分析了旅游者层次性、多样性、发展性的旅游需求心理，并探讨了旅游动机的产生条件、旅游动机类型及旅游动机激发的措施。

练习与实训

一、思考题

1. 如何理解马斯洛需要层次理论？
2. 请谈谈旅游需要的多样性。
3. 如何激发旅游者的旅游动机？

二、案例分析

（一）旅游九大层次

第一重：奔有名的景点，大城市。比如中国长城的八达岭一段，或巴黎凡尔赛宫。

第二重：奔略微偏僻一些的小地方，但又交通便利的，像周庄一类。

第三重：奔自然风景，山山水水，像武夷山。

第四重：奔边远地区，像西藏、新疆、中东、埃及。

第五重：徒步穿越，或骑自行车长途穿越，超过1 000公里以上者。

第六重：洲际环游，如穿越非洲、南北美、中亚，或鱼跃大洋洲。

第七重：2 000万美元上太空。

第八重：文化底蕴深厚时，融入当地生活，如对巴黎的酒吧了如指掌者，或又能对敦煌壁画激扬文字者。此类驴友博学多识，乃驴中之骡也。

第九重：坐家中，执《鹿鼎记》，阅之甚欢，乃忘所在。

根据上述材料，回答下列问题：

1. 你是否同意以上观点，为什么？
2. 试分析国内游客旅游需求的变化趋势。

（二）王先生的火气果然越来越小了

团队入境刚两天，全陪小孔就发现团里的王先生火气越来越大。

王先生是某大公司的部门经理。刚入境的时候，小孔觉得这位王先生比较豪爽，待人接物也都通情达理，可是，到了晚上，王先生的脸就有一点阴沉了。第二天，王先生的火气就上来了，莫名其妙地对人发脾气，连他太太都觉得不好意思了。

小孔不知道该怎么办才好，只好向赵先生请教。赵先生问了王先生的职业等基本情况，又问了，团里还有一些什么样的游客，最后，赵先生问："王先生发脾气的时候有没有其他客人在场？"小孔想了一下说："差不多都是有其他客人在场的。不过，我看他并不像是对某一位客人有意见，他每次发脾气的时候，在场的客人并不相同。"

听了小孔的话，赵先生松了一口气，对小孔说："这就好办了！你每天抽出一点时间去和王先生聊聊天，聊的内容最好是让他谈谈他获得成功的经历。你要做一个好听众，要装出一副'小妹妹'的样子。听得特别认真。照此办理，王先生的火气肯定会越来越小！"

全陪回来，小孔很高兴地对赵先生说："赵大哥，你教我的这一招还真灵，那位王先生的火气果然是越来越小了。我就是不明白，你怎么会这么神呢？"

（资料来源：导游多维心理分析案例003，2009年。）

根据上述材料谈谈王先生为什么火气那么大。

三、实训题

设计一份关于本地著名景区旅游者旅游动机的调查问卷，发放、回收并统计分析结果。

拓展阅读

一、旅游者三求心理

尽管人们对旅游的理解各不相同，但是有一点是公认的，那就是旅游是一种特殊的生活方式。换句话说，旅游是人们到别处去体验的一种"日常生活之外的生活"。人们为什么去旅游，在旅游中想要得到什么呢？

（一）求补偿的心理

求补偿的心理实际上是指旅游者希望通过旅游来寻求补偿，使自己在日常生活中所缺乏的那些满足感——新鲜感、亲切感、自豪感得到补偿。

追求新鲜感是由人的本性决定的。著名心理学家弗洛伊德说："一个人生理上和生物学上的需求得到了满足，但是他仍然不满意，他内心仍然不安宁"，因为他缺少了"一种能够使他变得主动的勃勃生机"。而旅游正是这种能给人勃勃生机、让人主动扩展和更新自己、探寻新鲜感的生活方式。

在高科技的社会中，人们整日与冰冷的机器设备打交道，人们只需坐在电视机或电脑前，就可以环游世界，但是这终究取代不了现实的旅游活动，因为只有现实的旅游才能带给人亲近大自然的亲切和激动的感受。

在日常生活中，由于工作环境和工作关系的日益复杂，很多人不能真正展现自我，但在旅游活动中，人们就可以摆脱种种常规的束缚，自由自在地表现自我，获得自豪感的补偿。此外，中国自古以来就有"读万卷书，行万里路"的古训，旅游使人们走出狭小的空间，得以"仰观宇宙之大，俯察品类之繁"，这带给人的也是一种自豪感的补偿。

（二）旅游者的求解脱心理

现代社会，一方面人与人之间、人与自然之间的距离显得越来越远，另一方面，工作的竞争压力使得人们的精神越来越紧张。为了从精神紧张的状态中摆脱出来，人们寻求旅游的方式调节心理、放松心情。

（三）旅游者的求平衡心理

旅游者求平衡心理突出表现在三个方面：

1. 寻求单一性和复杂性之间的平衡

人的需要既有复杂性，也有单一性。现实中，一方面，人们有单一性的需要，也就是说，人们在生活中总是寻求平衡、和谐、相同、可预见性和没有冲突，任何非单一性都会产生心理紧张。比如，人们会选择一些著名的旅游点去旅游，会选择那些知名度高并能提供标准化服务的宾馆饭店。而另一方面人们又具有复杂性需要，人们在生活中也会去追求新奇、出乎意料、变化和不可预见性。比如人们选择到从未去过的地方旅游。

对于一般人来说，单一性过多会使人因单调而感厌倦，而复杂性太多又会使人因过分紧张而至担忧，所以，理想的生活方式是在两者之间找到平衡点，以此来达到人们心理的平衡。就旅游者而言就是在变化与稳定、复杂与简单、新奇与熟悉、紧张与轻松等矛盾心理中寻求一种平衡。对于大多数人来说，通常日常生活中单一性太强，熟悉的东西太多，新奇的东西太少，因此需要到旅游活动中去接触大量的新鲜事物，寻求心理的平衡。

2. 寻求体力活动与脑力活动之间的平衡

一些日常生活和工作相当耗费脑力而平时又缺乏运动的旅游者往往喜欢参加一些参与性的、运动型的项目，反之，平时工作中体力耗费较多，脑力运用较少，则往往会喜欢观赏性、文化性较强的旅游内容。

3. 寻求旅游过程中的平衡

新奇的东西固然具有很强的吸引力，但是并非越多越好，也不是越奇越好，超过一定的限度，吸引也会变成排斥；运动型项目一般会受到人们的欢迎，但是安排过量则会严重消耗体力。因此，旅游经营者旅游产品设计要遵循需要的单一性和复杂性的平衡原则，充分考虑变化与稳定、复杂与简单、新奇与熟悉、紧张与轻松、体力与脑力等对立面的平衡组合，这样才能对旅游者具有强烈的吸引力。

二、文化旅游——打造扬州旅游“第二极”

文化是旅游的灵魂，是旅游产业可持续发展和快速增长的不竭动力，只有将旅游与文化相互紧密联系，融合发展，不断增加旅游产品的文化内涵和科技含量，才能更有效地促进我省旅游业的快速发展。

瓜洲是全市第一家获得全国诗词之乡称号的乡镇，诗词文化是瓜洲特色。“围绕瓜洲古镇发展定位，因镇制宜，个性化发展，绝不千篇一律，做到坚持发展与建设齐步，文化与旅游同行，打造扬州旅游‘第二极’，把瓜洲建设成为在长三角乃至国内外最具文化气质、彰显江河风情、充满时尚元素的江河古镇、生态之洲、风情时尚、旅居胜地。”

2012 年，全镇上下凝心聚力。加强与工程院院士陈景秋沟通、协调，抓紧编制和完善大观楼、中国盐运博物馆、江口老街规划；深化与同济大学匡晓明教授的联系，努力使其主持设计的瓜洲片区城市设计规划体现古镇特色，展示江河风情。继续与南京园林规划设计院洽谈，进一步抓好瓜洲古城门、瓜洲水街、五星级度假酒店等单体项目规划，填充式推进，确保建设一个项目，成就一项精品。

坚持“政府搭台、市场运作、社会参与”，瓜洲镇在成功举办第三届邗江乡村旅游节和第二届中国扬州瓜洲音乐节的基础上，2012 年进一步利用好润扬森林公园、露营地、高尔夫、古渡公园、狮子楼瓜洲店、古渡春、东大营等各类旅游资源，认真筹备组织主题旅游节庆活动，用活动集聚人气，用活动推进旅游市场开发。

紧盯国字号、大企业，创新思路，主动出击，开展大招商，走大合作、大开发之路；引进先进的管理模式、经营手段和人才技术，启动重点项目，开展招商推介；突出招商选资，使入驻企业与文化特色、建筑风貌相得益彰，真正把瓜洲历史文化古镇打造成一个精品化、特色化、低碳化、科技化、国际化的休闲旅游和文化创意产业集聚区。

（资料来源：打造扬州旅游“第二极”. 扬州时报，2012 - 2 - 27.）

三、国民旅游休闲纲要将发布　旅游业增加值占 GDP4%

2011 年 12 月 28 日，国家旅游局局长邵琪伟表示说，我国将制定国民旅游休闲纲要，落实带薪休假制度。目前我国已经是世界第三大入境旅游接待国和出境旅游消费国，并且是全球最大的国内旅游市场，旅游业的增加值已占到 GDP 的 4% 以上。据介绍，我国与旅游相关的行业超过 110 个，其中，旅游业对住宿业的贡献率超过 90%，对民航和铁路客运业的贡献率超过 80%，旅游也促进了社会消费，去年我国居民国内旅游消费达到 1.26 万亿元，占居民消费总支出的 9.4%。

国家旅游局预计 2012 年全国春节旅游市场的接待人数和总收入将有 8% 到 15% 的增长。国内旅游将呈现南北两头热的局面，南方以海南岛为主，北方以东三省等地区的冰雪旅游为主；出境游方面，欧洲、非洲、澳新、中东、日本、东南亚等市场将出现 15% ~ 60% 的增长。价格方面，国内游产品将出现 5% ~ 10% 的小幅增长，出境游产品出现 10% ~ 40% 的大幅增长。那么，元旦三天小长假，到底各地旅游市场表现如何呢？

（一）小长假旅游业调查

海南：在海南，新年伊始，海口美兰机场就迎来旅客到达的小高峰，海口市内各景点也在假期推陈出新吸引游客。去年海南实施国际旅游岛的战略以来，旅游业大有起色，尤其到了冬季，每逢节假日，这里都是北方人的旅游首选。

2011 年，海口美兰机场年旅客吞吐量突破千万人次大关。2012 新年第一天，美兰机场依旧繁忙而有序，共 236 架次的航班要在这里起降。海口美兰机场全天进出港旅客预计为 3 万 4 千人左右。

黑龙江：作为中国纬度最高的省份，优越的自然条件使黑龙江成为中国冰雪资源最富集的省份。冬季来到黑龙江就是走进了“冰的世界，雪的海洋”。2011 年，亚布力阳光度假村增加了一条山顶初级雪道，开辟了几条越野雪道。同时还聘请了 15 位外籍滑雪教练，让世界各地的游客享受到一流的服务。

据了解，2011 年前三季度，黑龙江省共接待国内旅游者 1.4 亿人次，同比增长三成，实现旅游收入 728 亿元。围绕北国风光特色旅游开发区十大板块，重点开发建设了哈尔滨湿地码头、兴凯湖观景平台、林甸北国温泉度假区、北极界江豪华游船等旅游精品项目。

黄山：说起旅游业，旅游景点始终是这个行业的核心资产，景点的资质会直接影响到游客的数量。在元旦第一天，一些中外游客来到黄山，观日出看云海，欣赏美景，放松心情。据了解，1月1号上午，黄山景区进山游客就达到了三千多人，据了解，元旦三天，风景区的旅游预订超过了80%。

陕西：新年伊始，在陕西的秦始皇帝陵博物院，2011年这里接待海内外游客人数再创历史新高，突破500万人。2011年，秦始皇帝陵博物院游客人数同比增幅达到31%，门票收入达到4.8亿元，增长35%。

（二）加大刺激国民休闲旅游消费

《国民旅游休闲纲要》（以下简称《纲要》）由国家旅游局从2009年开始筹备撰写，经过数度增删和意见征求，已经成稿多时，期间亦曾几次传闻即将发布。《纲要》的制定目的是引导国民休闲或休闲业发展，对我国旅游行业来说，具有长期的利好作用。因此，虽然它并不是能起到“立竿见影”效果的文件，但始终被认为是现阶段旅游板块重要的政策催化剂，发布动态时刻牵动市场神经。

据悉，《纲要》提出要完善旅游休闲产品，壮大旅游休闲产业，本着“边试点，边推广”的原则稳步推进，分三个阶段实施。内容涉及加大财政支持、推动带薪休假制度和促进个人旅游消费等方面。

如从财政总投入量上，各级财政要逐步增加旅游休闲公共服务设施建设的资金投入；从休闲度假时间上，职工带薪休假制度要得到政策保障和全面落实；从促进个人旅游消费上，政府支持有条件的地方发展福利旅游、减免部分景点门票，以加大刺激国民休闲旅游消费。其中对于“落实带薪休假制度”的目标设定颇具看点，这被认为将让过夜游客数量明显增加，从本质上改变我国境内旅游消费低下的现状，能够实质性推动旅游休闲产业的发展。

（三）推动旅游业发展举措频频

国家旅游局副局长祝善忠曾表示，伴随着我国的居民收入水平和休假时间的增加，居民休闲时间的继续增长，中国休闲旅游行业的发展前景无可估量。

近年来，国家层面推动休闲旅游业发展的举措也频频实施。2008年下半年，国务院批准机构改革方案中赋予国家旅游局引导休闲度假指南的任务。2009年12月1日，《国务院关于加快发展旅游业的意见》把旅游提到了重要的战略地位，明确部署制定国民旅游休闲纲要。此外，今年2月，央行、发改委、旅游局、银监会、证监会、保监会、外汇局等部委联合发布了《关于金融支持旅游业加快发展的若干意见》。5月，国务院国资委与国家旅游局在京签署合作备忘录，表示将全方位加强合作，共同推进中国大型旅游“航母企业”建设。

我国旅游业已进入大众化、产业化发展的新阶段。据国家旅游局相关部门负责人透露，随着部门工作不断落实，休闲的公共支撑体系将会成为居民休闲优化的坚实基础。特别是在“十二五”时期，随着实施《国民旅游休闲纲要》，制订《旅游法》以及《全民健身计划（2011—2015年）》，将营造浓厚的旅游休闲氛围，增强国民的休闲意识，提高国民休闲的参与度，使我国城乡开始逐步进入现代休闲社会。根据中国社科院估算，2009年我国休闲行业的核心消费大约达到1.7万亿元，这一数字相当于社会消费品零售总额的13.56%，GDP的5.07%，而这仅限于休闲消费中最核心的部分。

（资料来源：国民旅游休闲纲要将发布 旅游业增加值占GDP4%．央视网－经济信息联播，2012－1－4；国民旅游休闲纲要上报国务院．上海证券报，2012－6－5.）

四、旅游进入个性化“定制”时代

2011旅游合作高峰论坛近日在宜兴举行。

10月26日，地区地缘相近、文化同根同源、资源同宗同脉的江苏省无锡市、苏州市、常州市、南通市、泰州市、盐城市等六市的旅游主管部门负责人、部分5A级和4A级景区、旅行社代表汇聚宜兴竹海国际会议中心，参加由现代快报、国际休闲产业协会旅游专业委员会主办的2011旅游合作高峰论坛暨“无锡新十景”、“苏州新十景”授牌颁奖仪式。

在本次论坛上，来自苏南、苏中、苏北旅游业界的代表们发言讨论得最多的，主要是围绕两个话题：一是在旅游产品日益同质化的现状下，如何开发有个性的、深度化的产品；二是城市之间、景区之间、旅行社之间、产业之间如何开展互动合作。国际休闲产业协会旅游专业委员会王洁平副主任认为，现代旅游产业的现状是，景区越来越重视靠策划活动来宣传、包装自己，而旅行社则面临越做越窄的困境。现在国内各种各样的旅游联盟很多，但真正有实质性进展的很少，关键是缺乏好的机制。与会人员表示，未来旅游的发展趋势是，跟团旅游的人越来越少，可能会出现随游客个性喜好设计“定制旅游”产品。

与会的南通、泰州、盐城等地的旅游业代表也纷纷表示，城市之间、景区之间、旅行社之间、产业之间应该早日开展互动合作。此外，各地景区、旅行社应与媒体紧密联系。不少与会代表指出，现代快报《旅游休闲》上线IPAD/IPHONE版，实现了让游客随时随地观看影像资料，直观地感受景区的个性和特色，具有跨时代意义。

（资料来源：旅游进入个性化“定制”时代．现代快报，2011－10－28.）

项目四

旅游者的感觉和知觉

人类认识世界的过程是从感性到理性的过程，感觉和知觉是认识世界的开端，是构成认识过程的初级阶段。要想掌握人们的旅游行为规律，首先必须了解感觉和知觉，在了解感觉和知觉的基础上，人类才能够进行更高级的知觉活动，并在教学活动中，运用感知规律，提高学生对有关客观事物的感知效果。

任务一 了解旅游者的感觉和知觉
任务二 掌握社会知觉的误区
任务三 掌握旅游知觉

任务一 了解旅游者的感觉和知觉

任务介绍

介绍感觉和知觉的定义；
介绍感觉和知觉的种类及变化规律。

任务分析

旅游服务涉及方方面面环节，旅游者在体验旅游产品和服务中，感觉和知觉都处于积极获取信息状态中。同时，对于旅游服务人员也要通过感觉和知觉观察客人。本任务即主要阐述人的感觉与知觉特点及规律。

任务引入

这样一个例子可能大家都熟悉，有一少妇怀抱一个3岁左右的小孩走进某星级酒店，她看见前台有三四个服务小姐站着迎接客人，走上前向其中的一位咨询住宿情况。她听完服务小姐的介绍后，决定入住该酒店。于是，她把孩子放在地上，准备登记。可是孩子却不情愿，抱着她的腿哇哇大哭。这位少妇急忙哄着孩子，但孩子就是不停地大声哭闹，服务小姐们默默地看着，等待着。少妇没有办法，只好又抱起他。就在这位少妇抱着孩子起身、抬头的一瞬间，看见一位服务小姐皱着眉头，显出不耐烦的样子，她一看此情景，提起背包、转身走出酒店。此时，服务小姐们，面面相觑，不知何故。客人走了，服务小姐们不知道什么原因。

同学们学习完下面的内容，再来回答这个问题。

任务实施

一、感觉概述

（一）感觉

1. 感觉的定义

感觉是人脑对直接作用于感觉器官的事物的个别属性的反映。

什么是感觉？日常生活中，我们常常会说到“感觉”这个词，如“我对他的感觉不太好”、“我感觉完成这项任务挺困难的”等等，这里的“感觉”的意思是“觉得”，与心理学的专有名词“感觉”的意思并不相同。在心理学中，感觉指人脑对直接作用于感觉器官的事物的个别属性的反映。

客观事物具有许多个别属性，这些个别属性在人脑中的反映就是感觉。例如，我们可以通过眼睛反映物体的颜色，这属于视觉；通过耳朵反映物体发出的声音，这属于听觉；通过鼻子闻一闻物体发出的气味，这属于嗅觉；通过皮肤接触感受物体的温度或软硬程度，这属于肤觉。

虽然感觉是一种最简单的心理过程，但它是各种复杂的心理过程的基础。因人对客观世界的认识过程，都是从感觉开始的。感觉是人认识世界的一切知识的源泉。一切较为高级、较为复杂的心理现象，如记忆、思维、想象、情感、意志等，都是在感觉的基础上产生的。

感觉在人类的生活中具有非常重要的作用。首先，感觉是人们认识世界的开端。通过感觉，人们既能认识外界事物的颜色、明度、气味、软硬等属性，也能认识自己机体的状态，如饥、渴等，从而有效地进行自我调节。借助于感觉获得的信息，人们可以进行更复杂的知觉、记忆、思维等活动，从而更好地反映客观世界。其次，感觉是维持正常心理活动的重要保障。实验表明，在动物个体发育的早期进行感觉剥夺，会使动物的感觉功能产生严重缺陷；人类也无法长时间忍受全部或部分感觉剥夺。感觉剥夺会使人的思维过程混乱，出现幻觉，注意力不能集中，甚至还会有严重的心理障碍。最后，需要说明的是，感觉是主观和客观的统一，一方面取决于刺激的性质、强度，另一方面还决定于感觉的认知机制，受到主体的影响。

2. 感觉的分类

根据感觉所反映的客观事物的来源，可将感觉分成外部感觉、内部感觉。

（1）外部感觉

就是指感受外部刺激，反应外界事物的个别属性的感觉。它主要分为视觉、听觉、嗅觉、味觉和肤觉五大类，其不同的感官分别为眼、耳、鼻、舌、身等。肤觉又可细分为温觉、冷觉、触觉和痛觉。

① 视觉

以眼睛为感觉器官，辨别外界物体明暗、颜色等特性的感觉叫做视觉。

产生视觉的适宜刺激是可见光。光是具有一定频率和波长的电波。宇宙中存在各种电磁波，而其中只有一小部分才是可见光。产生视觉的适宜刺激是波长为 380 ~ 780 纳米的电磁波，即可见光。

接受光波刺激的感受器是眼睛视网膜上的感光细胞。视网膜上的感光细胞有两种：视锥细胞和视杆细胞。视锥细胞大多集中于视网膜的中央窝及其附近，大约有六百万个，能分辨颜色和物体的细节。视杆细胞主要分布在视网膜的边缘，大约有 1.2 亿个，主要感受物体的明暗，但不能分辨颜色和物体的细节。当适宜的光刺激透过眼睛到达视网膜，引起视网膜中的感光细胞产生神经冲动，神经冲动沿视神经传导到大脑皮质的视觉中枢时，视觉就产生了。

光波的基本特性表现在三个方面，即强度、波长、纯度。与物理属性相对应，人对光波的感知也有三种特性：明度、色调与饱和度。

与光的强度对应的视觉现象是明度。明度指由光线强弱决定的视觉经验，是对光源和物体表面的明暗程度的感觉。如果我们看到的光线来源于光源，那么明度决定于光源的强度。如果我们看到的是来源于物体表面反射的光线，那么明度决定于照明的光源的强度和物体表面的反射系数。

与光的波长对应的视觉现象是色调。色调指物体的不同色彩。不同波长的光作用于人眼引起不同的色调感觉，如 700 纳米的光波引起的色调感觉是红色，620 纳米的光波引起的色调感觉是橙色，70 纳米的光波引起的色调感觉是蓝色。

饱和度反映的是光的成分的纯度。例如，浅绿色、墨绿色等是饱和度较小的颜色，而鲜绿色是饱和度较大的颜色。

除了光的基本特性外，光还具有时间特性，相应地，与光的时间特性对应的视觉感知现象是后像和闪光融合。视觉刺激对感受器的作用停止后，感觉现象并不消失，还能保留短暂的时间，这种现象叫后像。例如，注视亮着的电灯几秒钟后，闭上眼睛，眼前会出现一个亮着的灯的形象位于暗的背景上，这是正后像，后像的品质与刺激物相同；随后可能看到一个黑色的形象位于亮的背景上，这是负后像。彩色视觉常常有负后像。例如，注视一个红色正方形一分钟后，再看白墙，在白墙上将看到一个绿色的正方形。当断续的闪光达到一定的频率，人们不会觉得是闪光，会得到融合的感觉，这种现象叫闪光融合。例如，日光灯的光线其实是闪动的，每秒钟闪动 100 次，但我们看到的却不是闪动的，而是融合的光。

对于旅游行业来说，很多视觉体验都集中在商家对于广告设计、营业场所的设置及产品包装上。旅游营销信息的视觉因素常常充分表明一种商品的属性。通过对商品的规格、风格、明亮度及区别于其他竞争商品的特色等介绍，商品的价值就通过视觉渠道得到了传递。这其中，颜色往往居于中心地位，商家在考虑广告、包装、甚至营业场所装饰上，颜色的选择都是非常慎重的。有些颜色（尤其是红色）易使人兴奋，而有的颜色（如蓝色）则使人情绪平和。颜色能够引发积极或消极情感的力量，使其成为广告设计中的重要考虑因素。

② 听觉

声波振动鼓膜产生的感觉就是听觉。引起听觉的适宜刺激是频率（发声物体每秒钟振动的次数）为16～20 000赫兹的声波。低于16赫兹的振动是次声波，高于20 000赫兹的振动是超声波，都是人耳不能接受的。接受声波刺激的感受器是内耳的柯蒂氏器官内的毛细胞。当声音刺激经过耳朵传达到内耳的柯蒂氏器官内的毛细胞时，引起毛细胞兴奋，毛细胞兴奋沿听神经传达到脑的听觉中枢，这就产生了听觉。

听觉器官对声波的反映表现为音高、响度和音色。

音高指听起来声音的高低。音高主要决定于声音的频率。一般地，声波振动频率越大，听起来音调越高；反之，音调越低。通常成年男性说话的音调要低于成年女性的音调。言语声的音高一般在85～1 100赫兹。音高还受声音的持续时间等因素的影响。声音刺激都至少要持续一定的时间（低频声音的持续的时间要比高频声音的持续时间要长），才能让人体验到音高。疾病、年龄等因素也会使人对音高的感觉产生影响。

响度指声音的强弱程度，主要由声波的振幅决定。振幅越大，声音的响度也就越大；振幅越小，响度越小。测量响度的单位是分贝。生活中，耳语声的响度是20分贝，普通谈话的响度是60分贝，繁忙的街道的响度是80分贝，响雷的响度是120分贝。长时间处于85分贝以上环境中的人会产生听力损失。

音色指声音的特色，由声波的波形决定。例如，即使胡琴和小提琴发出的音高、响度相同的声音，听起来还是两种不同的声音，这种差别就是音色的差别。由于声音具有各种不同的特色，我们才可能辨别不同的发声体。

对于旅游行业来说，声音会在多方面影响消费者的情感和行为。在消费者行为理论研究中，有两大研究领域在旅游行业具有广泛用途：一是背景音乐对情绪的作用，二是讲话速度对态度变化及信息理解的影响。例如，饭店、餐馆、商场的背景音乐能创造适宜的购买情绪，导游通过改变语速以增强说服力和感染力等。

③ 嗅觉

某些物质的气体分子作用于鼻腔黏膜时产生的感觉叫做嗅觉。

引起嗅觉的适宜刺激是有气味的挥发性物质，接受嗅觉刺激的感受器是鼻腔黏膜的嗅细胞。有气味的气体物质作用于嗅细胞，细胞产生兴奋，经嗅束传至嗅觉的皮层部位（位于颞叶区），因而产生嗅觉。

许多动物要借助嗅觉来寻找食物、躲避危险、寻求异性。人的嗅觉已退居较次要的地位。例如，德国牧羊犬的嗅觉比人类的嗅觉敏锐一百万倍。但即使这样，人的嗅觉仍为我们的生存提供重要的信息。例如，有毒的、腐烂的物质常伴有难闻的气味，这对于想食用它们的人来说是一种警告。人的嗅觉受多种因素的影响，如刺激物的作用时间、机体生理状态、空气的温度和湿度等。温度太高、太低，空气湿度太小，机体感冒等，都会降低嗅觉的敏感性。

研究表明，嗅觉刺激可以唤起人们的记忆和情绪。做词汇练习时闻着巧克力香味的学生，第二天回忆词汇时，再次提供巧克力香味比不提供回忆的词汇要多。芳香的气味可以使人心情好，增强自信，提高工作效率。

旅游行业中也有旅行社运用嗅觉营销。“全球旅行社”是法国的一家旅行社，位于巴黎闹市区的歌剧院大街，它宽敞的前厅里铺着蓝色的地毯，弥漫着淡淡的茉莉花和甜瓜的香味。但在它不同的柜台前，顾客们“嗅”到的气味又不尽相同。在负责去北美洲旅游的柜台前，散发的是可乐果的香味；在办理去太平洋群岛波利尼西亚的柜台前，香草的芬芳沁人心脾；而在预定豪华轮做海上游的柜台前，则仿佛漂浮着一股海面上含碘的水汽。

④ 味觉

可溶性物质作用于味蕾产生的感觉叫做味觉。如果用干净的手帕将舌头擦干，然后将冰糖或盐块在舌头上摩擦，这时你感觉不到任何味道，甚至可以把奎宁撒在干舌头上，只要唾液不溶解它，就不会感觉到苦味。引起味觉的适宜刺激是可溶于水或液体的物质，接受味觉刺激的感受器是位于舌表面、咽后部和腭上的味蕾。

味蕾的再生能力很强，所以即使因吃热的事物烫伤了舌头，也不会对味觉有太大影响。但是，随着年龄的增长，味蕾的数量会逐渐减少，因此人的味觉敏感性会逐渐降低。吸烟、喝酒会加速味蕾的减少，因而会加速味觉敏感性的降低。基本的味觉有酸、甜、苦、咸四种，其他味觉都是由这四种味觉混合而来。舌尖对甜味最敏感，舌中对咸味最敏感，舌的两侧对酸味最敏感，舌后对苦味最敏感。食物的温度对味觉敏感性有影响。一般来说，食物的温度在20℃～30℃时，味觉敏感性最高。机体状态也会影响味觉敏感性。饥饿的人对甜、咸的较敏感，对酸、苦不太敏感。

目前各地旅游胜地推广美食节，各酒店、餐厅都很重视开发新产品来吸引旅游者前来品尝。

⑤ 肤觉

刺激作用于皮肤引起的各种各样的感觉叫做肤觉。

引起肤觉的匡宜刺激是物体机械的、温度的作用或伤害性刺激，接受肤觉刺激均感受器位于皮肤、口腔黏膜、鼻黏膜和眼角膜上（如皮肤内的游离神经末梢、触觉小体、触盘、环层小体、棱形末梢等），呈点状分布。

肤觉的基本形态包括触压觉、温度觉、痛觉。其他各种肤觉是由这几种基本形态构成的复合体。

由非均匀的压力在皮肤上引起的感觉叫做触压觉。触压觉包括触觉和压觉。当机械刺激作用于皮肤表面而未引起皮肤变形时产生的感觉是触觉；当机械刺激使皮肤表面变形但未达到疼痛时产生的感觉是压觉。相同的机械刺激在皮肤的不同部位引起的触压觉的敏感性是不同的，额头、眼皮、舌尖、指尖较敏感，手臂、腿次之，胸腹部、躯干的敏感性较低。

温度觉指皮肤对冷、温刺激的感觉。温度觉包括冷觉和温觉两种。冷觉和温觉的划分以生理零度为界限。生理零度指皮肤的温度，随温度的变化而变化。温度刺激高于生理零度，引起温觉；温度刺激低于生理零度，引起冷觉；温度刺激与生理零度相同，则不能引起冷觉和温觉。人体不同部位的生理零度不同，面部为33℃，舌下为37℃，前额为35℃。当温度刺激超过45℃时，会使人产生热甚至烫的感觉。这种感觉是温觉和痛觉的复合。

痛觉是对伤害有机体的刺激所产生的感觉。引起痛觉的刺激很多，包括机械的、物理的、化学的、温度的以及电的刺激。痛觉对有机体具有保护作用。天生无痛觉的人常常寿命不长，因为他们体会不到因机体受伤或不适而产生的痛觉，因而不会主动去为医治自己的身体而努力。不仅仅是皮肤，全身各处的损伤或不适都会产生痛觉。因此，痛觉既可以是外部感觉，也可以是内部感觉。痛觉常伴有生理变化和情绪反应。皮肤痛定位准确；肌肉、关节痛定位不准确；内脏痛定位不准且具有弥散的特点。影响痛觉的因素很多，我们可以通过药物、电刺激、按摩、催眠、放松训练、分散注意力等方法减轻痛觉。我国学者研究表明，人体皮肤对痛觉的敏感性一年中经历两次周期性的变化，春、秋两季比夏、冬两季要迟钝，其原因尚不明了。

目前在旅游行业，对触觉刺激影响消费者行为效果的研究较少，但触觉信号具有象征意义。例如人们将织物及其他产品的质地与产品属性相联系，通过对衣料寝具或室内装潢品的材料感觉，来判断其华丽程度及质量，是粗糙还是光滑，是有弹性还是无弹性。光滑的丝织品是豪华的代名词，而斜纹棉布则被认为结实耐用，在酒店都有不同运用。

（2）内部感觉

内部感觉是指接受机体本身的刺激，反映机体的位置、运动和内部器官不同状态的感觉，包括运动觉、平衡觉和机体觉。

运动觉。反映身体各部分运动和位置的感觉叫运动觉。引起运动觉的适宜刺激是身体运动和姿势的变化，接受运动觉刺激的感受器位于肌肉、韧带、关节等的神经末梢。凭借运动觉，我们可以行走、劳动，还可以进行各种体育活动，完成各种复杂的运动技能；凭借运动觉与触觉、压觉等的结合，我们可以认识物体的软硬、弹性、远近、大小、滑涩等特性。

平衡觉。反映头部位置和身体平衡状态的感觉叫平衡觉。引起平衡觉的适宜刺激是身体运动时速度和方向的变化，以及旋转、震颤等，接受平衡觉刺激的感受器位于内耳的前庭器官，即椭圆囊、球囊和三个半规管。平衡觉的作用在于调节机体运动、维持身体的平衡。平衡觉与视觉、机体觉有联系，当前庭器官受到刺激时，视野中的物体仿佛在移动，我们会产生眩晕、恶心、呕吐等。

机体觉。机体内部器官受到刺激时产生的感觉叫机体觉。引起机体觉的适宜刺激是机体内部器官的活动和变化，接受机体觉刺激的感受器分布于人体各脏器的内壁。机体觉在调节内部器官的活动中具有重要作用，它能及时地反映机体内部环境的变化、内部器官的工作状态。当人体的内部器官处于健康、正常的工作状态时，一般不会产生机体觉。机体觉的表现形式有饥、渴、气闷、恶心、窒息、便意、性、胀、痛等。

综上分析，对人的主要感觉进行总结，见表4－1。

表4－1　**主要感觉分类表**

类别	种类	适宜刺激	传入神经	大脑皮层中枢	感受器官
外部刺激	视觉	380～780纳米的电磁波	视觉传入神经	枕叶	光学结构的变量所能表示的一切事物的信息
	听觉	16次/秒～20 000次/秒频率的可听声波	听觉传入神经	颞叶	振动事件的性质和位置
	嗅觉	有气味的挥发性物质	嗅觉传入神经	边缘系统	挥发性物质的性质

续表

类别	种类	适宜刺激	传入神经	大脑皮层中枢	感受器官
外部刺激	味觉	溶于水、唾液或者脂类的化学物质	味觉传入神经	中央后回最下部	营养的和生化价值
	肤觉	物理机械、冷热温度的刺激	肤觉传入神经	中央后回	与物质的接触、机械的碰撞，物体的形状、温度、材料状态
内部刺激	运动觉	骨骼肌运动、身体四肢位置状态	动觉传入神经	中央前回	肢体的空间位置、姿势和运动等
	平衡觉	头部运动的速率和方向	前庭传入神经	前外雪氏回	被引力驱动时的引力方向
	机体觉	机体内部所进行的各种过程	内脏传入神经	下丘脑、第二感觉区和边缘系统	内脏活动和变化的信息

（二）感受性与感觉阈限

人对刺激的感觉能力叫感受性。它是旅游者对旅游产品、旅游广告、价格等旅游消费刺激有无感觉、感觉强弱的重要标志。感觉性的大小是用感觉阈限的大小来度量。感觉阈限是指能引起某种感觉的持续一定时间的刺激量。旅游者感受性的大小主要取决于旅游消费刺激物的感觉阈限值的高低。一般来说，感觉阈限值越低，感受性就越大；感觉阈限值越高，感受性就越小，二者成反比关系。

旅游者的每一种感觉都有两种感受性，即绝对感受性和相对感受性。在旅游消费刺激中并不是任何刺激都能引起旅游者的感觉。如要产生感觉，刺激物就必须达到一定的量。那种刚刚能够引起感觉的最小刺激量被称为绝对感觉阈限。对绝对感觉阈限或最小刺激量的觉察能力，是绝对感受性。绝对感受性是旅游者感受能力的下限，凡是没有达到绝对感受阈限值的刺激物，都不能引起感受。

如果引起感觉的刺激量继续不断增加而超过一定限度时，会引起人们新的感觉。差别阈限用来描述感受系统辨别变化或是两种刺激之间差别的能力，在可感受的刺激范围内，刚刚能够觉察到的刺激物的最小变化量即差别阈限。这种对最小差别量的感受能力被称为差别感受性。差别感受性的大小是用差别阈限的大小来度量的，两者成反比关系。差别感觉阈限值越小，则差别感受性越大，反之，差别感觉阈限值越大，则差别感受性越小。

如人的听觉绝对阈限是声音强度为零分贝的声音刺激；在空气完全透明的情况下，人能看见 1 公里远处四分之一的烛光。感觉的差别阈限是指人能察觉出来的刺激物的最小差别量。例如在 100 克重量的物体上增加 1 克的重量不会引起重量感觉的变化，只有加上 3 克重量的物体或更多重量的物体，才会引起重量感觉的变化。此时，3 克重量的物体就是此种情况下感觉的差别阈限。

（三）感觉的规律

1. 感觉适应

因刺激的持续作用而引起感受性的变化，这种现象叫做适应。所有感觉都存在适应现象，但适应的表现方式和速度不尽相同。适应可以使感受性提高，也可以使感受性降低。“入芝兰之室，久而不觉其香；入鲍鱼之肆，久而不闻其臭。”刚走进花园，你会闻到一股花香味，但过了几分钟，就闻不到了。这种现象就是感觉适应。感觉适应包括视觉适应、听觉适应、嗅觉适应、触压觉、温度觉、痛觉等。

视觉适应可分为暗适应和明适应。在夜晚由明亮的室内走到室外时，开始时我们的眼前一片漆黑，什么也看不清楚，一段时间后，眼睛就能分辨出黑暗中物体的轮廓了。这种现象叫暗适应。相反，由漆黑的室外走进明亮的室内时，开初感到耀眼炫目，什么都看不清楚，只要稍过几秒钟，就能清楚地看到室内物体了。这种现象叫明适应。

与视觉适应相比，听觉适应就不那么明显。但如果用较强的声音刺激，如工厂机器的噪音，持续作用于人的双耳，则确实会引起听觉感受性降低的适应现象，甚至会丧失听觉感受性。

嗅觉适应速度因刺激的性质而有所不同。一般的气味 1 ~ 2 分钟后即可适应，而强烈的气味则要经过 10 多分钟。特别强烈的气味，如引起痛觉的气味，则令人厌恶，难以适应甚至完全不能适应。与听觉适应一样，嗅觉适应也具有选择性，即对某种气味适应后，并不影响其他气味的感受性。味觉适应较慢。长时间接受辣味刺激，导致对辣味的感受性降低，以致后来吃辣的食物时感到不是很辣；厨师由于连续地品尝咸味，到后来做出来的菜愈来愈咸。这些都是味觉的适应现象。

触压觉的适应较明显。平时几乎觉察不到身上衣服对我们皮肤的接触和压力。经常看到有些人帽子戴在自己的头上却到处寻找他的帽子。实验表明，只要经过 3 秒钟，触压觉的感受性就下降到原始值的 25% 左右。温度觉的适应甚为明显。例如，用冷水洗澡时，开始觉得水是冷的，经过几分钟后，就不再觉得水冷了。相反，用手触摸热水，开初觉得水很热，慢慢地就不觉得热了。但要注意的是，对于特别冷或特别热的刺激，则很难适应甚至完全不能适应。

痛觉的适应是很难发生的。例如，只要用针稍微扎一下，你马上就会感到痛。正是痛觉适应的这一特点，它才成为伤害性刺激的信号而具有保护作用。

感觉适应能力是有机体在长期进化过程中形成的。适应机制有助于我们精确地感知外界的事物，从而调整自己的行为。外界环境的变化幅度十分巨大，如在夜晚的星光下和白天的阳光下，亮度相差达百万倍，如果没有适应能力，人就不能在变动着的环境中精细地分析外界事物，以做出较准确的反应。

2. 感觉的相互作用

感觉之间有相互的影响作用，一种感觉的强度会受到其他感觉的影响而发生变化。不同的刺激作用于同一感受器而导致感受性发生变化的现象称为感觉对比。感觉对比分两类：同时对比和先后对比。

几个刺激物同时作用于同一感受器产生的对比现象称为同时对比。这在视觉中表现得很明显。视觉对比可分为无彩色对比和彩色对比，前者对比的结果是引起明度感觉的变化。例如，同样两个灰色小方块，一个放在白色背景上，一个放在黑色背景上，结果在白色背景上的小方块看起来比黑色背景上的小方块要暗得多（见图4-1），同时在相互连接的边界附近，对比特别明显。彩色对比的结果是引起颜色感觉的变化，而且是向着背景色的补色方向变化，例如，两个绿色正方形，一个放在蓝色背景上，一个放在黄色背景上，结果在黄色背景上的正方形看上去略带蓝色，在蓝色背景上的正方形看上去略带黄色，同时在两色的交界附近，对比也特别明显。

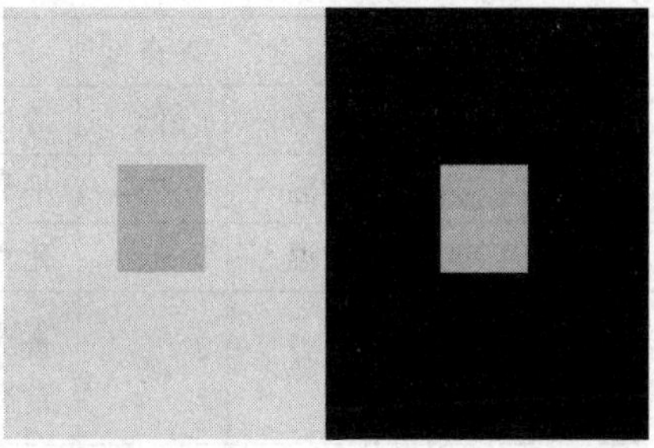

图4-1 同时对比——同样的小方块在黑色背景上比在灰色背景上显得更白

刺激物先后作用于同一感受器产生的对比现象称为先后对比。例如，吃梨会觉得梨很甜，但吃了糖之后接着吃梨，会觉得梨很酸；喝了苦药后接着喝白开水，会觉得白开水有点儿甜味；凝视红色物体之后再看白色的东西，会觉得后者有点儿青绿色。

人的各种感觉不是孤立存在的，不同感觉通道之间的感觉也能相互影响。在一定条件下，各种感觉都会发生程度不同的相互影响，其规律是：弱刺激能提高另一种感觉的感受性，而强刺激则使另一种感觉的感受性降低。

在现实生活中，人接受环境的信息常常是多通道同时进行的，不同感觉的相互作用时有发生。例如，强烈的声音刺激会使牙痛更甚；重的物体在轻松的音乐声中感觉会轻些；空气混浊、光线昏暗的教室环境会使学生的听力下降；在绿色光照条件下会提高人的听力，而在红色光照下会增强人的握力；摇动的视觉会影响人的本体感觉和内部感觉，所以有的人坐车、船或者飞机就会产生晕眩、呕吐状态；食物的颜色和温度会影响人的味道；如果闭上眼睛，捏住鼻子，我们将分不清嘴里吃的是苹果，还是土豆；感冒的人常常味觉不敏感。

联觉是指一种感觉兼有另一种感觉的现象，是感觉相互作用的一种特殊形式。颜色感觉容易产生联觉。如，红色象征革命和吉庆，红色的旗帜会使人感到威武庄严；绿色象征春天，表示青春和健美，使人感到一派生机，给人以喜悦和宁静的感觉。红、橙、黄等色，类似于太阳和烈火的颜色，往往引起温暖的感觉，称之为暖色。蓝、青、绿等色，类似于蓝天、海水和树林的颜色，往往引起寒冷、凉爽的感觉，称之为冷色。在其他感觉中也能产生联觉。例如，人们经常说“甜甜的噪音”、“沉重的乐曲”等，这些都是一种感觉兼有另一种感觉的心理现象。

由于感觉具有联觉现象，所以联觉现象在绘画、建筑、花布设计、环境布置等方面经常得到应用，往往能营造独特的艺术格调。比如，北京建国酒店根据客人的喜好对客房内设施环境进行改造：新客房以深色调的仿古家具配以桔黄色的地毯，一反仿古装修的传统——古老配深沉。这样，客人既感受到现代气息的简洁明快，又感受到明清风格的古香古色。不同颜色可以对人的食欲产生不同的影响，不少餐馆的室内装饰及设施多采用红、黄、绿、蓝、咖啡色，因为这五种颜色可以有效地刺激人的胃肠反应，令顾客食欲大开。例如，麦当劳的企业标识就是以艳红为底色的明黄色英文字母M，店内布置也基本用上述四种颜色。主要颜色的视觉联觉可见表4－2。

表4－2　　颜色视觉的联觉

颜色	象征	距离感	温度	兴奋度	主要联想
白色	少女、清纯、神圣、死亡	远	冷	低	清洁、诚实、神圣
灰色	质朴、温和	近	温	中	平易近人、稳重、和气
黑色	夜晚、罪恶、压抑、死亡	近	温	低	死亡、庄重、神秘、罪恶
红色	血、喜庆、恐怖、活力	近	热	高	喜庆、精力旺盛、好斗、愤怒、吉利、危险、张扬
绿色	植物、生命	近	温	中	平静、环保、生机、顺利
蓝色	天空、大海	远	冷	低	遥远、飘逸、冷淡、朴素、寂寞
黄色	黄金、高贵、富裕	近	温	高	富裕、高贵、愉快、舒适
紫色	威严、优雅	近	温	中	优美、满意、希望、生机
青色	鬼火、恐怖、怪异	远	冷	低	恐怖、冰冷、神秘

3. 感觉的补偿作用

人一出生就具备各种感觉器官和初步感觉能力，从而为各种感觉能力的发展奠定了基础。由于实践活动不同，某些感觉能力的发展水平也显示差异。音乐教师能精确分辨微弱的音高偏差；有经验的管钳工人，只要用手一握螺纹钢管，就可判断粗细的细微差别；一般人对黑布只能分出深黑、浅黑等几个等级，而有经验的染色工人由于职业需要和实际锻炼，可以区分40～60种黑色色调；美术家对于比例估计非常敏感，可以区分物体大小的1/60～1/150的变化。残疾人感受性补偿是惊人的，盲人的听觉和触觉特别发达，所以说，人的感受性通过实践训练是可以发展的。

二、知觉

（一）知觉的定义

知觉是人脑对直接作用于感觉器官的客观事物的整体属性的反映，是各种感觉信息的整合。

知觉是比感觉更复杂的心理活动过程，它在经验的参与下，反映客观事物的整体。任何事物都是包含着许多个别属性的综合体。这些个别属性并不是各自孤立的，而是结合成一个整体同时或相继作用于人的感官，于是在人的头脑中，就产生了对事物整体的映像，这就是知觉。比如，我们得到一只苹果，看到它的颜色并品尝它的味道时，不仅会产生相应的感觉，同时也马上会产生对苹果的知觉。因此，脱离知觉的感觉是很少的，除了新生儿，人们一般是以知觉的形式来反映世界的。由于感觉和知觉密不可分，所以统称为感知。

知觉是在感觉的基础上产生的，但它不是个别感觉成分的简单相加。例如，我们看到一个正方形的成分是四条相等直线，把对四条相等直线的感觉相加在一起，如果事先没有学习正方形的概念，就不能确认这是一个正方形。所以感觉的简单相加构不成对事物的知觉。

（二）知觉的分类

根据知觉中所反映事物的特性，可以将知觉分为三类：空间知觉、时间知觉和运动知觉。空间知觉是人脑对客观事物空间属性的反映。如形状知觉、大小知觉、深度知觉、方位知觉；时间知觉是个体对客观现象的延续性和顺序性的反映；运动知觉是个体对物体空间位移的反映。

（三）感觉和知觉的关系

感觉和知觉是紧密联系而又有区别的心理过程。它们都是客观事物直接作用于感觉器官时在人脑中的反映。客观事物是感觉和知觉的源泉。事物个别属性的有机结合形成了事物的整体；反映事物个别属性的感觉信息在头脑中有机结合便形成了反映事物整体的知觉。感觉是知觉的基础，是知觉的内在组成部分，没有感觉就无所谓知觉。感觉愈丰富、愈精确，知觉就愈完整、愈正确。同时，知觉的完整性和正确性也影响着感觉的鲜明性和精确性。由于感觉和知觉有这种密切的关系，因此，经常把它们合起来通称感知觉。但它们又是两种本质不同的感性认识阶段。感觉是一种最简单的心理现象，通过感觉只能认识事物的个别属性，还不能把握事物的全部；知觉是一种较复杂的心理现象，知觉是对事物的各种不同属性、各个不同部分及其相互关系的反映，由于知觉过程中有语言、思维、经验等心理因素的参与，使我们能够认识事物的整体，明确事物的意义。所以，感觉和知觉是两个本质不同而又相互联系的概念。

（四）知觉的规律

知觉的规律也叫做知觉的特性，主要有以下几点：

1. 整体性

整体性是指当客观事物的个别属性作用于人的感官时，人能够根据知识经验把它知觉为一个有机的整体，这就是知觉的整体性。

客观事物具有许多种属性，并且是由不同的部分组成的。当客观事物作为刺激物对人发生作用时，是它的部分属性分别作用于人的感官，有时甚至仅仅某部分对人发生作用。然而，人所反映的这些部分或属性并不是彼此孤立的，而是一个整体，如闭合原则（见图 4－2）。

图 4－2 闭合原则

影响知觉整体性的因素有：

一是个人过去的知识经验。比如：当我们感知一个熟悉的对象时，只要感知了它的个别属性或主要特征，就可以根据以前的经验而知道它的其他属性或特征，从而整个地知觉它。

二是知觉对象的各个组成部分的强度。对象的个别细节是弱成分，对象的重要的、关键性环节是强成分。关键的、强的组成部分决定着知觉的完整性。因此，在知觉对象时，当具备了组成对象整体的若干关键部分，或把对象的关键部分突出出来，便可形成完整的知觉。

三是知觉对象的各个组成部分的相互关系。知觉对象的同样一些部分处于不同的关系中，就成为不同的知觉整体。例如：同一些声音可以由改变它们的先后顺序、音程和每一个音的长度而组成不同的曲调。如果知觉对象的各成分间的关系不变，虽然个别成分改变了，知觉仍然能保持整体性。例如：当一个曲调用高八度音或低八度音演奏时，可以同样清楚地作为一个整体被知觉出来。

2. 选择性

人对外界客观事物有选择地将知觉对象从背景中区分出来的特性，为知觉的选择性。

作用于旅游者的客观事物是多种多样，但由于各方面条件的限制，在一个特定的时间里，不可能全部整合并作用于人的感觉器官，而只能选择其中的少数部分作为刺激的对象加以吸收并反映。例如，在旅游者面前出现的旅游信息非常多，但被旅游者感知的广告却只有几十条，真正诱发旅游行为的仅有几条。心理学家把这部分被人们清晰感知到的刺激物称为知觉的对象，而把作用于感官的其他刺激物，即人们模糊感知到的东西，称为知觉对象的背景。

对象和背景的关系并不是不可以转换的，而是根据一定的主客观条件，经常可以相互转换。我们可以看一些双关图，以说明对象和背景可以迅速转换，对象能变成背景，背景能转换为对象（见图4－3）。

图4－3　体现知觉选择性的双关图

客观世界是丰富多彩、复杂多样的，作用于感官的刺激是众多的，但人并不能注意到同时作用于感觉器官的所有刺激，也不能对作用于感觉器官的所有刺激发生反应。人感知什么，拒绝什么，都是根据个体的具体需要进行选择的。人正是由于有这种对外界信息有选择地进行加工的能力，人才能够把注意力集中到少数重要的刺激或刺激的重要方面，排除次要刺激的干扰，从而更有效地认识外界物体，适应外界环境。如某人上街去买书，那他总要在街上琳琅满目的店铺中寻找书店，而不是见店就进去，需要就餐的客人总是有目标地选择餐馆；需要住宿的人总是有目的地选择旅店。

3. 理解性

人在知觉客观事物时，总是用自己过去的知识经验加以解释，把它归入一定类别的范畴之内，并用词来概括它，这就是知觉的理解性。

理解在知觉中起着重要的作用。首先，理解使旅游者的知觉更加深刻。在知觉一个事物的时候，有关该事物的背景资料越丰富，那么理解该事物就越深刻。比如，听马克西姆弹钢琴曲《克罗地亚狂想曲》，一个有造诣的钢琴家要比一般人对这个曲子有更多的深刻认识。其次，理解能提高知觉的速度。例如我们看书读报时，如果内容简单并且熟悉，常常可以“一目十行”。再次，理解使知觉更精确。比如，听外国原声电影，对于不懂外语的人是无法完全理解角色之间的对话，但是如果外语熟练的人，就很容易理解电影情节。

知觉的理解性，也受很多条件的影响。一是受言语的指导作用影响。图 4－4 是一些斑点，不知是什么东西；但是，只要说明这是“狗”的图形，人们便可知觉为狗。

图 4－4　体现言语对知觉理解性的图片

二是受实践活动的任务影响。有人曾做过一个实验：让甲组学生画一个规定的几何图形，交给他们的圆规是装好了的；交给乙组学生的是拆散了的圆规，要求学生把它们装配起来。这些工作完成后拿走圆规，并出其不意地叫两组学生尽量准确地把原规画出来。结果甲组画得很不准确，许多重要零件没有画出来；乙组画得较正确。知觉任务越明确、具体，知觉的效果越好。

三是受对知觉对象的态度的影响。人在知觉中所采取的态度，对知觉对象的选择和理解有很大的影响。知觉的态度取决于知觉的对象是否符合个人的需要、兴趣、活动的任务，并与当时的情绪状态有关。

4. 恒常性

当知觉条件发生一定的变化时，知觉的映象仍然保持相对不变，这就是知觉的恒常性。常见的知觉恒常性有亮度恒常性、大小恒常性、形状恒常性等。如，阳光照射下的白色墙壁与阴影中的角落，其反射出来的亮度差别很大，但人们却把它们感知成亮度相等的白色，这就是亮度恒常性。学生坐在第一排座位上看老师与坐在最后一排座位上看老师，老师在他们视网膜上的像大小不一，但学生总是把老师看成具有特定大小的形象，这就是大小恒常性。当你倾斜你的头部观察世界，但世界不会因此倾斜；无论你在教室的哪个地方看教室的门，也无论教室的门是开着的还是关着的，你总把教室的门看成是矩形的，这就是形状恒常性。知觉的恒常性还普遍存在于其他各类知觉中，例如同一支乐曲，尽管演奏的人不同，使用的乐器也不一样，我们总是把它知觉成同一支乐曲。

恒常性使人在不同的条件下，始终保持对事物本来面貌的认识，保证了知觉的精确性。恒常性对于人们的正常生活和工作有重要意义。如果知觉随着客观条件的变化时刻变化，那么要想获得任何确定的知识是不可能的。而机器人无知觉的恒常性。

知觉的恒常性受到多种因素的影响，其中主要的是由于过去经验作用的结果。知觉的恒常性并不是天生就有的，而是后天习得的。人们总是在自己的知识经验基础上感知对象，当外部条件发生了某种变化的时候，人们能把觉察到的对象与自身经验所保持的印象结合起来而获得近似于实际的知觉体系。

任务二　掌握社会知觉的误区

任务介绍

介绍知觉中的首因效应；
介绍知觉中的晕轮效应；
介绍知觉中的心理定势；
介绍知觉中的刻板效应。

任务分析

现实生活中，知觉定势带来的影响可能是正面积极的，也可能是负面消极的，本任务通过深入分析知觉效应，探讨在旅游工作中怎样利用知觉效应。

任务引入

美国心理学家凯利以麻省理工学院的两个班级的学生分别做了一个试验。上课之前，实验者向学生宣布，临时请一位研究生来代课。接着告知学生有关这位研究生的一些情况。其中，向一个班学生介绍这位研究生具有热情、勤奋、务实、果断等品质，向另一班学生介绍的信息除了将“热情”换成了“冷漠”之外，其余各项都相同。而学生们并不知道。两种介绍间的差别是：下课之后，前一班的学生与研究生一见如故，亲密攀谈；另一个班的学生对他却敬而远之，冷淡回避。可见，仅介绍中的一词之别，竟会影响到整体的印象。学生们戴着这种有色镜去观察代课者，而这位研究生就被罩上了不同色彩的晕轮。

请问同学们，这属于知觉误区的哪一种？

任务实施

社会知觉，又称社会认知，即个体对他人、群体以及对自己的知觉。对他人的群体和知觉是人际知觉，对自己的知觉是自我知觉。

对人的知觉依赖于多种因素，如认知主体、认知客体以及环境等，从认知主体心理方面看，存在一些社会知觉的误区，它们的存在容易给社会认知带来偏差。社会知觉误区主要有以下几个方面。

一、首因效应

首因效应也叫第一印象，就是首次接触时留下的印象。个体在社会认知过程中，通过“第一印象”最先输入的信息对客体以后的认知产生影响作用，第一印象一经建立，对其后的信息的组织、理解有较强的定向作用。

如第一次来到新学校，第一次到某家商场购物，第一次到某家宾馆住宿，第一次听某位老师讲课，第一次到某个旅游风景地旅游等，人们总是有这样一种心理，喜欢在首次接触时根据对方的表面特征对人做出评判，得出一个总的印象。在第一印象的形成中，外貌穿着和言谈举止起着至关重要的作用。心理学家研究发现，初次见面时，一般人都相信容貌美好的人不仅智力较高，而且心地较为善良，生活也较愉快。因此在竞争激烈的条件下，生就一副漂亮脸庞的人，在应聘面试时往往更占优势，但这种以貌取人的心理倾向也有例外，在企业界一般不支持美貌的女性担任高层职位，原因是在大家的印象中，貌美的女性缺乏管理才能。

第一印象可能导致认知偏差。因为第一印象是建立在外表特征基础上的直觉判断，所以具有片面性和表层性，这让我们认识对方缺乏理性和本质的理解，造成“以偏概全”、“一叶障目”等认知偏差。

在旅游工作中，饭店服务人员和导游人员必须注重自己的仪表仪容，如果与宾客初次见面就衣冠不整、不修边幅、举止不雅，就会给客人一个极差的第一印象。在旅游服务过程中，第一印象表现为旅客通过对服务人员的仪表、言谈、举止等方面的观察而形成的感觉登记。第一印象虽是短时，但它不仅影响着旅客的心理活动，而且影响着服务交往，有时甚至影响服务工作能否顺利进行。一旦旅客对服务人员产生了不良的第一印象，要改变它是十分艰难的，往往要付出比先前多出几十倍的精力。所以在与旅客初次交往时，注重首因效应是相当必要的，它能快捷地融洽与旅客的关系，收到事半功倍的效果。

补充资料4-1

美国社会心理学家洛钦斯（A. S. Lochins）1957 年以实验证明了首因效应的存在。他用两段杜撰的故事做实验材料，描写的是一个叫詹姆的学生生活片断。这两段故事描述的是两种完全相反的性格。一段故事中把詹姆描写成一个热情并且外向的人，另一段故事则把他写成一个冷淡而内向的人。两段故事分别列于下方：

一、詹姆走出家门去买文具，他和他的两个朋友一起走在充满阳光的马路上，他们一边走一边晒太阳。詹姆走进一家文具店，店里挤满了人，他一边等待着店员对他的注意，一边和一个熟人聊天。他买好文具在向外走的途中遇到了熟人，就停下来和朋友打招呼，后来告别了朋友就走向学校。在路上他又遇到了一个前天晚上刚认识的女孩子，他们说了几句话后就分手告别了。

二、放学后，詹姆独自离开教室走出了校门，他走在回家的路上，路上阳光非常耀眼，詹姆走在马路阴凉的一边，他看见路上迎面而来的是前天晚上遇到过的那个漂亮的女孩。詹姆穿过马路进了一家饮食店，店里挤满了学生，他注意到那儿有几张熟悉的面孔，詹姆安静地等待着，直到引起柜台服务员的注意之后才买了饮料，他坐在一张靠墙边地椅子上喝着饮料，喝完之后他就回家去了。

洛钦斯把这两段故事进行了排列组合：

一种是将描写詹姆性格热情外向的材料放在前面，描写他性格内向的材料放在后面；

一种是将描写詹姆性格冷淡内向的材料放在前面，描写他性格外向的材料放在后面；

一种是只出示那段描写热情外向的詹姆的故事；

一种是只出示那段描写冷淡内向的詹姆的故事。

洛钦斯将组合不同的材料，分别让水平相当的中学生阅读，并让他们对詹姆的性格进行评价。结果表明，第一组被试中有78%的人认为詹姆是个比较热情而外向的人；第二组被试中只有18%的人认为詹姆是个外向的人；第三组被试中有95%的人认为詹姆是外向的人；第四组只有3%的人认为詹姆是外向的人。

研究证明了第一印象对认知的影响。在首因效应中，对情感因素的认知常常起着十分重要的作用。人们一般都喜欢那些流露出友好、大方、随和情感的人，因为在生活中，我们都需要他人尊重和注意，这个特点在儿童身上表现得最为明显，小孩子都喜欢第一次见了他/她就笑呵呵的人，如果再给予相应的赞扬，那么儿童就会更加高兴。

二、晕轮效应

晕轮效应，又称光环效应，最早是由美国著名心理学家爱德华·桑戴克提出的。指的是一个人的某种品质，或一个物品的某种特性一旦给人以非常好的印象，在这种印象的影响下，人们对这个人的其他品质，或这个物品的其他特性也会给予较好的评价。爱德华认为，人对事物和人的认知和判断往往从局部出发，然后扩散而得出整体现象。就像晕轮一样，这些认知和判断常常都是以点概面或以偏概全的。

晕轮效应与首因效应有着重要的区别。首因效应是以仪容仪表、言谈举止而形成的，带有较多的情绪色彩。受其影响，人们会喜欢或不喜欢与对方交往，但不能明确地说出对方是什么人。晕轮效应是在与对方交往了一段时间以后，因了解到对方的某一特别突出的品质，并据此进行“故事化”的推理而产生的，人际认知要比首因效应更有深度。人们已能持之有据地说对方是好人或是坏人。从时间上说，首因效应在前，晕轮效应在后。但是，在旅游团中，往往是首因效应仍在起作用的时候，晕轮也开始起作用了。晕轮效应作用时间比首因效应要长，它可以持续到旅游的全过程。

很多人进入高档商场，购买价格昂贵的物品，因为精美的包装、偏高的价格往往会被人们认为里面的东西也会像精美的包装一样好，会和昂贵的价格相一致。又如，客人对服务人员的某些好感，观众对一些演员的赞赏，听众对讲演者的信服等等，这些好的判断和评价并不是由于人们已经完全了解了这些人，而是这些人的某些表现给人们形成了良好的首因印象，通过晕轮效应才使人们继续做出了上述的判断和评价。在这里，晕轮效应的作用是积极的。

在生活中，晕轮效应更多的情况是把人际知觉推向另一个极端，极力丑化对方。在我们现实生活中，常因某人的一点小小缺点而否认了他的全部优点。晕轮效应一旦泛化，其消极作用就更大了。客人第一次到某家饭店就餐时，恰巧遇到了一个服务员态度傲慢，就会认为这家饭店整个的服务态度不好，有的外国人第一次到中国旅游，恰巧遇到了交通事故，就会认为在中国旅游很不安全。在这里，晕轮效应的作用是消极的。因此，在旅游服务工作中，要利用晕轮效应的积极作用，努力做好某一方面的工作，赢得旅游者以点带面的良好评价，同时，又要避免晕轮效应的消极作用，不要忽视任何小事，“勿以恶小而为之，勿以善小而不为”，因小失大，损害整体利益。

三、心理定势

心理定势指的是人对认识某一特定活动时心理上的准备状态，它可以使我们在从事某些活动时能够相当熟练，甚至达到自动化，可以节省很多时间和精力。但是，心理定势的存在也会束缚我们的思维，使我们只用常规方法去解决问题，而不求用其他“捷径”突破，因而也会给解决问题带来一些消极影响。不仅在思考和解决问题时会出现定势效应，在认识他人、与人交往的过程中也会受心理定势的影响。

苏联心理学家曾做过这样一个经典的关于“心理定势”的实验：研究者向参加实验的两组大学生出示同一张照片，但在出示照片前，向第一组学生说：这个人是一个怙恶不悛的罪犯；对第二组学生却说：这个人是一位大科学家。然后他让两组学生各自用文字描述照片上这个人的相貌。第一组学生的描述是：深陷的双眼表明他内心充满仇恨，突出的下巴证明他沿着犯罪道路顽固到底的决心……第二组的描述是：深陷的双眼表明此人思想的深度，突出的下巴表明此人在认识道路上克服困难的意志……对同一个人的评价，仅仅因为先前得到的关于此人身份的提示不同，得到的描述竟然有如此戏剧性的差距，可见心理定势对人们认识过程的巨大影响。

心理定势存在于人们的各种心理活动中，每个人都不可避免地存在着。它的成因与知觉时的理解性有关。在知觉当前事物时，人们总是根据以往经验来理解它，当用某种思维方式解决问题并获得了成功时，则为随后要知觉的对象做好准备。另外，它的成因还和自己的感情期待有关。我们平常听说的“用老眼光看人”、“先入为主”等那是思维定势。

在改变一个人的心理定势的时候，还是要做好第一印象，给人以先入为主的好的感觉，让人们在旅游时就能感到放心和温暖，人的心理戒备就会大大放松，这样就方便我们进一步开展工作。再者要加强旅游地和旅行社的宣传，强调出去能给人们带来什么好处，旅行社能帮旅客规避风险，给旅客一种心理的安心，同时在旅游者出游的过程中，力争给每个旅客愉快的旅途，这样产生好的心理定势，通过有经验的旅客的有利传播，一个人能带动他身边的一群人参与到旅游活动中来。

四、刻板印象

刻板印象也叫"定型化效应"，是指个人受社会影响而对某些人或事持稳定不变的看法。刻板印象不是针对个体的印象，而是对群体的印象。例如，上海人精明干练、北京人大气善侃、广州人务实拼搏、成都人悠闲细致，这些都是对生活在同一地域或文化背景中的人表现出的相似性加以概括，并固定下来形成的刻板印象。

刻板印象一方面有助于人们对众多的人的特征作概括了解，因为任何一类人都会有一些共同特征，运用这些共同特征去观察每一类人中的个别人，有时确实是知觉别人的一条有效途径。比如，美国人民主、活跃、比较开放和自由；日本人尚武、自律，善于模仿、吸收他人长处；英国人保守、严肃、善于外交，绅士风度；法国人浪漫、乐观、喜好艺术，喜欢与人交谈；德国人严谨、勤劳、时间观念强，有进取精神。但是，另一方面，刻板印象具有明显的局限性，能使对人的知觉产生偏差。因为每类人中的每个人的具体情况不尽相同，而每类人的情况也会随着社会条件的变化而变化。如国外旅游业者对中国游客的评语大多依据从 20 世纪 90 年代中就开始出现的一批又一批的旅游团。中国游客给外界的刻板印象包括：不成熟、贪便宜和表面化的旅游配套、购物狂、不礼貌、不尊重异国文化和风俗、缺乏和当地人沟通、过于依赖导游等。但是这些年来随着中国经济和文化的发展，这种现象越来越少。因此，在旅游工作中，知觉来自不同国家和地区的游客时，除了了解他们的共同特征之外，还应当注意不受到刻板印象的影响，进行具体的观察和了解，并且注意纠正错误的、过时的旧观念，长期的坚持就会让人形成一种好的刻板效应。

任务三 掌握旅游知觉

任务介绍

介绍旅游知觉；

介绍旅游知觉的影响因素；

介绍旅游者对旅游条件的知觉。

任务分析

旅游的主体是旅游者，也就是说只有把潜在的旅游者变成真正的旅游者，旅游企业才会获得最大的利益。论述旅游知觉在旅游业中的应用，主要还是从旅游知觉的构成上看，只要系统的研究构成旅游知觉的各个组成要素，针对不同群体的各种旅游知觉开发对应的旅游产品，就能吸纳更多的人，获得最大效益。

任务引入

外国人看中国：老外透露黄山最吸引人的地方

黄山以其冠绝天下的风景和适宜的气候吸引着中外游人慕名而来。2010 年的"十一"，到安徽黄山风景区旅游的境外人士呈增长趋势。

10 月 3 日，在黄山风景区排云亭偶然遇到一对来自芬兰的游客在交谈，随行的外语导游根据平常国人的习惯询问他们是否第一次到中国、来黄山，都到过哪些地方。这对游客得意地报告导游，他们已经是第 6 次到中国了，第 3 次来黄山了，算下来从 2008 年奥运会之际第一次到中国以来平均每年到中国的次数都要在两三次左右，而且每次在中国黄山停顿的时间都不太短，三年之中他们到过了包括黄山在内的不少中国风景名胜区，唯独钟情于"徽之黄山"。

我示意同行导游问他们，是什么缘故让他们这么喜好到黄山来。听了导游的询问后，这对芬兰游客笑着对视了一下，你一言我一语地倾诉了起来。

听导游讲，得知那位女士说，中国黄山丰富的天然与人文景观是吸引他们经常来的原由，本来就对东方古国弥漫着好奇与敬慕，"黄山山好，水好，气候宜人，适宜户外旅游"，咱想他们大抵在黄山找到了空想中"神奇天然风景与古韵人文文化"的最佳联合地。

导游又增补讲，那位女士又加重语气说道，另有一点便是中国是一个稳定的国家，黄山人民风淳朴、热情好客，在中国黄山旅行根本不用担心安全问题，这也是其他许多国家所不具备的优势。听了导游的话后，我想他们道出了许多来华境外游客的同感。

黄山是中国同时拥有天下文化遗产、天下自然遗产和天下地质公园"三顶桂冠"的风景区。它集天下名山之大成，以奇松、怪石、云海、温泉和冬雪"五绝"驰名天下，以遗存、书画、文学、传说和名流"五胜"文化形态概括着徽之黄山的厚重人文。中国自古流传的"五岳返来不看山，黄山返来不看岳"赞语。

（资料来源：http：//www. hsfyzzy. com）

任务实施

旅游知觉是直接作用于旅游者感觉器官的旅游刺激情境的整体属性在人脑中的反映。当我们到达一个旅游景点，看到的不仅是形状，还有声音，颜色，气味等等，认识到这是海边的岛屿，那是椰子树林。都是一个整体的旅游知觉，而不是支离破碎的感觉印象。所以，要研究旅游知觉的影响因素，更好地开发旅游产品，就首先要通过实现旅游知觉来满足旅游者的需要。

一、影响旅游知觉的因素

旅游知觉是旅游者对旅游刺激物的感知过程，必然受到旅游对象和旅游者的因素的影响。影响旅游知觉的因素包括客观因素和主观因素两种。

（一）客观因素

1. 旅游对象的新奇独特性

旅游对象的新奇独特性是引起旅游者好奇心的直接因素，特别是前所未见、未听的旅游景点，更会吸引游客前来。目前，求新求异的个性化旅游消费很受国内高端游客的欢迎，所以国内很多旅行社更加注重旅游线路的新颖性和体验性，所以，一些以探寻历史遗迹、深入当地文化、享受独特视野为卖点的“深度游”产品，更能吸引游客。

2. 对象与背景的差异性

旅游者的旅游过程，是不停地进行旅游知觉的过程，在此过程中，不同类型的旅游者根据自己的文化背景、个人喜好等因素而选择不同的旅游对象作为自己的知觉对象。例如：有的人寻觅文人墨宝，有的人观赏自然风光、有的人考究古居民宅、有的人喜欢风土人情。即使是在同一个旅游景点，不同的旅游者通过个人的知觉选择，都会选择出不同的旅游对象。

3. 旅游对象的活动性

在相对静止的背景下，运动变化的旅游刺激物容易被旅游者知觉，比如原野中奔驰的火车，山间流水飞瀑，树林中跳跃的松鼠，会场中走动着的一个人，山顶上飘扬的一面红旗，花间飞舞着的彩蝶，幽林深处的鸟鸣，万头攒动的人流等，都是容易成为知觉的对象。

4. 旅游对象的组合

根据旅游知觉的相近原则，人们自然把两个或两个以上接近的旅游景点，容易知觉为一个整体，如苏州和无锡，如北戴河和山海关常常作为一条旅游线路或者一个观光区。

根据旅游知觉的相似原则，如在旅游景点中，尽管北京、西安、南京各有独特之处，但对许多人来说，仍然把他们知觉为古都游的首选之地。同样，有不少人常把日本人、朝鲜人、中国人混为一谈，是因为这些人在外貌上比较相似。

5. 反复提示的对象

目前，旅游景区常常在网络、电视、报纸等媒体上积极做广告宣传。由于信息反复出现，就会使人们对该景区产生深刻的知觉印象。

而在旅游观光中，导游的反复提示会让旅游知觉的形成产生深刻而迅速的影响，使得旅游者马上了解旅游对象的特点。

（二）主观因素

知觉不仅受到客观因素的影响，也受到知觉者自身主观因素的影响。这里所指的主观因素也就是心理方面的因素。在日常生活和旅游活动中我们常见到不同的人感知同一个对象，所产生的结果是不完全相同的。一般地说，影响人的知觉的主观因素有以下几个方面。

1. 兴趣

旅游者的偏好是影响出游的关键，旅游者由于性别、年龄、气质、职业、文化水平等本质差异而有不同的兴趣爱好，反映在旅游上也有不同的旅游偏好，于是有了不同的旅游选择。青年人喜欢刺激性、参与性的旅游项目，一些自助旅游、生态旅游大受欢迎；老年人更喜欢一些温和的观光活动；历史爱好者大多喜欢历史名城和文化古迹；喜欢宗教的人则会去宗教圣地朝拜；喜欢大自然的旅游者往往对高山大海感兴趣。

2. 需要和动机

需要和动机在很大程度上决定了人们的知觉选择。凡是能够满足旅游需要、激发旅游动机的事物都能够直接成为知觉对象。比如，有的人外出旅游的目的是为了显示自己的社会地位，那么他们对那些能象征着社会地位的目的地、游览方式就非常关注。有的人外出目的是为了彻底放松自己，那么他们就会去选择温泉等安静放松的目的地。

3. 经验

经验影响知觉的选择。人们会对自己经验过的事物给予优先注意。例如，一个旅游者和一个植物学家，他们在森林里所看到的内容是不同的，旅游者看到的是它的自然风光美丽旖旎，而植物学家看到的是当地气候、环境条件和植物的种类，这种不同的选择是受他们不同经验的影响结果。平时讲的“仁者见仁、智者见智”就包含这方面的道理。在旅游中，如果没有对旅游点的经验和知识，观察可能是简单的、表面的、笼统的，当导游作了适当的讲解，旅游者就会观察得更加全面和深刻。

4. 情绪

人在任何活动中都会产生一定的情绪状态，而情绪状态又成为活动的积极或消极的影响因素。人们对事物的知觉亦受情绪的较大影响，人在情绪愉快时，会产生积极、愉快的旅游知觉，情绪不愉快时会产生消极、困难的旅游知觉。愉快时觉得风景更美，时间过得快，知觉较深，容易保持；不愉快时，会觉得美丽的风景黯然失色，时间过得也慢，对象不容易引起深刻的知觉。

5. 阶层

生活在社会中的人，处于不同的社会阶层。不同阶层的人有着不同的价值观、行为标准、生活方式。社会上层人士多选择象征优越社会地位、代表经济实力的旅游项目；中层阶层的人，通常主张文化内涵和教育意义的旅游产品与服务，对出国旅游也很感兴趣；下层阶层的人，往往对长途旅游缺乏兴趣，通常选择离家较近的旅游目的地，开支也不至于太大。

二、旅游者对旅游时间的知觉

时间知觉是个体对客观现象的延续性和顺序性的反映，即对事物运动过程的先后和长短的知觉。时间知觉也是人对客观世界的主观映像，它主要受到活动的内容、情绪和态度等主观因素的影响。游客对旅游时间的知觉有以下几个特点。

1. 旅途要快

由于现代生活节奏加快，导致时间更紧张，在人们收入增加、工作效率提高的心理压力下，旅途过程本身枯燥乏味，被认为是无太大意义的。同时现代人外出旅游主要是利用传统的节假日和带薪假期，如每年的“五一”、“十一”、“春节”都是我国的旅游黄金周，这些闲暇时间都是有限制的，所以人们在外出旅游时，总要设法缩短枯燥的旅行时间，采用最有效、迅捷的交通工具来节省时间，留出时间在游览过程中。正因为如此，我们常见到人们在旅游时喜欢乘飞机而不愿意乘火车，愿意乘快车而不愿意乘慢车，愿意乘直达车而不愿意中途多次转车，哪怕多花费交通费。

这些年，我国铁路交通系统多次大面积提高火车的运行速度，动车组开行时速达到200km/h速度，京津线创造了时速394.3公里的纪录，京沪高铁最高运行速度可达350公里，5个小时左右可以连接京沪两地。此类措施的目的在于增强火车的竞争优势。满足人们"旅行要快"的知觉要求。

作为旅游工作者，一方面要优化旅游线路，提供给游客安全快速舒适的旅游交通工具，办理必要乘坐手续和候机（车）时间都不可太长，让游客感觉很快能够到达目的地；另一方面在旅途中可以提供一些游客感兴趣的讲解，设计一些有趣的游戏或者活动，以缓解游客对于路途时间的关注程度。

2. 游览要慢

旅途是过程，游览是目的。到达旅游目的地后，整个浏览过程时间要充足，游客外出旅游的真正目的在于游览风景名胜、历史古迹，领略旅游地的风土人情，这就是所谓的"一饱眼福"。

因此，在游览过程中旅游者总是希望在有限的时间里多看一些景点，并希望能够细细观察，有丰富的内容供自己享用；而旅游组织者要依据客人的需要，多提供一些新颖的形式，提供食、住、行、游、购、娱一条龙服务，变单一的观光产品为集观光、休闲、参与、度假等产品并举的多元化产品，从而尽量延长消费者在旅游目的地的停留时间。

例如，辽宁丹东打造全国最佳休闲旅游城市，积极依托鸭绿江资源，加快虎山长城景区改造项目，完成大孤山、大鹿岛两个景区的规划和建设，开发投资江上游船、自驾游露营地等游乐项目，开发边境登岸游项目，实现鸭绿江大道观朝鲜、游船看朝鲜、一步跨朝鲜等，丰富丹东旅游线路，开拓外地客源市场。打造特色餐馆、购物店，让游客在饱览风光的同时，也能尽享丹东风土人情，让游客在丹东享受最佳的食住行、游购娱一条龙服务，让游客到此满载而归。

3. 活动准时

旅游者搭乘交通工具过程中最担心的问题就是安全和准时这两个问题。在保证安全的情况下，交通工具能否准时、饭店的服务是否周全就显得非常重要。因为首先，游客活动不准时就会超时，超时会造成不良后果。其次，旅游活动的安排是按计划进行的，倘若有一次活动不能准时，就会导致计划不能顺利实现，旅游活动内容将要重新调整，甚至有时还要压缩或减少其他旅游项目，这都是游客们所不愿意看到的。例如，如果游客约好酒店退房时间，结果迟到，可能造成离开下榻饭店前结账不及时，就会错过预订的航班延误整个行程；飞机不能准时起飞或临时取消航班，都容易造成乘客的不满，引起纠纷投诉，直接影响信誉。

三、旅游者对旅游距离的知觉

在人们选择旅游地同时，还要考虑从居住地到旅游点的距离。

1. 距离对旅游心理的阻止作用

所有的旅客都知道，旅游是要付出代价的，代价包括时间、金钱、体力和情感等。旅游距离越远，付出的代价越大，期望值越高。如果游客在旅游中得到不了足够的利益补偿这些代价，那么就会有得不偿失的感觉产生。所以往往使一部分游客产生畏惧的心理。正是因为如此，远距离旅游者少于近距离旅游者，国外旅游者少于国内旅游者。

2. 距离对旅游心理的吸引作用

俗话说“熟悉的地方没有风景”，人们往往对远距离的风土人情、特色地貌产生向往之心。远距离的目的地则无形中有一种特殊的吸引力，能使游客产生一种神秘感。此外，从心理学的角度看，远距离会使人产生一种朦胧感，给人以更广阔的想象空间。正是由于这种神秘感和距离美，往往对旅游者具有特殊的吸引力，激励人们花费金钱、时间、体力等前往远距离的地方旅游，使距离产生一种对抗力。

3. 距离在旅游知觉中的曲解

人们对于所居住和旅游的这个世界的地理位置，往往会产生知觉上的失真或曲解现象。由于旅游者对生活方式、文化和气候的知觉上存在很大的差异，离某地较远的目的地往往被看做与其实际距离不相符。

四、旅游者对旅游地的知觉

对旅游地的知觉是指人们在前往某一旅游地之前对该目的地的知觉，也包括对亲眼所见并身临其境的旅游目的地的知觉。前者的知觉结果影响人们对目的地的选择，后者的知觉结果则影响人们的消费行为和后续行为。人们外出旅游首先要选择最大程度满足其需要和兴趣的旅游地。虽然大多数人在日常生活中都能得到关于某旅游地的信息，但由于内容较少且缺乏一定的感性认识，所以仅仅凭这种被动知觉是远远不够的。人们一旦决定外出旅游，他就会主动收集各种信息进行分析、评价和判断，选定具体的旅游目的地。当然，由于兴趣和需要的不同，人们会关注于不同的旅游地、选择不同的旅游目标。

从旅游业角度讲，为了使自己所经营的旅游目的地能在人们心目中形成一个良好的知觉形象，必须要通过广泛的调查研究，了解自己所经营的旅游目的地在人们心目中究竟是一个什么样的形象。而不能自己以为它是一个什么样的旅游地，人们就会把它知觉为一个什么样的旅游地。在调查了解中，应同时了解与该目的地相竞争的其他同类旅游目的地在人们心目中的形象，了解人们是按照什么样的决策标准，在不同的旅游目的地的对比中对这些目的地进行评价的。然后，在此基础上，依据心理学所揭示的人的知觉规律，有针对性地开展主题鲜明、形式多样的宣传、公关工作，使人们对自己所经营的旅游目的地的知觉变得完全符合或更加接近于人们为自己制定的旅游决策标准。

在旅游过程中，旅游者对旅游区的知觉取决以下几个方面：首先，旅游景观必须具备独特性和观赏性，当今的旅游市场上存在着大量的具有相似性和可替代性的旅游产品，旅游企业已逐渐认识到必须为自己找到一个差异化的卖点，为自己塑造一个独立的品牌形象，这样才能把旅游景观的吸引力和旅游者的需要结合起来。其次，旅游设施必须安全、方便、舒适。在标准化的同时，注意特异性。最后，旅游服务必须礼貌、周到、诚实、公平。

目前我国非常重视入境旅游者满意度调查，以此来不断调整旅游服务质量，提高良好的旅游知觉。据 2011 年第四季度调查显示，入境游客满意度为 88.11，全年处于 85.09 的“比较满意”水平，略低于 2010 年的 86.77。入境游客对娱乐、景点、住宿、旅行社服务、交通的满意度相对较高，而对购物、餐饮、价格、旅游公共服务的满意度相对较低，与国内游客的评价基本一致。调查口岸城市的全年入境游客满意度从高到低依次是：北京、上海、沈阳、成都、西安、广州、重庆。从入境客源地看，远程游客的满意度较高，近程及周边客源地的游客满意度较低，满意度前五位是哈萨克斯坦、澳大利亚、加拿大、美国、英国。

（一）对旅游景点的知觉

游客对旅游景点的知觉是游客整个旅游活动的核心部分。旅游景点必须具备独特性和观赏性，这样才能把旅游景观的吸引力和游客的需要结合起来。旅游景点影响游客知觉的因素有：旅游景点是否独特；气候是否宜人；交通是否便利；服务是否周到。

前几年，随着我国旅游事业的高速发展，各地的人造景观建设风起云涌，高潮迭起。不少地方不惜投入巨资，圈地建城，修园建宫，盲目建设。许多项目重复雷同，缺乏新意，以至刚刚建成，就昙花一现，门可罗雀。归咎原因为这些景点本身缺乏内涵，不具备独特性，游客见多识广，旅游品位越来越高，对缺乏文化含量和观赏价值的人造景点怀有抵制心理，形成了巨大的投资失误。

除了旅游景点具备独特性之外，旅游交通是各地旅游业发展的首要条件，交通的便利与否不仅影响旅游者知觉与决策，也关系到旅游资源的开发。

景区景点让人流连忘返，但景区景点内较差的服务态度仍然会使人们对当地的知觉大打折扣，甚至留下极其恶劣的印象，影响后续发展力，因此需要重视旅游景点的硬件和软件的建设，才能提高旅游者的知觉。

（二）对旅游设施的知觉

旅游设施包括住宿、餐饮、购物、娱乐体育设施等专业设施和交通、通信等基础设施。旅游设施是为旅游者的需要而存在的，是旅游活动顺利进行的必要物质条件。游客关于旅游设施的知觉对他们的旅游行为会产生很大影响。旅游设施作用于人，从而使人产生以下的知觉活动：

（1）视知觉方面——旅游设施的形状、结构、材料、光亮度等方面的科学组合会给游客舒适的知觉。

（2）听知觉方面——不同的声音能产生不同的环境氛围，从而给游客以不同的心理感受。

（3）嗅知觉方面——游客外出旅游时普遍都具有卫生的需要，旅游设施应在气味上避免给游客以不适感。

（4）温度知觉方面——虽然人们对温度的知觉会随着气候条件的变化而有所不同，但一般而言，游客感觉最舒适的温度在摄氏 20 度左右。

（5）空间知觉方面——旅游设施要注意空间的合理使用。

五、旅游者对旅游风险的知觉

在知觉研究中，一个比较有代表性的理论就是减少风险论。这种理论指的是在旅游活动中，旅游者经常会遇到各种风险。为此，他们必须采取各种措施，来消除或减少所遇到的风险。

实践证明，任何旅游决策都包含有风险和不可知因素。这些风险常会带来预想不到的后果，令旅游者感觉不愉快。旅游者风险知觉分为以下几种：

（一）旅游风险知觉的种类

1. 功能风险

功能风险涉及旅游产品的质量和旅游业服务优劣问题。当旅游者购买的旅游产品和享受的服务不能像预想的那样令人满意时就存在功能风险，如交通工具中途故障，旅馆房间设备损毁等。

2. 心理风险

心理风险是指旅游产品和服务是否能增强人们的幸福感受、丰富他的自我形象、或改进别人对他的看法等。如果该旅游提供的产品和服务能够让他获得最大的心理满足，也得到周边群体的认可，那么旅游者就觉得心理风险变小。

3. 资金风险

游客花费了较多的金钱是否会购买到较好的旅游产品和享受到优质的服务，这种风险知觉就是资金风险。比如，花了昂贵的钱是否住到了同等规格的酒店，享受到不一样的优质服务。

4. 社会风险

游客购买了某种旅游产品或享受某种服务是否会降低游客的自身形象，这种风险知觉就是社会风险。比如购买该产品会影响旅游者在周围人中的形象，家人或者同事认同与否这次购买行为，这个产品是否符合自己的身份和地位等。

5. 时间风险

时间风险是指在旅游活动过程中，能否在预定时间内完成旅游活动。确保在计划时间内完成预定旅游活动是旅游组织成败的衡量标准之一。比如飞机会不会准点到达，预订住房能不能及时腾出来，观光景点能不能准时入内参观等。

6. 安全风险

安全风险是指游客所购买的产品或服务是否会危害自身的健康和安全的风险。游客在整个旅游活动中经常会注意到是否存在这样的风险。比如乘坐的飞机会不会出事，当地治安控制是否好，景点设施是否安全可靠，食用的东西是否卫生等。

（二）旅游风险知觉产生的原因

在旅游活动中，游客对风险的知觉却各不相同，这取决于很多因素。首先，游客个体具有不同的文化层次、智力水平和经济能力，在同一情况下他们就会知觉到不同的风险水平。其次，游客购买的旅游产品或服务的种类影响到旅游风险的知觉。

旅游风险的知觉虽然会影响人们的旅游决策，但需要指出的是，游客知觉到的风险并不等于实际存在的风险。实际风险再大，如果游客觉察不到，也不会影响他们的旅游决策。

游客或潜在的游客常常在下列情况下会知觉到风险：一是旅游目标不明确；二是缺乏旅游消费经验；三是旅游信息不充分；四是相关群体的影响；五是旅游产品推

销员的影响。

（三）旅游风险知觉的消除

为保证旅游活动能更好地进行，游客可从以下几个方面采取措施来消除旅游风险。常见的方法有：

1. 广泛搜集更多的旅游信息，进行认真比较衡量

游客用以减少购买旅游产品或享受服务时觉察到的风险最普遍的方法是获取信息。一般而言，旅游者获取的信息越多、越全面、越可靠，游客在购买时感觉到的风险就越少。所以作为旅游企业，需要积极提供旅游产品信息。

2. 购买名牌旅游产品享受优质服务

在现实生活中，人们往往是根据对商标或品牌声誉和对名牌产品的认可来作出购买决策的。由于对旅游产品不熟悉，人们往往选择著名的旅游品牌，因为品牌旅游产品可以给游客优质产品的享受和特殊的心理效用，以减少风险。因此，旅游企业需要有保持长期的良好信誉，树立品牌的意识。旅游品牌就是对旅游产品优质的保证，一旦成为名牌，游客就会认牌购买，旅游市场和游客对其旅游产品的认可，给企业带来巨大的经济效益。

3. 降低对旅游产品或服务的期望

在一般情况下，人们对旅游产品或服务寄予较低的期望，从而在心理上能得到更多一些满足。在购买旅游产品或享受服务时，人们总把产品或服务加以主观理想化，对产品或服务充满幻想。但这种想象，往往和现实未必完全吻合，风险就会加大。为此，作为旅游工作者要实事求是传递旅游信息给游客，不要夸大其词，作为旅游者也要适度降低期望值。

归纳总结

本项目通过任务的引入主要介绍了旅游者感觉、知觉相关基础知识，以及旅游者对各旅游条件的知觉，并对旅游活动中的社会知觉进行讲解。

练习与实训

1. 什么是旅游的感觉和知觉？
2. 旅游知觉的特性有哪些？
3. 举例说明影响旅游知觉的因素有哪些。
4. 举例说明旅游者对旅游条件的知觉。

拓展阅读

一、顾客等待心理十条原则

对顾客等待心理的实验主义研究（Empirical Research）最早可以追溯到1955年。其中，David Maister在1984年对排队心理作了比较全面的总结和研究，他提出了被广泛认可和采用的顾客等待心理八条原则：

1. 无所事事的等待比有事可干的等待感觉要长；
2. 过程前、过程后的等待的时间比过程中等待的时间感觉要长；
3. 焦虑使等待看起来比实际时间更长；
4. 不确定的等待比已知的、有限的等待时间更长；
5. 没有说明理由的等待比说明了理由的等待时间更长；
6. 不公平的等待比平等的等待时间要长；
7. 服务的价值越高，人们愿意等待的时间就越长；
8. 单个人等待比许多人一起等待感觉时间要长。

另外，在此基础上 M. Davis 及 J. Heineke 在 1994 年和 P. Jones 及 E. Peppiatt 在 1996 年分别对顾客排队等待心理理论作出了两条补充：

1. 令人身体不舒适的等待比舒适的等待感觉时间要长；
2. 熟悉的等待比不熟悉的等待时间要长。

总的来说，这十条原则可以作为实施认知管理的理论依据。旅游者的满意度取决于旅游者的认知和旅游者预期之间的关系。当旅游者对现实情况的认知大于或等于原来的心理预期，旅游者就会满意。因此，企业如果能通过采取措施来对旅游者等待的认知产生正面影响，以超过或满足旅游者原来的预期，这样目的就达到了。

二、好客山东：主人的款待与客人的感知

关注游客感知是大众旅游发展阶段的必然要求，也是好客山东品牌的深化方向。

从山东的青岛和济南两个样本城市来看，山东的游客满意度水平是不错的。“好客山东”品牌和贺年会、休闲汇两大系列活动都体现了山东人对游客的殷勤款待之意。对此，市场通过到访游客的持续增长也给予肯定的回应。但是，能够感知并接受的品质是游客最需要的，如同民众走亲戚一样，从来都是考虑客人感受的。旅游目的地接待体系也是一样，从客随主便的“好客”到宾至如归的“客好”，给予和接受的关系被重新定位。“好客山东”品牌以及与之相适应的接待体系已经做得很好了，下一步需要更多地从游客的视角出发，在客人的感知与接受方面下工夫，让客人感觉到像到家了那样轻松自然，而不是礼仪或者是表演式接待。

孔子曰：己所不欲，勿施于人。从日常生活的角度去理解“好客山东”中的“好客”两字，就不是越热情、越隆重越好，自然、适度、融入和参与是较高的境界。这就需要在科学研究目标市场消费偏好的基础上，弄清楚客人的生活习惯，让他们在这里生活得像在家里一样。在此基础上再发挥好客的秉性与热情，尽其所能提供给游客所需要的。知客是好客的基础，客好是好客的目标。

旅游是绕不开文化的。孔孟为代表的儒家思想是山东、也是中国文化的源头，也是多少代山东人民最引以为荣的文化遗产。可是，我们从来没有想过：文化太高大了，有时候会给游客造成莫名的压力。旅游有社会教育的功能，可首先是轻松、自在、开心的生活。如同小孩子去春游，有感而发，诗文言志是自然而然的事情。桃李不言，下自成蹊。如果老想着回去写一篇好的作文去获奖，就会写也写不好，玩也玩不好。过去山东人的饮食文化是大碗喝酒大口吃肉，很多温婉的南方人本来是带着探究和体验这种豪爽的兴趣而来，如果主人在热情好客的同时不经意地来这么一句：南方人一碗米饭我们一

口就吃完了，或者指着泉城广场上的十二雕像说，看！这些圣贤之人，只有山东才有！这给客人带来的压力不言自明。良好的待客之道还在于对不同地区、不同文明、不同生活方式自觉地宽容与包纳。游客满意度调查工作就是围绕好客的中心思想，通过合理科学的调查设计向前端触摸到客人最细微的需求，即知客；向后端通过科学系统的分析提供行之有效的政策建议，以提升游客的满意度达到好客的目标。

（资料来源：http：//tour. dzwww. com/lvnews/201202/t20120220_6938117. htm）

项目五

旅游者的情绪情感

人在生活中，随时随地都会发生情绪、情感的起伏变化，“人非草木，孰能无情”，说的就是人有喜怒哀乐。了解情绪、情感相关知识，进而运用情绪、情感原理对旅游者的情绪、情感及其对旅游者行为的影响进行研究，才能弄清影响旅游者情绪、情感的因素，激发、调控旅游者的情绪与情感。

任务一 了解旅游者的情绪和情感
任务二 掌握旅游者情绪情感的激发与控制

任务一 了解旅游者的情绪和情感

任务介绍

介绍情绪和情感；
介绍情绪和情感的类型。

任务分析

情绪和情感是人类心理活动的重要方面，它伴随着认知过程而产生并对认知过程产生重大影响，也是人对客观现实的一种反映形式。那么什么是情绪和情感，情绪与情感有何特点，如何调控？这是本任务要讨论的主要问题。

任务引入

一位日本客商住进了青岛的蓝国宾馆。一会儿，饭店客房部接到这位日本客商从房内打来的电话，要求派人去房间，有事相烦。服务员陈惠娟被派前往。小陈来到客人门前，轻轻敲门，只听客人大喊一声：“进来!”小陈轻轻推开房门，刚打开房门，一卷卫生纸突然朝她的脸上飞来，打个正着，把小陈打蒙了。定睛一看，日商怒容满面，像只好斗的公鸡。原来他刚跨进卫生间，发现卫生纸只半卷，顿觉受了慢待，便大发脾气。

小陈捡起卫生纸，心想这是清洁员粗心造成，忙向客人道歉：“对不起先生，是我们工作失误。”小陈回到工作间，想着自己所受的委屈，泪水不禁夺眶而出。但她很快冷静下来，一手拿着一卷完整的卫生纸，一手捧着一盆鲜花，带着笑容重新跨进那日本客商的房间，将鲜花与卫生纸分别安放妥当，转身走出了房间。原来小陈考虑再三，认定客人发火事出有因。有错的首先是饭店，清洁员不该疏忽，将用过的半卷卫生纸留给新到的客人使用。

后来，那位日本客商自知有错，递向饭店总经理正式道歉，对服务员良好服务态度给予高度评价，并拿出美金若干，诚恳地请总经理为服务员发委屈奖，同时，决定在饭店住下，成了一名长住户。

请同学们分析，服务员小陈面对比较挑剔的客人，是如何控制自己的情感的。

任务实施

一、情绪和情感的定义

人的一切活动都打上了情绪的印记，有时情绪像是调色板，把人的生活涂上各种各样的色彩；有时情绪又像催化剂，使人的活动加快进行或者减速进行。所以我们需要积极的、快乐的情绪，它是获得幸福与成功的动力，使人充满生机；当然人也会体验焦虑、悲痛等消极的情绪，它使人心灰意冷，沮丧消沉，如果不及时妥善处理，还可能影响到身心健康。从古到今，人们为此感叹，也为此迷惑，不断提出一个古老又常新的问题：情绪、情感究竟是什么？

（一）定义

关于情绪的定义，历史一直存在众多的争论。人们通常以愤怒、悲伤、恐惧、快乐、爱、惊讶、厌恶、羞耻等反应来说明情绪。中国人常说的喜、怒、哀、惧、爱、恶、欲七情，被称作情绪（emotion）。

心理学研究表明，情绪总是同人的需要和动机有着密切的关系，当客观事物符合人的需要时，人就产生愉快、喜悦、满意、兴奋等情绪体验；当客观事物不符合人的需要时，人就产生烦恼、痛苦、伤心、愤怒等情绪体验。由于人在情绪状态下，对情绪所引起的生理行为变化难以控制，因此，情绪对人的生活影响非常大。并且，由于个体的需要千差万别，因此，个体的情绪表现也是各不相同。

由此，对于情绪和情感的定义，是指人对客观事物是否符合自己的需要所产生的态度体验。

（二）情绪和情感的关系

情绪或情感，往往指的是同一过程、同一现象所侧重的不同方面。情绪代表着感情性反映的过程。无论在动物或人类，感情性反映的发生都是脑的活动过程，或个体需要的特定反映模式的发生过程。情感经常被用来描述具有稳定而深刻社会含义的高级感情。它所代表的感情内容，诸如对祖国的尊严感，对事业的热爱，对美的欣赏时，所指的感情内容指对这些事物的社会意义在感情上的体验。

心理学对感情性反映的研究，侧重在它们的发生、发展的过程和规律，因此较多使用情绪这一概念。情绪和情感作为一个统一的心理过程，但从产生的基础和特征表现上来看，二者有所区别又有联系。

首先，情绪出现较早，多与人的生理性需要相联系；情感出现较晚，多与人的社会性需要相联系。婴儿一生下来，就有哭、笑等情绪表现，而且多与食物、水、温暖、困倦等生理性需要相关；情感是在幼儿时期，随着心智的成熟和社会认知的发展而产生的，多与求知、交往、艺术陶冶、人生追求等社会性需要有关。因此，情绪是人和动物共有的，但只有人才会有情感。

其次，情绪具有情境性和暂时性；情感则具有深刻性和稳定性。情绪常由身旁的事物所引起，又常随着场合的改变和人、事的转换而变化。所以，情绪表现常会喜怒无常，很难持久。情感可以说是在多次情绪体验的基础上形成的稳定的态度体验，如对一个人的爱和尊敬，可能是一生不变的。因为如此，情感特征常被作为人的个性和道德品质评价的重要方面。

最后，情绪具有冲动性和明显的外部表现；情感则比较内隐。人在情绪左右下常常不能自控，高兴时手舞足蹈，郁闷时垂头丧气，愤怒时又暴跳如雷。情感更多的是内心的体验，深沉而且久远，不轻易流露出来。

情绪和情感虽然不尽相同，但却是不可分割的。因此，人们时常把情绪和情感通用。一般来说，情感是在多次情绪体验的基础上形成的，并通过情绪表现出来；反过来，情绪的表现和变化又受已形成的情感的制约。当人们干一件工作的时候，总是体验到轻松、愉快，时间长了，就会爱上这一行；反过来，在他们对工作建立起深厚的感情之后，会因工作的出色完成而欣喜，也会因为工作中的疏漏而伤心。由此，情绪是情感的基础和外部表现，情感是情绪的深化和本质内容。

（三）情绪情感的机体变化

情绪和情感是在大脑皮层支配下，皮层和皮层下神经过程协同作用的结果。

1. 情绪的生理变化

在不同的情绪状态下，人生理上的心律、血压、呼吸以及人的内分泌、消化系统等，都会发生相应的变化。例如，人在焦虑状态下，会感到呼吸急促、心跳加快；人在恐惧状态下，则会出现身体颤栗、瞳孔放大；而在愤怒状态下，则会出现汗腺的分泌增加、面红耳赤等生理特征。以呼吸系统为例，在不同的情绪状态下，呼吸的频率乃至于呼气和吸气的比例都会产生明显变化；在悲痛时，每分钟呼吸 9 次，高兴时 17 次，积极动脑筋时 20 次，愤怒时 40 次，恐惧时竟达 64 次。因此，情绪状态下的这些变化都是受人的自主神经支配的，是不由人的意识所控制的。例如，当我们遇到考试失利、情感挫折、学习上的压力时，不可避免地会出现一些情绪上的反应，即使你再不愿意，甚至失去控制，情绪也会出现。由于情绪的这种独特的生理特性，情绪也就与一个人的健康发生密切关系。我国古代就有“喜伤心”、“怒伤肝”、“忧伤气”、“思伤脾”、“悲伤肺”、“恐伤肾”、“惊伤胆”之说，现代医学更是明确地提出了身心疾病的概念。

2. 情绪的外部表现

情绪不仅体现为生理上的反应和内心的体验，而且伴随一些相应的外部表现形式，这是一种独特的情绪语言。情感的外部表现又称为表情。人的表情丰富多彩，主要有以面部表情、声音表情和言语表情等外在形式表现出来。

（1）面部表情

人的面部表情最为丰富，它是通过眼部肌肉、颜面肌肉和口部肌肉来表现人的各种情绪状态。不同的情绪会产生不同的面部表情。由于面部表情能精细、准确地反映人的情绪，它是人类表达情绪最主要的一种表情动作。美国心理学家伊扎德将人们面部分为额眉—鼻根区、眼—鼻颊区、口唇，认为这三个区域的活动构成了不同的面部表情，表达着相应的情绪。比如，人愉快时，额眉—鼻根区放松，眉毛下降；眼—鼻颊区眼睛眯小，面颊上提，鼻面扩张；口唇—下巴区嘴角后收、上翘。这三个区域的肌肉运动组合起来就构成了笑的面部表情，惊奇时眼和嘴张大，悲哀时双眉和嘴角下垂。眼睛是心灵的窗户，各种眼神可以表达人的各种不同的情绪和情感。例如，高兴时“眉开眼笑”，悲伤时“两眼无光”，气愤时“怒目而视”，恐惧时“目瞪口呆”等等。眼睛不仅能传情，而且可以交流思想，因而观察他人的眼神，可以了解他人的内心愿望，推知人们对事物的态度。眉毛的变化也表现出不同的情绪状态，如展眉欢欣，皱眉愁苦，扬眉得意，低眉慈悲，横眉冷对，竖眉愤怒等。口部肌肉同样是表现情绪的主要线索，例如嘴角上提为笑，下挂为气，憎恨时“咬牙切齿”、恐惧时“张口结舌”。就连表情肌肉有所退化的鼻子和耳朵也能表达不同的心态，如轻蔑时耸鼻，恐惧时屏息，愤怒时张鼻，人羞愧时“面红耳赤”等。据心理学家埃克曼研究，人的面部表情是由七千多块肌肉控制的，这些肌肉的不同组合使其能同时表达两种情绪。所以，人的面部表情是丰富多彩的（见图5－1）。

1 愉快　2 愤怒　3 惊奇　4 悲哀　5 厌恶　6 恐惧

图5－1　人类的面部表情

（2）身体表情

身体表情是指通过四肢与躯体的变化与表现来反映人的各种情绪状态。用于情感上面的身体动作大多以头、手、脚的动作为主。如从头部活动来看，点头表示同意，摇头表示反对，低头表示屈服，垂头表示丧气。当人处于强烈的兴奋、紧张、恐惧、愤怒等情感状态时，往往抑制不住身体姿态的表情变化，舞蹈和哑剧演员则经常通过夸张的身体姿态来有意识地表达角色的情感变化。

人的身体姿态表情是丰富多样的。例如，人正襟危坐可知其恭谨或紧张，坐立不安可知其焦急慌神，手舞足蹈可知其欢乐，顿足捶胸可知其悔恨，拍手时可知其兴奋，振臂时显得慷慨激昂，握拳时显得义愤填膺，搓手不停时表示心中烦躁不安。轻盈的脚步可看出心情愉快，沉重而不均匀的脚步表明处境不佳，迟缓的脚步表明心事重重，铿锵有力的脚步表明勇敢与坚强。昂首挺胸表明自信与自豪，点头哈腰表明顺从与谦恭，手忙脚乱表明心情紧张，全身颤抖又冒虚汗表明心虚害怕。又如东方人在招呼别人靠近自己的时候一般采用手心向下的手势，手心向上招呼他人过来时一般带有挑衅的意味，但在多数西方文化中恰好相反，手心向下是招呼动物过来，而手心向上则是对人的招呼。因此，我们在接待国际旅游者的时候，尤其要注意不要误用手势，以免引起一些不必要的麻烦。

（3）言语表情

言语表情是通过音调、音速、音响的变化来表现人的各种情绪状态。悲哀时语速慢，音调低，音域起伏较小，显得沉重而呆板；激动时声音高且尖，语速快，音域起伏较大，带有颤音；说话语速较快，口误又多的人被认为地位较低且又紧张；说话声音响亮，慢条斯理的人被认为地位较高、悠然自得；说话结结巴巴，语无伦次的人缺乏自信，或者言不由衷；男声中如带气息声，被认为较年轻，富有朝气，富有艺术感；女声若带有气声，被认为美妙动人，富有女性味；平板的声音被认为冷漠、呆滞和畏缩；喉音使男性显得成熟、世故和老练，判断力强，但使女性失去魅力；女中音和男低音代表暴躁气质；女高音和男高音多属于活泼型的人；急剧的变调对比表达暴躁气质；音调的抑扬婉转显露活泼的天性，表明气质温和柔顺；旋律可以表达人的欢乐与苦闷，希望与企盼。同样一句话用不同的方式讲出来则会表现出不同的含义。例如，“我没有说你偷了他的钱包”用不同的重音来说，意义就大不同。注意看下面加点的字为重音地方。

我没有说你偷了他的钱包——强调不是我说的

我**没有**说你偷了他的钱包——强调的是我没有说这句话

我没有说**你**偷了他的钱包——强调的是我没有说你这个人

我没有说你**偷**了他的钱包——强调的是我没有说你偷这个行为，可能是拿

我没有说你偷了他的**钱包**——强调的是我没有说你偷的是钱包

表情动作与言语一样是人际交往的重要工具，但是在三种主要表情动作中面部表情起主要作用，而身段表情和言语表情往往是情绪表达的辅助手段。

总之，旅游者的面部表情、姿态表情和言语表情构成了旅游服务中客我交往中的非言语交往。它们经常相互配合，更加准确或复杂地表达出旅游者不同的情绪和情感体验，是旅游者情绪表达的重要方式和手段。因此，作为旅游工作者，在和游客打交道的时候，需要判断人的说话情绪和意图，就要听游客说些什么，还要听游客怎样说，即从游客说话声音的高低、强弱、起伏、节奏、音域、转折、速度、腔调和口误中领会其“言外之意”。

二、情绪的发生机制

（一）情绪与情境

人的情绪不会无缘无故地产生，必然受到情境因素的影响。正如人们所说，人逢喜事精神爽，当人们学业成功、身处优美的环境，顺利完成一件棘手的事情，解答出一个难题，都可让人随之产生愉快的心情；反之，人际的冲突、学习的压力、生活中的挫折，甚至恶劣的气候，也会使人感到烦躁和抑郁。除了外在的环境和事件会直接引起情绪变化外，人的自身生理的和心理的反应也同样会引起情绪的变化。例如，人在青春期阶段，由于身体上的急剧变化，引起内分泌的紊乱，并由此造成情绪上的躁动。女生因为月经周期带来生理上的变化，也会容易导致情绪的不稳定。

（二）情绪与需要

人的情绪为什么有时候难以自我控制，那是因为在情绪产生与变化的背后，实际反映着我们的需要。例如需要得到满足，被评为优秀导游，就会感到愉快，因为满足了生理和尊重需要；当得到他人称赞时，满足了自己的自尊和成就的需要，从而感到一种荣誉和喜悦感；相反，当自己受到他人的冷落时，就会产生失落和孤独感，因为自己的被接纳和亲情的需要没有得到满足，自己的工作没有得到领导和同事的承认，自尊心和成功感受到挫折。人的需要是多样化的，如完成学业、培养能力、发展自我、追求爱情，还有娱乐、健康、实现兴趣的需要等等。这些需要是多层次的，有些是眼前的需要，有些是长远的需要，需要之间还相互矛盾。实现和满足这些需要，会受到各种条件的局限与制约，必然会引起情绪上的波动。

（三）情绪与认知

情绪虽然是与客观事物是否满足人的需要相联系，但是面对同样的事物，不同的人却会有截然不同的情绪感受。比如同一门考试中，成绩刚刚达到60分的学生对此却有着不同的感受，有的人高兴，幸好及格了；有的人遗憾，怎么没考得更高一些；有的人会感到无地自容，因为他从小到大从没得过这么低的分。为什么会如此，这是因为认知的作用。心理学研究表明，人们只有通过认知对客观事物与需要的满足做出判断与评价，才会产生相关联的情绪反应。认知改变了，情绪也相应发生了变化。例如“闻过则喜”就是因为知道自己错了，能使自己“做更好的自己”，他不会因为受批评而不高兴，反倒是能得到发展自己、得到更重要的需要而感到愉快。而《红楼梦》里面描写“黛玉葬花”场景的——由落花而想到自己身世，悲从中来。

（四）情绪与行为

行为是人的情绪的重要表现形式，一个人的情绪状态，会导致人产生或消除导致行为的动机，并直接影响到人的行为模式及过程和效果。例如，一个学生因取得优异的成绩而产生的成就感，使得他对学习更加努力；而一个学生过度的焦虑情绪，会使他感到心烦意乱，而无法专心学习；对考试的过度恐惧感，也会使人在考试中发挥失常。情绪对行为起着一定的调节作用，当人在做能满足自己需要的一些行为时，就会感到一种欣慰和充满热情的情绪感受，它会使自己的行为得到加强；而当人的某一行为破坏或阻碍了自己的某一种需要时，就会产生厌烦、排斥的情绪感受，它同样会使自己的行为减少或停止。可见，情绪与行为的关系并非是单一的决定与被决定的关系。

三、情绪情感的作用

（一）情绪情感的激励作用

情绪能够以一种与生理性动机或社会性动机相同的方式激发和引导行为，改变行为效率。积极的情绪状态会提高行为效率，起到正向推动作用，消极情绪则会干扰、阻碍人的行动，甚至引发不良行为，起到反向推动作用。有时我们会努力去做某件事，只因为这件事能够给我们带来愉快与喜悦。从情绪的动力性特征看，分为正向增力的情绪和反向减力的情绪。快乐、热爱、自信等积极增力的情绪会提高人们的活动能力，而恐惧、痛苦、自卑等消极减力的情绪则会降低人们活动的积极性。有些情绪同时兼具增力与减力两种动力性质，如悲痛可以使人消沉，也可以使人化悲痛为力量。

（二）情绪情感的调控功能

情绪情感对于人们的认知过程具有影响作用，有积极作用，也有消极作用。大量研究表明：适当的情绪情感对人的认知活动具有积极的组织功能，而不当的情绪情感对人的认知活动具有消极的消除功能。

1. 促进功能

良好的情绪情感会提高大脑活动的效率，提高认知操作的速度与质量。不同难度的任务，需要不同的情绪唤醒的最佳水平。研究表明，在困难复杂的工作中，低水平的情绪有助于保持最佳的操作效果；在中等难度的任务中，中等情绪水平是最佳操作效果的条件；在简单工作中，高情绪唤醒水平是保证工作效率的条件。总之，活动任务越复杂，情绪的最佳唤醒水平也越低。

2. 消除作用

情绪对认知操作的消极影响，主要体现在不良情绪对认知活动功能的消除上。一些消极情绪，如恐惧、悲哀、愤怒等，会干扰或抑制认知功能。恐惧情绪越强，对认知操作的破坏就越大。考试焦虑就是一个典型例子，考试压力越大，考生考砸的可能性越大。一般来说，中等程度的紧张是考试的最佳情绪状态，过于松弛或极度紧张都会消除学生的认知功能，不利于考生正常水平的发挥。当一个人悲哀时，会影响到他的工作或学习状态，导致注意力不集中，易分神，思维流畅性降低等。

（三）情绪情感的健康功能

人对社会的适应是通过调节情绪来进行的，情绪调控的好坏会直接影响到身心健康。民间谚语“笑一笑十年少，愁一愁白了头”就形象地揭示了情绪与健康的关系。情绪对健康的影响作用是众所周知的。积极的情绪有助于身心健康，消极的情绪会引起人的各种疾病。我国古代医书《内经》中就有“怒伤肝，喜伤心，思伤脾，忧伤肺，恐伤肾”的记载。现代医学研究结果表明，情绪的变化能直接影响人体内的各种生理活动，不良的情绪状态，会给人的身体健康带来不良的后果。很多临床观察结果表明，有许多心理性疾病与人的情绪失调有关，如溃疡、偏头痛、高血压、哮喘、月经失调等。有些人患癌症也与长期心情压抑有关。一项长达30年的关于情绪与健康关系的追踪研究发现，年轻时性情压抑、焦虑和愤怒的人患结核病、心脏病和癌症的比例是性情沉稳的人的4倍。

消极的不良情绪状态，如恐怖、焦虑、愤怒等会使肾上腺素皮质类固醇等内分泌激素增加，因而造成人的心率加快，血管收缩、血压升高、呼吸加深、胃肠蠕动减慢等。这些不良情绪如果持续时间过长或长期受到压抑而得不到疏泄，就会使人的整个心理状态失去平衡，体内生理生化过程就难以恢复正常，久之必然引起疾病。相反，积极的情绪状态则有益于健康。如高兴、愉快、欢乐等都是积极的良好情绪，它能提高人的大脑和整个神经系统的活力，保持肌体内分泌的平衡，使体内各器官系统的活动协调一致，有助于充分发挥整个机体的潜在能力。所以，积极而正常的情绪体验是保持心理平衡与身体健康的条件。

（四）情绪情感的信号功能

情绪是人们社会交往中的一种心理表现形式。情绪的外部表现是表情，面部表情、声音表情和身体姿势都能显示主体的情绪状态，人们通过表情反映自己的意愿，也通过对他人表情的观察和体验来了解周围人的态度和意愿。如微笑通常表示满意、赞许或鼓励；厌恶、怒目圆睁表示否定的态度。喜、怒、哀、乐是人们交流彼此的思想、愿望、需要、态度以及观点的有效途径。特别是在言语信息暧昧不清时，表情往往具有补充作用，人们可以通过表情准确而微妙地表达自己的思想感情，也可以通过表情去辨认对方的态度和内心世界。所以，表情作为情感交流的一种方式，它被视为人际关系的纽带。

心理学家研究了英语使用者的交往现象后发现，在日常生活中，55%的信息是靠非言语表情传递的，38%的信息是靠言语表情传递的，只有7%的信息才是靠言语传递的。语言尚未发展起来的婴儿能通过对周围成人的表情观察来调节自己的行为。孩子看到陌生人会有些惧怕，这时父母以微笑、点头等表情鼓励他，他就会克服自身的害怕，主动去与陌生人接近；如父母持否定的表情，摇头、瞪眼，婴儿就会畏惧、大哭、避开。父母及时的情绪和情感反应是婴儿学习、认识世界，发展个性的主要手段之一。这种作用称为情绪和情感的社会性参照作用。

总之，情绪和情感使人们对环境的认识、看法更具有表现力，在人际交往中往往起传递信息的作用。情绪和情感的适应功能也是通过它的信号功能得以实现的。

四、情绪和情感的分类

（一）依据情绪的性质分类

在我国，自古以来人们通常将情绪按其表现分为“喜、怒、哀、惧、爱、恶、欲”，人们称之为七情。我们认为喜怒哀惧是人基本的情绪。

1. 喜

即喜悦，是人在其需求达到充分满足时产生的一种满意、愉快和欢乐的情绪体验。喜悦会使人感到轻松、舒畅和满足感。比如香港和澳门回归、中国宇航员成功进入太空、神舟八号成功发射、申请奥运成功、奥运会每拿一块金牌，都会令我们兴奋，会感受到喜悦。

2. 怒

是指愤怒，往往是因为当事者的愿望、需求不能得到满足或是为此而进行的活动受到阻碍时而产生的一种不满、恼怒的情绪体验。特别是遇到挫折时不合理的或者是得知有人恶意造成，愤怒特别容易产生。愤怒的情绪会使人产生紧张、压抑甚至狂躁的感觉。如当一个孩子的玩具被损坏，喜爱的东西被抢夺，一个人被误认为是小偷时，都会觉得愤怒。

3. 哀

哀就是我们通常说的哀伤、悲哀，常由于当事者的期望或愿望不能得到实现和满足，或是遭遇重大的丧失而引起的一种悲凉、哀叹的内心感受。悲哀的情绪会使人产生一种失落、无奈、痛苦的心理感受。比如地震后失去家园和亲人的悲哀，一个人的财物、贵重的东西丢失，宠物死亡，东西被偷，汽车被盗，也会产生悲伤。

4. 惧

指惧怕、恐惧，是当一个人面对危险境地或是巨大灾难时，而产生的一种极度的恐慌和畏惧感。恐惧的情绪会使人感到呼吸急促、紧张、心悸、全身颤栗，甚至使人本能地产生想逃离的心理。比如突然看到一辆车子冲自己开过来，黑夜里一个人走在旷无人烟的野外路上，都会感觉恐惧。

除此之外，情绪还有喜爱、憎恶、渴望、害羞等表现，而且一个人的情绪状态很多时候会表现为复合情绪反应，例如，一个人做了错事后，会有一种内疚感，它包含了对自己的自责、悔恨、自罪等方面的内心体验；当一个人经过了多年的努力，终于取得了学位，会产生百感交集的情绪状态，它包含着“酸甜苦辣”各种心情。

（二）依据情感发生的形式和强度分类

根据情感发生的形式和强度分类，可以将情感分为心境、激情、热情和应激等。

1. 心境

心境是一种比较持久的、微弱的而影响人的整个精神活动的情绪状态，如心情上蒙上了一层淡淡的雾，具有渲染性和弥散性的特点。如“人逢喜事精神爽”、“感时花溅泪、恨别鸟惊心”等，就是心境的真实写照。心境往往不具有特定的环境对象，但可以造成人的情绪的一般背景，来影响人的情绪体验。比如，当一个人心情舒畅时，他看什么都会觉得快乐积极，而当一个人郁郁寡欢时，则对许多事都会感到没有兴趣。生活中，不同的人或是每个人在不同阶段，都会有不同的心境。心境就其强度而言，并不是强烈，但是往往持续相当一段时间，因而常常使人因某种喜事而终日乐不可支或者因为某件事不如意而成天唉声叹气。

心境有愉快与不愉快之分，对人的生活有极大的影响。富有朝气的心境帮助人的积极性的发挥，有助于提高工作、学习等活动的效率，使人的生活生气勃勃。教师乐观的心境能感染学生，而学生快乐的心境也可提高学习兴趣、理解和记忆能力。服务员愉快的情绪可以感染客人，“没有高高兴兴的服务员，就不会有高高兴兴的客人”。不良的心境则使人烦恼、消沉，感到生活枯燥无味，容易被激怒，遇到困难也难以克服。因此，我们应当学会做心境的主人，使自己经常保持良好的心境，永远朝气蓬勃。同时，要学会调节，控制不良心境，克服对生活、工作和学习的消极影响，它与性格和意志的培养有关，是个性修养的组成部分。

2. 激情

激情是指一种短暂、强烈的、疾风暴雨式的情绪状态。

激情的特点是强烈的冲动性和爆发性，情绪作用时间短，往往来得快、去得也快，会随着时过境迁而弱化或消失。激情往往是由一个人生活中具有重要意义的事件所引起。对立意向的冲突或过度的抑制都容易引起激情。激情的产生与个人状态有关联。

激情状态往往伴随着生理变化和明显的外部行为表现，例如，盛怒时全身肌肉紧张，双目怒视，怒发冲冠，咬牙切齿，紧握双拳等；狂喜时眉开眼笑，手舞足蹈；极度恐惧、悲痛和愤怒之后，可能导致精神衰竭、晕倒、发呆，甚至出现所谓的激情休克现象，有时表现为过度兴奋、言语紊乱、动作失调。

激情表现可以是积极的或是消极的。积极的激情能增强人的果断性和魄力，激励人们克服艰险，攻克难关；消极的激情则会导致理智暂时丧失，情绪和行为失控。处在激情状态下，人的认识活动范围往往会缩小，仅仅指向与体验有关的事物；理性分析能力减弱，往往不能约束自己的行为，不能正确地评价自己行为的意义和后果。例如，一场球赛失败过后，愤怒的球迷砸椅子打架斗殴就是消极的激情状态，因此，在激情状态下，在激情发生的最初阶段有意识地加以控制，将危害可能性降低到最低限度，以避免冲动行为。当然，也有积极的激情状态下，如诗人、小说家、画家、科学家等有激情的参与，才能产生积极投入行动的动力。

3. 应激

又称为应激状态，是由于出乎意料的紧张或危险情景所引发的情绪状态。即当人处于巨大压力和威胁的情景下，而又要迅速做出重大决定时，所产生的一种特殊的情绪状态。在应激状态下，会使人身体处于充分的动员状态，心律、血压、呼吸和肌肉紧张度等发生显著的变化，从而增加身体的应变能力，及时作出判断，采取相应的行动。例如，飞机在飞行中，发动机突然发生故障，驾驶员紧急与地面联系着陆；正常行驶的汽车意外地遇到故障时，司机紧急刹车，战士排除定时炸弹时的紧张而又小心的行为等等。在这些情况下人们所产生的一种特殊紧张的情绪体验，就是应激状态。

应激往往有两种极端的表现：一种是惊慌失措、目瞪口呆；另一种是急中生智、力量剧增。在积极应激状态下，人们往往能做出平时难以做到的事，使人尽快地转危为安。但是应激也有很大的消极作用，当人在紧急情境中的应激状态下，会导致知觉狭窄，行动刻板，注意力被局限；过于强烈的应激情绪，还会导致心理创伤，甚至会导致人的临时性休克乃至死亡。一个人长期或频繁地处于应激状态中，会导致身心疾病和心理障碍。

但是，中等程度的应激状态会对人的行为产生积极作用。在这种状态下，个体能更好地发挥积极性，思维清晰、准确、反应能力增强。

（三）依据情感的社会内容分类

人的情感是多种多样的，它是在人类历史发展过程中形成的。高级社会情感，是在社会的精神和物质需要是否得到满足的基础上产生的情感。它是人类所独有的一种情感，反映着人们的社会关系和社会生活状况。高级社会情感是由人的世界观、道德行为的准则和美学评价所决定的，对人的社会行为起着积极的或消极的作用。高级社会情感一般分为道德感、理智感和美感等。

1. 道德感

道德感是用一定的道德标准去评价自己或他人的思想和言行时产生的情感体验。产生道德感的基础是对社会道德规范的道德认识，缺乏这种认识，道德感就无法产生。道德规范具有社会性、历史性和阶级性。不同的时代有不同的道德标准，我们社会主义国家崇尚爱国主义、集体主义、见义勇为和互帮互助等。在青年期，随着世界观的初步形成和人生理想的确立，人的情感也更为独立和稳定，并对人的行为有一种持久而强大的推动力。当一个人的行为符合自己的理想和价值追求时，就会感到自尊、自重，有一种自豪感；当一个人的所作所为同自己坚持的理想和价值标准相违背时，就会感到痛苦、懊悔，甚至丧失自尊心。显然，这种情感体验具有明显的自觉性，能对自己的行为产生调控和监督作用。道德感在高级情感中占有特殊的地位。它对人的言行起着重要作用，可以迫使人按照道德准则去衡量和影响别人的言行，同时也以此规范自己的言行，促使自己成为一个道德高尚的人。

在不同的历史时代、不同的社会制度、不同的阶级中，道德标准是不同的。因此，道德感总是受社会生活条件的制约、受阶级的制约。道德感虽然受社会生活条件的制约，受阶级的制约，但是就全人类来讲是有共同的道德标准的。如果旅游者自己的言行符合道德标准，他们就会产生满意、愉快、自豪的情感；若其他旅游者符合道德，则会对其产生赞赏、尊敬、爱慕、钦佩等情感。反之，则会对自己感到不安、内疚，对其他旅游者产生厌恶、反感、鄙视、憎恨等情感。

2. 理智感

理智感是在智力活动中，认识和评价事物时所产生的情感体验。例如，人们在探索未知事物时表现出的兴趣、好奇心和求知欲，在科学研究中面临新问题时的惊讶、怀疑、困惑和对真理的确信，问题得以解决并有新的发现时的喜悦感和幸福感，这些都是人们在探索活动和求知过程中产生的理智感。人们越积极地参与智力活动，就越能体验到更强烈的理智感。理智感是一种高级的情感，也是人们从事学习活动和探索活动的动力。当一个人认识到知识的价值和意义，感到获得知识的乐趣以及追求真理过程中的幸福感时，他就会不计名利得失，以一种忘我的奉献精神投入到学习和工作中。居里夫妇在提炼镭的艰辛历程中以及发现镭的那一刻，所体验到的理智感不是一般人所能有的。

理智感是追求真理的精神力量，对人们的社会实践和科学研究有推动作用，理智感的推动作用发挥得如何与个体的知识水平相关联，也和个人的理想抱负有关。

3. 美感

美感是用一定的审美标准来评价事物时所产生的情感体验。在客观世界中，凡是符合我们的审美标准的事物都能引起美的体验。

在旅游活动过程中，作为审美对象的旅游景观大多是以生机勃勃的自然万物为构成要素，自然界鲜活直观的生命形式，使游客身临其境、置身其中，从而缩短了审美主体与审美对象之间的空间和心理距离，使人倍感亲切。而孔子的“仁者乐山，智者乐水”与“君子比德”之说就是寓道德修养于旅游审美活动的突出表现，对旅游者道德感的养成具有重要的作用。

一方面，美感可以由客观景物引起，例如，桂林山水的秀丽、内蒙古草原的苍茫、故宫的绚丽辉煌、长城的蜿蜒壮美，面对天造地化，瑰丽无比的景观，旅游者常情不自禁地为之赞叹、遐想、感叹、比兴，体验到大自然的美和人的创造之美，是一种掺和着复杂的情感体验在内的一种高级心理活动；另一方面，风土人情、容貌举止和道德修养也常能引发美感，甚至一个人身上善良、纯朴的性格，率直、坚强的品性，比身材和外貌更能体现人性之美。人在感受美的时候通常会产生一种愉快的体验，而且表现出对美的客体的强烈的倾向性。所以，美感体验有时也能成为人的行为的推动力。在生活中，由于人的价值追求和审美情趣的多样化，对美的见解也多有不同。例如，有的人喜欢花好月圆的美，有的人却以丑木、怪石为美；有的人喜欢绚丽和精致的美，有的人却喜欢悲壮和苍凉之美。

美感与道德感一样，是受社会生活条件制约的。在不同的社会历史发展阶段，不同的社会制度下，不同民族、不同阶层的人们，人的审美标准是不同的，因此，对各种事物美的体验也是各不相同的。随着社会的进步和观念的开放，人们接触到越来越多的异域风俗和文化美感，也去鉴别和吸收他国文化中积极、健康的审美情趣。美感具有阶级性与民族性，受社会历史条件的制约，但仍存有全世界共同享有的美感。例如，美丽的自然景观，能给大多数人带来美感，这也是旅游业繁荣的一个重要原因。

五、控制不良的情绪情感方法

（一）不良激情的控制

旅游从业人员在工作中难免会遇到不顺心的事情，在与客人、同事打交道中，可能会产生各种矛盾，在这种情况下，有的工作人员或者有的旅游者控制力比较差的，就容易爆发激情，失去控制，就会产生一些过激的行为。

（1）自我暗示法。是有意识地将某种观念不断强化来影响自我的情绪和行为的方法。正确的、积极的自我暗示可以增加自信心，能够克服困难。例如，在遇到刁难的客人，旅游工作者可时时暗示自己“我不会发脾气的”，“没什么值得生气的”；在冲动愤怒时，心里默念“我要冷静些，再冷静些，发怒是解决不了问题的”；这种方法长期坚持，会让自己克服冲动，回到理智上解决问题。

（2）弱化法。是减弱自己的烦恼，不记忆、不思考、不想象。任何一个外界刺激作为一种信息，总是通过人的感觉器官输入到人脑里，再通过人的感觉、记忆、思维、想象进行加工，然后才产生感情。如果一个人对不良刺激不听、不看、不感觉、不输入大脑，自然也就不会有烦恼。如果已经输入了，那就尽可能地不记忆、不思考、不想象，也就是对不良信息不贮存、不加工、不注意，自然就弱化了不良情绪。

（3）表达法。一种是书写，把自己心中的委屈、烦闷、气愤等都痛快淋漓地写出来，写完了再念几遍，让心中的闷气都发泄出来，气消之后，把它撕掉，不留痕迹；第二种办法是谈心，找一个热心、公正、有见识、对自己又比较了解的好朋友谈谈心，把自己心中的话痛痛快快地倒出来，会有一种舒畅的感觉。

（4）转移法。在不高兴时，把注意力转移到愉快的或其他令自己心旷神怡的事情上去。这种方法的关键是尽量减少外界刺激的输入量，尽量减少它的影响和作用，如心情不好时，可以转移岗位，把注意力转移到别的地方，上街散散心，心情就会放松，痛苦就会消除，或者在心里默默数数字。

(5) 解脱法。就是换一个角度看待令人烦恼的问题，从更深、更高、更广、更长远的角度来看待问题，跳出原来的思维范围，使自己的精神获得解脱。“塞翁失马，焉知非福”，“不幸中的万幸”，都是典型的解脱用语，这样，将注意力集中到对自己有利的一面，使自己保持精神愉快。

(6) 延缓控制法。也就是推迟消极情绪出现的时间，比如心情不好不想上班，但是要控制自己至少要把今天的工作做完。

(7) 照镜法。一个人在不良激情情况下，往往忘记自我，行为失控。可以选择在发火的时候照镜子，看看发怒的自己，往往会让自己重新找回冷静。

(8) 后果联想法。在想采取过激行为的时候，提醒自己想想这样做的后果，往往想到了后果严重，从而就控制住自己的情绪了。

(9) 合理宣泄法。合理的宣泄是疏导消极情绪的一条重要途径。遇到愤怒、烦躁不安情绪时，要学会主动释放心中的“能量”。可以试一试下列几种方法：一是超量活动。通过大运动量的体育活动释放不良情绪，消除烦闷与压抑。二是哭泣，可以寻找适宜的环境或场所尽情地痛哭一场，释放压抑感，求得精神上的轻松和平静。三是高歌怒吼。吼几句“我的未来不是梦”、“潇洒走一回”等，一唱解千愁，对着大山大海大叫也不失为一个好办法。

(二) 保持良好的心境

旅游从业人员要善于调节消极心境，在工作中保持良好的心境状态，保持良好的心境，可以从以下方面入手。

(1) 劳逸结合，保持好的情绪状态。人在过于劳累的时候，也会令人产生消极的心境，使人难以保持好的工作状态，因此在工作中，需要劳逸结合，休息好，保持良好的情绪状态。

(2) 建立良好的社会支持系统，包括血缘关系、亲密关系、社会关系。血缘关系主要指父母和兄弟姐妹；亲密关系主要是指伴侣和最亲密的朋友；社会关系则是包含最广泛的一个支持力量，也是效果和作用最少的一个力量，主要是指关系不太紧密的朋友、同学、工作关系的同事、客户等社会关系。要经常和关系紧密的人进行交流，倾诉压力，保持愉快的心境。

(3) 学会自我解嘲。当一个人的追求得不到时，为了减少内心的失望，常为失败找一个冠冕堂皇的理由，用以安慰自己，就像狐狸吃不到葡萄说葡萄酸的童话一样，这被称为“酸葡萄心理”。与此相反的是“甜柠檬心理”，即用各种理由强调自己所拥有的是好的，以此冲淡内心的不安与痛苦。这种自欺欺人的方法，偶尔用一下作为缓解情绪的权宜之计，对于帮助人们在极大的挫折面前接受现实，接受自己，避免精神崩溃不无益处。

(4) 学会幽默。幽默是一种特殊的情绪表现。它是人们适应环境的工具，是人类面临困境时减轻精神和心理压力的方法之一。俄国文学家契诃夫说过：不懂得幽默的人，是没有希望的人。可见，生活中的每个人都应当学会幽默。乐观与幽默是亲密的朋友，生活中如果多一点趣味和轻松，多一点笑容和游戏，多一份乐观与幽默，那么就没有克服不了的困难，也不会出现整天愁眉苦脸，忧心忡忡的痛苦者，自然保持良好的心境。

任务二 掌握旅游者情绪情感的激发与控制

任务介绍

介绍旅游者的情绪和情感；

介绍旅游者情绪和情感的激发和控制。

任务分析

旅游者是富有感情的人，旅游者在体验旅游产品和服务中，是有着情感色彩的。旅游者情绪与情感有何特点？旅游者情绪情感影响因素有哪些？如何有效地激发或控制旅游者的情绪和情感，本任务将围绕这些问题展开分析。

任务引入

下雨的鬼天气

某旅游团乘火车抵达重庆，兴高采烈地下了火车，这时天空下着细细密密的雨，看样子一时半会是停不下来，地上湿漉漉的，容易使游客们下车时的表情很糟糕，不停地抱怨：真倒霉，又遇到这样的鬼天气。显然游客的心情不怎么样。

同学们学习完以下的内容，再来分析旅游团的游客情绪状态以及对策。

任务实施

一、旅游者的情绪情感特征

（一）兴奋性高

兴奋性高是游客最明显的情绪情感特征。外出旅游，旅游者要面临环境的变化、人际关系的变化、角色的变化等一系列的变化，对将要开始的旅游活动充满了期盼、想象，对于未来的风土人情充满着好奇和向往，这种积极的情绪促使游客不辞辛劳地为出游做各种准备，忍受路途的颠簸和出门的不适应，迎接旅游中的活动。在旅游过程中，游客充满着好奇、探索的心态，对接触的任何新鲜的、怪异的事物都会想方设法弄个明白，都会想尝试和了解。正是要保持这种积极的兴奋度，旅游者的旅游行为才得以实现。

（二）波动性大

首先，在同一个旅游团中，不同性别、年龄、不同社会阶层旅游者其人格特征千差万别，因此，对于同样的旅游景点或同一名旅游服务人员提供的服务，每个旅游者的情绪体验上也会存在显著的差异。有些旅游者会在整个旅途中体验到兴奋和快乐，而有些客人却觉得这次旅游完全是一个受罪。其次，在旅游过程中，游客希望体验到与日常生活完全不同的感受，这种感受越强烈、与日常的感受反差越大，游客的满意度就越强。比如，人们在日常生活中比较重视安全感，但在游玩华山时，人们更多的是希望体验这种与正常安全感背离的危险经历。再者，情绪是因旅游者周围环境的刺激而发生变化的。面对丰富多样的刺激源，旅游者的情绪处于一种不稳定的易变、易波动状态，由于旅途劳累也会引起情绪波动，也会因为外界天气情况发生变化引起情绪变化。如某旅游者在第一天游览时，气候宜人，看什么都觉得风景如画。当他怀着喜悦而高兴的心情，期待第二天的风景时，不巧遇上大雨滂沱，去哪里游玩都不方便，看风景的心情也大大受挫。前后两种不同的天气造成旅游者的情感出现两极的反差，必然引起旅游者情绪的波动变化。因此要注意游客的情绪化行为容易造成的不良后果，对于旅游团的整体情绪氛围的调控就显得比较重要。

（三）敏感性强

一方面，从日常的工作生活中完全解脱出来的游客，对所面临的旅游环境中的一切事物，都是陌生的，都是用一种全新的角度、全新的眼光来看待眼前的一切。因此，他们对这些异地的风土人情感觉是非常敏感的，眼前的风景、接触的民风民俗、了解的社会风尚等都可能使游客产生相应的心理感受，所以对于这些风土人情往往很快发现，而且觉得很好奇和惊喜。

另一方面，旅游者情绪的敏感性也表现在他们的旅游活动中，由于对整个旅游情况不熟悉，自身也处于不断变动的状态里，因此，他们对于陌生环境的敏感性加强，如见到有的旅游工作者态度不亲切，情绪不高，阴沉着脸，旅游者就会感觉对方不欢迎自己。对于导游推荐的景点或者购物场所敏感性强，担心是挨宰的地方或者是名不符实的地方。

（四）体验性强

旅游者在旅游的过程中，由于现代节奏加快，压力增加，一下子脱离了日常繁重的工作和学习，以一种放松的心情去看待旅游中事物，因此会有较强的体验性。对异国他乡的情感体验、对祖国大好河山的情感体验，他们对旅途中所接触的一草一木，都可能产生特殊的情感体验，对旅途所发生的、所看到的、所经历的人、事、物都留下深刻的印象。

二、影响旅游者情绪情感的因素

（一）旅游需要是否得到满足

人们外出旅游是为了满足某种需要，需要是情绪产生的主观前提。马斯洛的需要层次理论将人的需要分为：生理、安全、交往、安全、自我实现的需要。旅游者外出旅游，可以分为审美怡情的需要、拓展知识的需要、寻求变化的需要、社会交往的需要等等。比如，游客为了探亲访友、寻根问祖、结识新朋友而进行的旅游，就是社会交往需要的体现。个人、团体以至政府间的访问、商务往来、文化技术交流活动等，也都包括这种社会交往需要的成分。宗教信徒参加进香朝拜的宗教活动，其内心其实也是为了与人保持接触，寻求精神寄托。如果旅游能够满足人们的需要，旅游者就会产生积极肯定的情绪，如快乐、喜欢、满意等。如果旅游者的需要得不到满足，就会产生否定的、消极的情绪，如不满、失望、抱怨等。所以，满足旅游者的需要是让旅游者产生良好情绪的重要条件。

（二）旅游行程是否顺利

需要是情绪的基础，为了满足需要，人们在情绪的支配下产生行动，而且在行动过程中是否顺利也会引起不同的情绪体验。现代人的生活节奏很快，旅游是人们在繁忙的生活、工作和学习之外的一种享受，人们为此做好计划，并希望一切按计划进行。在旅游行程中，如一切按人们的意想顺利进行，人们便会产生愉快、高兴等积极情绪，而任何一个不顺利的环节都会影响人的情绪，使人们感到失望、不满甚至愤怒。如气象是旅游活动的基本条件，影响其能否顺利进行，适宜的气候，可以为旅游活动顺利完成提供完美的条件；相反，恶劣的气候条件会给游人活动带来诸多不便，预想看到的景色没有看到，就会影响到旅游者的情绪情感。因此，作为旅游工作者，需要充分考虑到旅游活动能否顺利进行，避免出现意外的差错，尽可能圆满完成旅游活动安排，以确保旅游者以饱满的精神、快乐的情绪参与旅游活动，这两者是相辅相成的。

（三）客观条件的影响

客观条件是一个诱发旅游者产生情绪情感体验的因素，在旅游活动中存在很多方面，它包括旅游景点资源状况、旅游景点设计活动项目、旅游景点住宿就餐能力、当地的社会治安、旅游景点的交通状况、旅游景点的通信、当地的气候条件、风土人情等，这些客观因素的变化，都会影响到旅游者的感受，从而影响到旅游者的情绪情感。比如在2006年，我国很多旅行社一些新马泰、纯泰线路原本销售得很好，由于泰国发生政变，旅游线纷纷遭遇退团潮。这就是因为当地社会治安的因素影响旅游者的情绪情感。

（四）旅游团队的人际关系

旅游者所在的旅游团队的人际关系对旅游者的情绪也能产生影响。因为旅游活动一般都是集体活动，团体成员之间总会产生接触，如果团队中成员之间互相信任、团结和谐，就会使人心情舒畅，情绪积极；如果互不信任，互相戒备，则会使人随时都处在不安全、不舒服的情绪之中。因此在人际交往中，尊重别人，欢迎别人，同时也受到别人的尊重和欢迎，就会产生亲密感、友谊感。例如在旅途中，导游和游客之间、游客和游客之间如果能够相互关心，彼此信任依赖，在感情上非常融洽，那么所有的人都会感受到温暖，形成良好的团队人际关系和心理氛围。反之，如果旅游团成员之间经常因为房间安排、车辆座位而发生矛盾和冲突，参观游览意见无法统一，都可能导致其心理距离的拉大，那么所有的游客都会产生不愉快的情绪体验，进而影响旅游活动的质量和心理体验。所以要打造轻松、愉快的团队氛围，创造游客体验愉悦情绪的重要环境，只有让旅游者处于愉快的情绪下，旅游服务活动才能顺利展开。

（五）旅游者的身体状况

旅游活动需要一定的体力和精力作保证。尽管旅游者出门是为了寻求轻松和自由，但同时也不排除旅途中可能会出现一些意想不到的情况，此时就需要旅游者自己来完成旅游活动。如果身体健康、精力旺盛，能够禁得起路途劳累和颠簸，就能够有精力欣赏美好的风景，这是能产生愉快情绪的原因之一。如果身体条件欠佳或过度疲劳，就容易产生不良情绪。所以旅游工作者也要注意旅游者的身心健康，同时旅游者需要选择适合自己体力的旅游项目，注意不要过于疲劳，影响旅游的情绪。

三、旅游者情绪情感的激发与控制

旅游者的情绪情感的激发与控制就是说旅游从业人员有计划和组织地改变旅游者情绪的过程。在这个过程中，旅游服务人员通过一定的心理策略和方法，使旅游者的情绪在生理活动、主观体验、表情行为等方面发生一定的变化。对旅游者的情绪、情感的调控与激发体现在旅游从业人员，特别是导游员对整个旅游团的控制和管理上，反映出其服务水平的高低。一些刚从事旅游工作的导游员，往往由于经验的缺乏而把“客人是上帝”、“客人永远是对的”进行教条的理解，导致实际工作中被客人牵着鼻子走，无法控制和调整旅游团中游客的情绪状态。而有经验的、优秀的导游员都能够在有效控制整个团队中消极情绪氛围产生的前提下，激发和控制旅游者良好的情绪情感，让他们保持愉悦平和的心理状态，这是旅游活动成功的关键因素。激发积极的情绪情感的方法主要有以下三个方面。

1. 开发适合多样化的旅游产品

旅游产品是否满足旅游者的需要，直接影响到旅游者的情绪。由于旅游者的需要是多种多样的，旅游者在年龄、性别、性格、体能、经济状况等各方面的差异，都会造成对旅游产品的需求差异。旅游产品按性质分为常规旅游产品、专项旅游产品，特种旅游产品三大类。常规旅游产品分为生态观光型、休闲度假型、文化观赏型、购物型、综合型五种；专项旅游产品分为运动健身型、学习培训型、生态考察型；特种旅游产品分为登山旅游、江河漂流、攀岩溪降、山间自行车、草原骑马、滑翔等。因此，在旅游产品的开发上就要注意多样性，坚持旅游者“需求为先”的原则，由大众化产品改变为众多的个性化产品，向产品的广度、深度发展，打造细节服务，将各种年龄、层次、性格的人的需要全部考虑进去，这样开发出来的旅游产品才能吸引更多的人，激发他们对旅游产品的良好的情绪情感。

2. 提高旅游服务质量

旅游服务贯穿整个旅游行为，所以旅游服务的质量至关重要。一个旅行社或者景区能提供好的旅游服务给客人，提供人性化的和细致入微的服务，对旅游者的情绪影响是很积极的，使他们感到受到尊重、感到温暖，并可由此消除其他问题所带来的不良情绪，这样旅游者对该旅行社或景区的印象就会更加好，并可能让游客发生二次旅游念头，或者经过游客的宣传，晋升景点知名度。因此，要求旅游服务人员在对客服务时必须对不同的旅游者情绪细心鉴别，这是旅游从业人员提供个性化服务的心理学基础。

在旅游中，良好的服务质量首先表现在对游客的尊重上，要真正把游客当成上帝，想游客所想，急游客所急，把服务工作做到位，让游客无可挑剔。比如很多游客对自己将要去的旅游地并不是很清楚，这样会经常使得游客到了旅游目的地之后发生一些尴尬的问题：如游客不知道回民的禁忌，在回民餐馆里喝酒、吃猪肉，或者南方游客不知道东北地域气温的厉害导致到东北旅游时受冻等。所以，在旅游前，给客人供给具体的旅游目的地的信息，如气温、习俗、禁忌等，让游客提前做好准备，入乡随俗，更好地体会当地的风土人情。其次是注重细节的服务。作为旅游服务人员，超出寻常的细致入微的服务，带给人们的积极情绪会远高于其本身的价值。比如，为旅途中新婚的游客送去一声祝福，给身体不舒服的游客多一些关怀和照顾，给年老行动缓慢的游客尽量提供方便，注意观察不同类型游客的喜好，乐于和游客沟通，这样自然能够激发旅游者的良好情绪情感。

案例5-1

冰冷的汤

有位先生孤身去外地旅游。有天中午，他进餐厅吃饭，发现服务员端上来的汤没有热气，冷冰冰的。这位先生很生气，他把服务员叫上来，训斥道："难道你们餐厅给客人上的汤都是冷的吗？还是你们给我上的是昨天剩下来的汤？我现在给你们两个选择：一是给我换一份汤；二是叫你们经理过来。"服务员什么也没有说，端着汤就退下了。

一分钟后，服务员端着汤又上来了。不同的是，在汤盘的旁边放了把勺子。在客户开口咆哮之前，服务员快速地把勺子放进汤里面搅动起来。于是，汤迅速散发出热气。原来这是当地的一道名菜。这道菜的特点就是表面冷冰冰的，里面却散发着热气。客户沉默了。他知道服务员是为了维护他的面子，没有当场指出他的不对，而是用一种方式来提醒他正确的用餐方法。

3. 培养旅游从业人员幽默感

旅游中旅游从业人员在讲解时语言丰富幽默，游客就会对讲解对象格外关注，表现出极大的兴趣；如果语言干瘪、表现得厌烦、无精打采，游客肯定也会受到感染，觉得索然无味。所以要培养旅游从业人员的幽默感，让他们会巧妙拒绝客人的不合理要求而不伤及客人的"面子"，激发旅游者的积极情绪。例如某导游员带客人去参观一个唐代的古墓，由于墓道口在半山腰处，所以看完了以后游客要求爬山。因为事先没有安排并且时间又比较紧张，于是该导游想了一下就半开玩笑半当真地说："你们现在来还不如晚上来呢，我陪你一起怎么样?"客人就问为什么，导游就说："我们晚上来把这墓给它发掘了，这样我们能赚好多呢，你现在上去人又多，什么都做不了，不合算的。"客人于是大笑起来，说："晚上一定来啊!"客人也就没有再要求上山。又如某导游在车上给大家讲解的时候，突然有个两三岁的儿童游客大叫一声，该导游马上说："谢谢，还是我们比较投缘，一般都是这种超级歌迷、发烧友才这样尖叫呢！谢谢你的支持。"说完后他还特意走过去和那个小游客握了握手，车上的游客不禁都大笑起来，活跃了当时车上的气氛。

四、调控旅游者消极的情绪情感

（一）处理好意外事件

意外事件在接待游客过程中属于特殊与意外的事件，一般很少发生，但是一旦发生，若处理不当，其影响和后果皆是相当严重的，旅游中的意外事件对旅游者的情绪影响是非常大的，因此不得不慎重注意。

意外事件有突发性事故和技术性事故之分。突发性事故性质严重，往往突如其来，猝不及防，严重危及旅游者的人身安全，诸如猝死，车祸等等，处理较困难，也比较急迫。这些疾病轻者会扫了旅游者和同伴的兴，重者可能危及患者健康，甚至生命，应用急救知识和急救技术对病人进行现场抢救要当机立断，采取措施，不惜一切代价，防止事态扩大，及时处理问题，将旅游者安排妥当，并给予合理的解释，以求旅游者的谅解，防止旅游者不良情绪的爆发。

技术性事故多属旅行社有关部门工作失误造成的，比如误机、误车等。这种事故虽然对旅游者安全危害不大，但往往造成游客抱怨或经济损失，并会给游客留下不好的印象。作为旅游组织者要尽可能防患于未然，防止旅游中意外事件的发生，如车祸、交通中断等事故，在出发前作好充分的准备，提醒司机检修汽车，了解路况、交通、天气等情况，提前估计路途时间，做到心中有数，把意外可能尽可能规避掉，把旅游活动尽量完满的完成，提高旅游者的满意度。

（二）注意消除不同意见

消极的情绪情感会影响到旅行者对旅游行为的评价和体验，因此，调控旅游团内的消极情绪显得非常必要。旅游从业人员要多花时间和精力去关心和了解游客的情绪状态，特别是对那些旅游团内提出不同意见的游客要多加注意，因为他们的语言，往往比旅游从业人员更容易得到团内同伴的信任，在很大程度上能决定全团旅游者的消极情绪的发生和发展，所以旅游从业人员需要及时解答不同意见，以解除疑惑和抵触情绪，得到旅游者的信任和支持，以保证旅游活动顺利进行，使游客获得满意的情绪情感体验。

此外，由于旅游者来源复杂，因此不排除极少数旅游者品行不端、时时处处想占便宜的情况。这些人在观光游览中总是在寻找各种机会和借口，一旦出现了服务问题，他们马上就跳出来扩大事态，并且提出过分的要求和赔偿目标，不达目的誓不罢休。这不仅影响正常的旅游秩序，也会引起全团不稳定的消极情绪状态，最为严重的是会搞得全团乱七八糟，游程也可能被迫终止。因此，有经验的导游员从带团开始那一刻起就会以敏锐的眼光观察周围的一切，牢牢掌握和控制整个旅游团的情绪，做到眼观六路、耳听八方。当旅游者消极情绪、情感出现端倪时，必须以十倍的努力、百倍的热情全力以赴地将其解决掉，不能小事化大。

归纳总结

本项目通过任务引入主要介绍了情绪情感的概念、情绪情感的类型及功能、旅游者情绪情感的特征，以及如何激发旅游者的情绪情感。

练习与实训

1. 简述情绪情感的概念、功能、分类。
2. 说明情绪的外部表现。
3. 试论述影响旅游者情绪、情感的因素。
4. 试述旅游者的情绪特征。
5. 简述如何进行旅游者情绪情感的激发与控制。

拓展阅读

一、恰到好处的赞美训练

适当而得体的赞美会让客人体验到愉悦的情绪。因此，赞美是旅游从业人员必须具备的好习惯，我们必须掌握适当而得体的赞美方法，以便我们更好地和顾客交流。

方法：将每组6人分成两队，相向站立。每人向对面站立者作“发现对方优点，给予适度赞美”的交流。赞美完成以后要求被赞美者评价：能够打动自己的地方和让自己觉得不够真诚的地方。然后互换角色进行。

注意事项：赞美的关键在“适度”。太过或太弱均无法达到效果。要让被赞美方感觉结论是自然得出。注意赞美的内容、角度、方法的选择。

二、莱阳投58亿建南海生态新区，打造宗教旅游景观带

在山东莱阳五龙河口滨海湿地国家级海洋特别保护区看到，白天鹅或在水面悠闲地游弋，或展翅翱翔，与之相映成趣的是蓝天白云下广袤的生态湿地、纵横交错的滨海大道和错落有致的水岸住宅。随着这里生态环境的改善，每年这里都有大量的天鹅、白鹭等鸟禽来此繁衍生息。

据悉，几年来，山东省莱阳市已累计投入人民币58亿元建设南海生态新区。

与此同时，莱阳市还重视保护南海新区的道教、佛教等文化资源，先后修复了娘娘山天后圣母宫、富山龙王庙、金山宝塔等景点，形成了内涵丰富的宗教文化旅游景观带。

据介绍，总投资25亿元人民币的蓝海香湾游艇码头和投资1.5亿元的产权式度假酒店等16个重点项目今年也将在南海新区开工建设。到2016年，莱阳南海新区将建成面积20平方公里、总人口10万人的生态宜居海上新城。

请说明该案例从哪个方面入手来提高旅游者情绪情感。

三、眉山假日：坚持旅游标准化不吃亏

由于缺少标准，旅行社行业一直存在着不够透明、不够规范的现象。

2010年12月，眉山假日国际旅行社（以下简称“眉山假日”）以97分的最高分成为全省首家标准化服务旅行社。这家地处二级城市的旅行社由于率先推出了一套具有自身特色的旅游标准化服务体系，吸引了省内外众多旅行社前往取经。同时，也让我们看到了旅行社行业的标准化建设具有广阔前景。

标准化建设从游客需求出发，和大多数旅行社标准化创建的“自上而下”不同，

眉山假日旅游标准化是“自下而上”的。作为一家二级城市的旅行社，眉山假日早在2006年就引进ISO9001国际质量管理体系。“标准化的核心就是从客户需求出发。”在眉山假日总经理樊小兵看来，旅游标准化的意义在于还原旅行社行业的本质，那就是带给游客满意的服务。于是，眉山假日研讨的每一项标准、流程、规章制度都确保能持续稳定地向顾客提供预期满意的合格产品。

从游客需求出发就需要“旅游服务标准化、产品差异化”——打开眉山《导游领队服务标准》手册，能够看到游客乘坐旅游大巴时，“导游部门统一按接待流程站在车门左侧接待客人”。在眉山假日的员工看来，旅游标准化建设更意味着旅游产品的差异化。对特定区域市场和特定人群，推出针对性产品，眉山假日在各种类型的旅游产品中力求做到“人无我有，人有我优”。记者了解到，在团队行程中被很多游客抗拒的购物活动，在眉山假日的线路中广受游客欢迎。比如该社的西昌阳光之旅，导游就带着游客逛西昌的农贸市场，购买当地有名的毛蟹和水果；该社的“夕阳红”团也并非走马观花，而是与各地老年协会合作，举办晚会、联谊等活动。

2007年，经由眉山假日每一位基层员工一起参与编制的标准终于出台。2010年，作为实施标准化最不被看好的旅行社中的一员，眉山假日朝着创建“省服务标准化试点单位”进军。如何实现标准化的全面建制？眉山假日健全组织机构，设立质监员、质检员，加强对标准示范工作的领导、管理和协调。然后是标准化网的全面铺开，以国家标准为基础，眉山假日制定出与行业标准、地方标准、企业标准相配套的覆盖服务前、服务中、服务后全过程的服务标准体系。

用标准化给游客一个承诺，2011年，按照新规定的服务业组织标准化工作指南制定出了《服务基础标准》、《服务保障标准》和《服务提供标准》3个标准体系，其中《服务基础标准》涵盖有23个制度，《服务保障标准》涵盖有37个制度，《服务提供标准》涵盖49个制度共109个制度和规范标准。这些标准，让该社所有工作都有章可循。

提到眉山假日旅行社，当地市民说的第一句话是：“眉山假日性价比高。”紧随其后的第二句话则是：“耍得最好的、服务最好的，游客不吃亏。”

（资料来源：http：//www. cntour2. com/viewnews/2012/03/22/wO3ZzZyVid2bus2PkEBR0. shtml）

项目六

态度与旅游决策

人们常说态度决定高度，作为旅游者，能不能在一场旅游活动中感到愉悦和满足，往往是和他们旅游时的身心状况和体验过程密切相关的。在旅游情境下人们的态度可谓千变万化、多姿多彩，有的游客始终精神饱满、乐此不疲，有的游客心烦气躁、意见不断，而如何让旅游者在心理上得到更多的积极心理体验正是我们这一个项目所要探讨的话题。

任务一 掌握态度与旅游决策

任务介绍

介绍态度和旅游者态度的特点；

介绍旅游者态度与旅游决策。

任务分析

从态度的含义分析旅游者态度的特点；从旅游者态度分析旅游决策的过程；从旅游决策过程分析旅游者的旅游偏好。

任务引入

国人旅游心态日趋理性 深度游成为新宠

我国自1999年开始实行黄金周制度以来很长一段时间里，人们更喜欢进行观光旅游，被形容为“上车睡觉，下车拍照，对着镜头笑一笑”。一个假期下来，游客虽不乏收获，却身心俱疲。随着游客出游心态日趋理性，“深度游”近年来逐渐被更多消费者所青睐。许多游客都希望花长一点时间，细细品味一个地区、一个国家的风土民情。

除了参团，也有旅游者以“自助”方式进行深度游。相比团队游，自助深度游更加轻松、更加自由，可以充分满足个性需求。目前，自助旅游市场的发展已成为衡量一个国家或地区旅游业成熟度的主要标准之一。欧美各主要旅游接待国的自助游市场份额占到了70%至80%。我国自助游市场的比例虽然低于旅游发达国家，但近年来发展十分迅速，正逐渐成为我国旅游业发展的主体和基石。

评析：深度游的出现表明旅游者对于旅游的态度正在随着旅游经验的逐渐累积而发生变化。

任务实施

一、态度与旅游态度

（一）态度概述

1. 态度的含义

在日常生活中，旅游是一件仁者见仁，智者见智的事。有人非常钟爱旅游，对旅游不吝赞美之词，如旅游可以饱览名山大川，体验中华五千年的沧桑，也有人正好相反，觉得旅游费时费力，劳民伤财，我们将类似的表示称为态度。态度是指人对某些人或事物进行认识、评价并作出稳定性的价值判断所形成的心理倾向。在心理学中具有独立的内涵。既是个体联系内、外世界的桥梁，又可以通过态度对人的下一步行为进行预测。从人的态度出发由内可研究人的心理状态，由外可研究人的行为倾向。

2. 态度的心理结构

人们由于个性、生活环境、社会背景和教育文化等方面的差异，对社会上各种事物必然产生不同的看法。当人们用赞成或不赞成的方式将这些看法连续表现出来时，就形成了不同态度。态度的心理结构由三个成分构成，即认知成分、情感成分和行为意向成分。

认知成分是指个体对环境中的某个对象（如个人、事件、想法、情境、经验等）的看法与评价。这些看法与评价包括对这一对象所持的意见、观点或信念。认知成分是形成态度的活跃因素，它可以作为一个人对某一事物或对象的情感基础。如，我们从小学课本里就知道北京是中国的政治文化中心，有雄伟的八达岭长城和壮观的故宫紫禁城，所以就一直非常向往，这就是人们对北京的认知，很希望有机会去那里旅游。

情感成分是指个体由认知而产生的对所关注对象的一种情绪或情感的体验，它是形成态度的关键部分。表现为对一定对象的喜爱或者厌恶，尊敬或者蔑视等。如，现在的自驾游非常受欢迎，随着时代的快速发展，人们的自驾游时代已经来临。有些人喜欢，因为在自驾游的过程中能看到身边景物的繁华热闹，充满现代化的意味；而有些人不喜欢，认为交通成本过高或者寻找不熟悉的路途过于繁琐。这就是不同的人对自驾游所持的不同的态度。

意向成分是指个体对所关注对象的反应倾向，是行为的准备状态，即个体准备对态度对象做出某种反应。假如对某一对象持否定态度，他有可能准备攻击、摧毁或用其他手段阻止与之有关的事物；如态度是肯定的，他就可能帮助、酬谢、购买或用其他手段接受它。这种无论是否定或肯定的方式对某一对象所产生的行为倾向，都称之为意向。比如，某人很喜欢西双版纳，对将来去西双版纳旅游持积极的态度，那么他便有去西双版纳旅游的意向。

在态度的三种成分中，三种成分的英语词首分别为C（认知）、A（情感）、B（行为倾向），因而对态度的三成分说有人称其为态度的 A、B、C 模式。认知成分是态度形成的基础，由人的认知而形成的对外界的知觉以及观点，不仅是人们了解和判断事物的依据，也是我们形成情感体验的基础。情感成分是核心，情感因素调节着态度的表现。曾任国足主教练的米卢说过“态度决定一切”，其核心思想就是强调在态度的诸多要素中情感是具有统摄作用的，比赛中运动员一定要踢出激情才能够弥补战术的不足。但是，认知和情感不只局限于内心，它总要通过行为表现出来，是一种潜在的行为倾向。表现为某种行为的准备状态、持续状态或反应倾向，即所谓的意向成分。它对人们的行为具有指导和推动力的作用。这三种成分密不可分，协调一致，互相制约，形成一个完整的不可分割的有机整体。

3. 态度的形成过程

人从出生开始，并不具有对任何事物的态度，而是在后天的生活环境中学习形成的，态度的形成是个体社会化的过程，是个体对于社会环境的主观感受，同时，个体所处的社会环境对态度也会产生影响。态度的形成和改变是一个内化过程，其中包括外界的影响和个体的心理，这两个方面的不断活动，使得态度不断地转化。美国学者凯尔曼提出态度形成包括服从——认同——内化三个阶段。

首先是服从。态度形成的开始，个体总是按社会规范和社会期待或他人意志在外显行为方面表现与他人一致，以获得奖励，避免惩罚。服从行为在生活中很普遍，往往是受到外界压力而产生的，但通常是一种权宜的态度改变。这种态度是表面的、外控的，一旦外因消失，它也就中止了。

接下来是认同。个体自愿接受他人观点、信息或群体规范，使自己与他人一致。在认同阶段，个体虽受到态度对象的吸引，但已超脱外部控制的奖惩，而主动趋同于对象。在这一阶段情感因素起明显作用，认同依赖于对象对个体的吸引力。

最后是内化。态度形成的最后阶段。个体真正从内心相信并接受他人观点，使之纳入自己的态度体系，成为一个有机的组成部分。内化是个体原有态度与所认同的态度协调过程，其中情感成分是中介因素，认同基于情感上的喜欢。而内化过程是以理智，即认知成分为基础的。

值得注意的是，从服从阶段到同化阶段再到内化阶段过程并不是每一个人都一定得经历并完成的按步骤的行为活动，有些人对一些事物的态度形成可能完成了整个过程，但是对另外一些事物可能只停留在服从或者同化阶段。

（二）旅游态度

1. 旅游态度的含义

旅游态度是态度概念的一种具体化。旅游者对每一个旅游景点，对每一项旅游条件，以及对每一次旅游活动中接触的人和事物，都会产生不同的具体态度。旅游态度是个人对旅游对象和旅游条件以一定方式做出反应时，所持有的评价性的、较稳定的内部心理倾向。旅游态度虽然不是旅游行为本身，但它包含和预示着人们将做出旅游行为的潜在可能性。如果旅游者对某次旅游活动中的旅游服务留下了美好的印象并形成良好的态度，就包含和预示着他有再次参加旅游活动的可能性。因此旅游资源开发者和旅游业经营者关心人们的旅游态度正是旅游经营活动能否永续下去的根本原因。

2. 旅游态度的特性

(1) 相对稳定性

态度是一种对人、对己、对事、对物或对某种观念、思想较为持久的看法，不同于一时性的情绪兴奋和生物性的需要，一经形成即具有相对稳定性，在一段时间内表现出前后一致的反应倾向。但态度也不是固定不变的，只是需要一定时间和事实体验的强化，有一定困难性。

案例6-1

三月十五古庙会 20 万香客游华山

每年农历三月十五是朝华山的盛会日，当地人称“三月十五古庙会”。4 月 28 日，20 余万高道、信徒、香客、游人云集华山，举行隆重的道教斋醮典仪等道事活动。华山玉泉院道乐萦绕、鞭炮震耳、香火氤氲，禳灾解危、祈福祝寿、诵经劝善彻夜不息。

自古名山都有朝山庙会。华山古已有名，早在秦以前，就有“黄帝巡游”、“尧四巡华山”、周武王、成王、恒王巡狩华山的记载。自秦始皇开始祭封华山以来，汉武帝、武则天、唐玄宗、清乾隆等历代帝王均对华山进行过大规模的祭祀活动。历代帝王都把祭祀华山作为一件大事来办。

据统计，近十余年来，华山三月十五古庙会期间每年有 10 多万人参与，产生了巨大的社会和经济效益。现在的华山庙会逐渐发展成为颇有影响的综合性旅游文化庙会。

(2) 层次结构性

态度是针对多种多样的对象而形成的较为完善、庞大的体系。一个人所具有的庞大、复杂的态度体系，具有一定的层次结构性，而且在现实生活中还是互相联系的。在整个态度体系中，高层次的态度支配、调节低层次的态度，如对社会、对集体所表现的态度就决定着个人对其他具体事物、特定现象的态度。

(3) 方向性

态度总有表达赞成或反对的方向特点，但有程度差异，有时反映出态度的极端性，有时反映出态度的中性。态度的方向性反映了个体对态度对象的具体反应，往往具有情感性评价的属性，包括喜欢或不喜欢、肯定或否定等，进而影响到对相关问题、行为的决策。

(4) 开放性

态度是个庞大的独立体系，但并不完全孤立。它影响到对人、事、物等多种活动的动机、信念及相应的行为倾向等多个方面，同时也受到需要、动机、信念、世界观、价值观等多种个性心理倾向的影响，并与它们联系密切。态度会使个体行为决策产生固定偏向性，但也会在其他情感、信念、价值观的改变过程中相应地发生态度的改变。

案例6-2

秀才赶考的故事

有两个秀才一起去赶考，路上他们遇到了一支出殡的队伍。看到那一口黑乎乎的棺材，一个秀才心里立即“咯噔”一下，凉了半截，心想：完了，活见鬼，赶考的日子居然碰到这个倒霉的棺材。于是，心情一落千丈，走进考场，那个“黑乎乎的棺材”一直挥之不去，结果，文思枯竭，果然名落孙山。

另一个秀才也同时看到了，一开始心里也“咯噔”了一下，但转念一想：棺材，棺材，噢！那不是有“官”又有“财”吗？好，好兆头，看来今天我要鸿运当头了，一定高中。于是心里十分兴奋，情绪高涨，走进考场，文思如泉涌，果然一举高中。

回到家里，两人都对家人说：“棺材”真的好灵。

(5) 内隐性

态度必须从个人言论、表情、行为或与行为有关的语言基调中间接推断出来。态度是一种内在心理倾向，本身无法直接测定，不能直接被人们所观察，因为它只是行为的意向、行为的心理准备，而不是行为本身。测定态度需要一定的中间变量，因此态度评价具有一定的风险性。因为只要旅游者需要，他就能够伪装出所需态度来迎合评价，而且评价人员的思维、推断方式是否合理，是否符合旅游者的真实情况也是一个需要考虑的重要问题。

(6) 价值性

态度来源于价值，价值是态度的核心。个体对某一对象的态度，就其认知成分来说，评价是中心环节。评价即确定价值，就是确定态度对象对个体的社会意义。个体的态度取决于这一对象的价值。当个体认为它有价值时，就会持有肯定态度；认为没有价值时，就会采取否定态度；介乎二者之间采取中性态度；价值大小决定态度程度的强弱。

事物的主要价值分为六种，分别是：理论的价值，实用的价值，审美的价值，社会的价值，权力的价值和宗教的价值。某事物对人的价值大小一方面主要取决于事物本身，比如，客人对酒店的态度，主要取决于该酒店能给客人提供何种服务，是满足客人的什么需要，如酒店的装潢与档次体现了客人的社会价值，客人休息的环境及住宿房间的舒适程度体现了审美和实用的价值；另一方面是受人的兴趣、爱好、动机和信念等因素制约。例如投其所好，与客人的价值观念一致的事物人们会产生正面或积极态度，如果是令人感到厌恶或者与他的需求并不一致的事物就会产生负面或者消极态度。

二、态度与旅游决策

(一) 态度与旅游决策过程

1. 旅游态度与旅游行为

态度一直为社会心理学家所普遍关注。美国心理学家奥尔波特认为：“态度是社会心理学中最突出、最不可忽视的概念。”在解释旅游行为时，旅游态度也是旅游心理学中最突出、最不可忽视的概念之一。由于个人的认识不同，对待旅游的态度也存在较大的差异。如有的人认为旅游有意义能够给自己带来愉悦的感受，因而喜欢旅游，但是有的人认为旅游是花钱而且很受罪，所以不赞成旅游。俗话说“仁者乐山，智者乐水”，旅游态度是人们将对旅游做出行为反应的心理倾向，是一种心理准备状态，但不等于旅游行为本身。人们所持有的态度与他所采取的行为是一致的，还是不一致的？是态度决定行为，还是行为决定态度？对于这些问题，社会心理学家们进行了大量的研究。现在人们一般认为，态度与行为是一种交互作用的关系，不但态度可以作用于行为，行为也可以反作用于态度。如果个人对某个旅游景点具有良好的态度，就包含和预示他有前往此地旅游的可能性。旅游者对待旅游对象和旅游条件的态度直接影响旅游决策，从而影响旅游行为。这也是旅游资源开发者或者经营者关心人们的旅游态度的根本原因。

补充资料6-1

态度与行为

当人们在行为和态度混为一谈时，常常看到某人有某种言谈和行动，就认为他持有某种与之一致的态度，或认为已知一个人对某事持有某种态度，也就一定会有某种行为紧随其后。这是一种简单的、不大合乎实际的推论，然而这种现象在生活中极为普遍。比如，我们常听到广播说，根据民意调查，我市市民有98.7%的人赞同在本市举办这一活动，而我们在与各区朋友交谈中了解到的情况却与此并不相符。是调查不精确，还是人们的表态并不能代表他们的真实态度，或说行为与态度无关？

早在20世纪30年代，美国社会心理学家拉皮尔（R. T. Lapiere，1934）曾进行过一项著名的现场研究，他偕同一对年轻的中国留学生夫妇在美国西海岸旅行一万多英里，住宿过66家旅社，在184家餐馆用饭，受到很好的接待，其中多数甚至以“比平常更关心”的方式予以款待，只有一次遭到拒绝。当时的美国普遍存在着对黑人与对亚洲人的种族歧视，特别是在很少有东方人居住的地方更是如此，所以预计会遇到许多困难。但出现的情况使研究者感到非常意外，为此促使他继续作深入调查。六个月后，他分别向上述光顾过的250家餐、旅馆分别寄去了两种问卷。问卷中都有如下问题：“你是否愿意在你们的商店中把中国人作为顾客来加以接待？”为了避免对方因接待过华人而生怀疑，以致作出不真实的回答，特给其中的一半餐馆、旅馆寄第二种掩护性问卷，其中除上述问题外又插入一些是否愿意接待德国人、法国人、日本人等的问题。同时，他给许多未光顾过的餐馆、旅馆也寄发了问卷，把它们当作控制组。

完成了信息搜集、选择之后，人们就将信息放在一起形成关于人和事的完整印象。这一步骤也不是像合理推理模式所说的那么逻辑、正确，它也会出现错误。第一，使用少量信息形成判断；第二，所运用的信息本身是错误的，这方面的错误一方面来源于上一阶段搜集、选择信息的不足和错误，另一方面仍是由先前经验造成的。在信息整合之前，先前经验已影响其形成了某种印象，人在整合信息的过程中，便将那些不符合该印象的信息去掉，将那些模糊的信息解释为对印象的支持。

在形成判断的过程中，人们不可能运用理性推理模式。在多数时间里，社会信息是不可靠、不完整、甚至是有偏差的。即便这些信息既可靠、完整、又无偏差，社会知觉者本人也不能做到不出错误。不过，人的推理经常会发生变化，当现实反馈与推理不符合时，人们就要修改自己的判断。例如你认为某人很好交际、很外向，但你在另一些场合中却发现她沉默少语，或者一位更熟悉她的人告诉你她的确有些内向，你就要改变你的判断。人们在加工社会信息时十分注重效率，他们总想快刀斩乱麻，尽快完成信息加工，这就避免不了会发生许多错误。

（资料来源：章志光．社会心理学．北京：人民教育出版社，2001.）

2. 旅游态度与旅游决策

所谓决策是指组织或个人为了实现某种目标而对未来一定时期内有关活动的方向、内容及方式的选择或调整过程，我们通常把旅游者的一次旅游消费行为看作是一次旅游决策。决策的主体是旅游者，旅游决策的本质是一个游客在旅途中食、住、行、游、购、娱的过程，这一过程由多个步骤组成。旅游决策具有如下一些特点。

（1）目的性

旅游者进行决策，就是要促进一个或若干个消费目标的实现，这本身就带有目的性。尤其在旅游消费决策过程中，要围绕旅游目标进行筹划、选择、安排，就是实现旅游活动的目的性。

（2）过程性

旅游者进行旅游决策的过程，是指旅游者在受到内、外部因素刺激直接产生需求，形成旅游购买动机，旅游结束后又会反馈回去影响其他的旅游者购买决策，从而形成一个完整的循环过程。

（3）个性

由于旅游消费行为是旅游者主观需求、意愿的外在体现，受许多客观因素的影响。除跟团旅游之外，个体旅游者的旅游决策一般都是由旅游者个人单独进行的。随着旅游者个性化越来越明显，旅游行为中独立决策及个性化需求特点也将越来越明显。

（4）复杂性

旅游者决策不同于其他日用商品的购买决策那么简单，旅游者在做决策时不仅要开展感觉、知觉、注意、记忆等一系列心理活动，还必须进行分析、推理、判断等一系列思维活动，并且要计算费用支出、时间、地点，以及与之可能带来的各种影响。因此，旅游者的购买决策过程一般是比较复杂的。旅游者的购买决策受到多方面因素的影响和制约，具体包括旅游者个人的性格、兴趣爱好、收入水平等主体相关因素；旅游者所处的空间环境、社会文化环境和经济环境等各种刺激因素，如旅游产品本身的吸引程度与价格、景区的知名程度、景区的环境与人文历史、景区企业的信誉和服务水平，以及各种旅游促销形式等。这些因素之间存在着复杂的交互作用，它们会对旅游者的决策内容、方式及结果有不确定的影响。

因此，旅游决策不是简单的购买行为，而是受多种因素影响，属于复杂购买决策。

一个人在做旅游决策时会受到心理因素和社会因素的双重影响，其中对旅游者消费行为产生重大影响的心理因素是：动机、感觉、态度、品牌认知等。

其中旅游态度对旅游决策产生的影响主要体现在旅游决策是旅游者复杂的心理过程上。这个过程要经历一系列的心理步骤，并受多重因素的影响，首先从旅游态度的形成开始。旅游态度的形成是多种信息和社会因素共同作用的结果。首先旅游者从周围收集了很多信息，然后通过整理和分析这些信息，形成由认知、情感和意向组成的旅游态度。下一步就是促使旅游者产生旅游偏好，最终产生旅游决策和旅游行为。另外还有一个重要的外围的影响因素是社会因素，它们最终决定旅游偏好能否导致旅游行为。具体的发展过程见图 6－1。

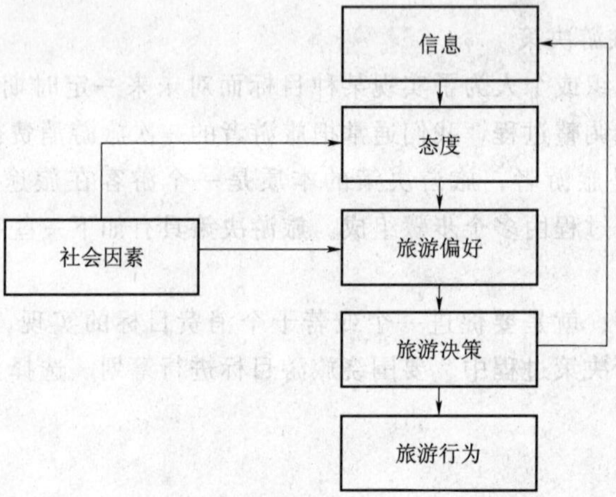

图 6－1　态度与旅游行为的关系

（二）态度与旅游偏好

态度虽然只能间接预示人们的旅游决策和行为，但却能直接体现人们的旅游偏好，而旅游偏好与旅游决策之间又有着直接的紧密联系。所谓旅游偏好是指人们趋向于某一旅游目标的心理倾向。心理学研究表明，态度是旅游偏好形成的基础，其强度和复杂性对偏好的形成具有重要影响。

旅游决策决定着旅游者的旅游行为，而旅游决策在很大程度上取决于他的旅游偏好。比如说很多人都爱到海滨城市旅游，但为什么有的旅游者喜欢去青岛而有的却喜欢去大连，人们对旅游的态度一旦形成，便会产生一种对旅游的偏好。旅游偏好主要由两个方面决定的，一是态度的特性，二是态度的复杂性。

1. 态度的特性

态度本身具备两个重要特性，一是态度的方向，即人们对态度对象是赞成还是反对的趋向。态度方向的改变主要是指由原来的反对（讨厌）变成赞成（喜欢）或由原来的赞成（喜欢）变成反对（讨厌）的趋向，人们把它称为不一致性改变；二是态度的强度，即人们对态度对象赞成或反对的强烈程度。态度强度的改变，主要是指态度的方向不变，只是在强度上发生强弱变化而已。即由原来的赞成（喜欢）变成非常赞成（喜欢）或由原来的反对（讨厌）变成非常反对（讨厌）。因此，人们把态度强度的改变称为一致性改变。态度改变的特性告诉我们：态度是有方向性的，任何态度都包含有赞成或反对的趋向，而偏好显然是一种赞成或喜爱的心理趋向。因此，我们不能不加分析地简单认为：当一个人的某种态度一旦形成，就会导致某种偏好或意图。同样，我们也不能说：人们对旅游的态度一旦形成，就会产生对旅游的偏好。因为人们对旅游的态度有赞成（喜爱）和反对（讨厌）之分，而旅游偏好显然是一种赞成或喜爱的心理趋向。人们对旅游的态度形成之后，并不是只含有旅游偏好这种情形，还有可能是相反的情形，那就是对旅游的讨厌和对旅游行为的拒绝。因此我们可以说，旅游偏好是一种赞成、喜爱的态度或心理倾向。另外，态度是有强度的，并不是一般的赞成态度就可以表现为偏好的。虽然，赞成的态度有助于偏好的形成，但它并不等于偏好，只有强度很高的赞成态度才有可能表现为偏好；同样，只有强烈赞成的旅游态度才有可能表现为旅游偏好。因此，旅游偏好是指人们建立在认知基础上的趋向于某一旅游目标的强烈而良好的情感体验及行为准备状态。旅游态度与它的关系并不表现为一种因果关系，而是一种种属关系。也就是说，旅游偏好是旅游态度的一种，是一种特殊的旅游态度，是一种强烈而良好的旅游态度。

2. 态度的复杂性

态度的复杂性是指人们对态度对象的信息量的掌握程度。信息种类和信息量的多少是旅游偏好形成的依据。因为掌握什么样的信息能反射出人们的心理和行为倾向。当旅游者在选择某一旅游目的地时，如果对该旅游地知之甚少，那往往旅游态度会比较简单，如果对该旅游地非常熟悉，能如数家珍般的知晓景点、风景、交通状况和当地美食的话，那体现出来的旅游态度中的偏好成分会更加强烈，更容易形成肯定的旅游态度。例如，针对不大了解住宿酒店的旅游者，往往找到一家快捷宾馆就觉得能够满足需求了，但是对于对酒店宾馆了解比较深的旅游者来说他们更重视的是旅游住宿的品质和舒适程度，再加上自己的经济能力能够达到负担的水平，往往会根据自己的经济实力来选择酒店和宾馆住宿，寓意着自己的身份和价值体现。

3. 旅游偏好的形成

通过以上分析，旅游态度的好坏即旅游偏好的形成是与人们对某一旅游对象所提供的各种利益的潜力的信念与每项利益的获得对他相对重要性的综合评价的结果。在旅游偏好的形成过程中，旅游者首先要权衡和评价某个旅游对象对自己的收获有多大，经过分析和比较，如果认为各种收获可以满足自身的旅游需要，他就会对这个旅游对象产生旅游偏好。

除此以外，还有一种观点认为人们对于某一旅游对象的偏好态度的形成，还取决于该旅游对象的吸引力。旅游对象的吸引力是旅游者的心理特征与态度对象客观属性相互作用的产物，但是更多是旅游者的一种主观评价。旅游态度对象吸引力越强，越可能形成旅游偏好。乔纳森·古德里通过实验研究，总结出一条经典公式：

旅游目的地的吸引力 = 个体获得利益的相对重要性 × 个体感觉到目的地所能提供利益的能力。

案例6-3

游客“偏爱”短线游

随着清明节小长假的临近，市民出行意愿逐渐攀升。在清明节的线路安排上，旅行社人士均表示，产品以“踏青休闲游”为主。业内人士分析，清明节当日一般本地居民出游的相对较少，市民一般会选择清明节前期出游，以放松休闲、踏青赏春为主。

出游价格很实惠。不少有出行计划的市民则提前动手，赶在清明假期调价之前预订线路。河北环球旅行社总经理王宏伟表示，由于清明假期共三天，大多数市民还是选择近郊踏青赏花游，另外也有子女为父母预订了江西、桂林、厦门的长线旅游，这些线路目前的价格虽然比春节后略有提高，但比旺季时的价格还是有相当大的优势。

线路回归自然、文化、休闲。赏桃花最好的时节是清明节后。咨询清明出游的市民中，除了有到旅行社报名踏青登山的游客，还有一些自驾出游方式度假的游客，客流量明显增多。近期景区举办了为期20天的桃花节，活动到4月15日均可以享受淡季出游的优惠价格。

短线游轮旅游成时尚。目前，游轮旅游非常流行。据了解，游客在旅游目的地之间旅游时无需担心赶下一趟航班的问题、收拾行李的问题以及晚餐或酒店预订的问题。总之，游轮就是漂浮于河山之间、海上的度假胜地，能提供可以想象到的舒适、方便的感受和一切设施。

（资料来源：http：//news. cntv. cn/20110330/112840. shtml）

任务二　掌握如何改变旅游态度

任务介绍

介绍影响旅游态度改变的因素；
介绍改变旅游者态度的具体策略。

任务分析

从旅游态度分析影响旅游态度改变的因素并提出改变旅游者态度的具体策略。

任务引入

构建服务品牌体系 树立旅游景区新形象

近日，山东盈泰生态温泉度假村被评为“山东省旅游服务品牌企业”，这一称号的确立，使度假村又一次坚定了发展的实力。盈泰生态温泉度假村作为滕州一个重要的服务窗口，始终把“树形象、讲诚信、创品牌”作为旅游工作的重要内容来抓，经过近年来的努力，已取得了显著成效。目前，景区管理进一步规范，旅游环境不断改善，服务质量明显提升，先后被评为山东省重点服务业企业、国家4A级旅游景区，受到了上级领导和社会各界的广泛好评，成为闪耀齐鲁大地的璀璨明珠。

高度重视，多措并举，夯实活动基础。度假村高度重视服务品牌的创建工作，认真贯彻落实省旅游局关于“创建旅游服务品牌”的指示精神，成立了服务品牌创建领导小组，扎实做好服务品牌的前期创建工作，并结合度假村实际，制定了服务旅游实施方案、名牌效益工作措施计划、创建工作目标考核实施细则，与各部门负责人签订了责任书，并列入年度目标管理，定期检查考核，同时将服务品牌创建工作与度假村的整体工作有机结合起来，做到同安排、同检查、同总结、同考评。为了营造良好的创建氛围，度假村精心利用《盈泉简报》、宣传栏、培训等形式，大力宣传创建旅游服务品牌企业的重大意义，还多次对职工进行教育，并组织职工对创建旅游服务品牌方面的知识进行学习，进一步增强了全体职工的服务意识，提高了大家的积极性，确保了创建工作任务的全面落实。

深入开展优质服务工作，精心打造旅游品牌。服务品牌推出后，品牌服务意识逐渐深入到员工内心，度假村紧紧围绕创建国家旅游服务品牌这一目标，以“盈泉精神”和“四个特别精神”为指导，坚持“以情服务、用心做事”的服务理念，从提高服务质量，打造旅游品牌入手，狠抓优质服务工作，全面实行标准化、亲情化、个性化服务。度假村以关注游客需求为切入点，从“情”字入手，以情感人，以情暖人，为游客提供亲情化、个性化服务，并加大了对景区旅游服务软硬件的投入，为了方便游客游览，在景区内增加了各类引导标识、景物介绍牌、景点指示牌等。员工自觉把游客当亲人、当家人，主动了解游客困难，主动为游客排忧解难，将主动服务贯穿于服务的全过程，真正使游客在体验到独特的盈泉风光之美的同时，也让他们感受到温馨的品牌服务所体现的人文关怀。今年“五一”黄金周期间，来自安徽的张女士在景区人工湖游玩期间将装有贵重物品的挎包丢失，发现挎包丢失后她万分焦急。情急之下她抱着试试看的想法向景区一名员工求助，没想到这名员工全力协助，最终帮她将包找回，令她感激不尽，当她问及员工姓名并拿出一些钱作为回报时，帮助她的员工却微笑地跑开了，看着那位不知姓名的员工，张女士激动地留下了泪水。为使服务品牌的内涵长期深入下去，度假村和港中旅管理公司强强联手，实行精细化、人性化、亲情化的管理机制。一是从健全制度入手，根据度假村实际情况制订了一系列规章制度，使度假村有章可循、有纪可守，使经营服务和管理走上了标准化、规范化的轨道。二是以企业文化为重点，积极拓宽服务领域，努力营造旅游环境新风范，让游客在享受大自然美景的同时，更能领悟盈泉文化的内涵。三是加强员工培训，形成全员注重服务质量提升的良好氛围，度假村多次组织不同形式的技能培训，组织外出学习，激发了员工的工作热情，形成了人人关注服务质量提升，努力锤炼服务技能的良好风气。四是加强旅游安全工作，创造良好的旅游秩序。为做好景区安全保卫工作，我们确立了“严抓综合治理，创建平安景区”的指导思想，实行主要领导负责制，建立健全了各项安全制度和措施，制定了景区突发事件的应急预案。重视消防安全工作，安排专人负责，在重点部位配置了消防设备，并定期进行安全检查，通过增设安全引导、警示标识，增强员工安全防范意识，确保无安全事故的发生。

评析：旅游服务品牌企业正是在加大服务创新、管理创新，提高员工“细微服务”、“主动服务”的意识上提升和发展起来的，值得借鉴。

任务实施

一、旅游者态度改变的影响因素

态度不是与生俱来的，态度的稳定性不意味着态度是一成不变的。随着外界条件及个体因素的变化，态度可以改变，并可以形成新的态度，态度的改变有两种情况：一是方向的改变；二是强度的改变。一个旅游者对某一旅游产品由不喜欢变得喜欢，这是方向的变化。对某一旅游产品服务从犹豫不决到坚定不移，这是强度变化。方向和强度之间有着必然的联系。态度从一个极端到另一个极端，既是方向的改变，也是强度的改变。态度是一种心理倾向，它的形成和知识经验、需要的满足、家庭因素、文化因素有关。就知识经验而言它反映了态度主体对特定对象的看法或真实认识，认知成分是态度形成的基础，知识经验可以使人形成一定的态度，也可以使自己已形成起来的态度发生改变，对于同自己没有直接关联的对象，人们有关态度的基本倾向是认知性的，此时知识的作用就更加明显。态度是对特定对象的人或事物所持的肯定或否定的情感，具有鲜明的情绪色彩，这种情绪色彩是建立在需要是否得到满足的基础上。因此，人们对于能满足自己的需要，或是能够帮助自己实现目的的对象，倾向于积极的情绪体验，产生肯定态度，反之，对于阻碍自己达到目标或引起挫折的对象，则倾向于产生消极情绪体验，产生否定态度。

旅游态度的形成，既取决于人们所处的社会环境中的客观因素，也取决于人们自身的主观因素。

（一）客观因素

形成旅游态度的客观因素涉及社会经济生活的很多方面，最直接的客观因素是富裕程度、休闲时间、社会支持等。

1. 富裕程度

一个人的收入水平，或者更确切地说是其家庭的收入水平或富裕程度，决定着他能否实现旅游。家庭收入达到一定的水平是实现旅游行为的重要物质基础。但一个家庭的收入并非全部都用于旅游，决定一个人是否具有旅游愿望及条件，实际上指的是其家庭的可随意支配的收入。可随意支配的收入是指扣除全部纳税及社会消费（如健康保险、老年退休金和失业补贴的预支等），以及日常生活必需消费部分（衣、食、住、行等）之后收入的剩余部分。研究表明，当一个家庭的收入不足以购买基本生活必需品时，该家庭很少产生积极的旅游态度，更不会外出旅游。因此对生活贫困的人，旅游只是一种奢望，更谈不上进行豪华旅游。

国际旅游消费统计资料表明：当一个国家或地区人均国民生产总值达到 400 美元时，居民将普遍产生国内旅游愿望；达到 1 000 美元时，将产生跨国旅游愿望；超过 3 000 美元时，将产生洲际旅游的愿望。改革开放以来，我国国民的总收入不断增加，居民可以自由支配的实际收入日益增多，人们的消费结构已发生了巨大变化，参加旅游活动已成为越来越多的人的休闲度假的生活方式，出国旅游更是屡见不鲜的事实。

2. 休闲时间

有无休闲时间，是决定人们能否参加旅游活动的重要客观因素。休闲时间是指人们除去谋生和自我生存所需时间（如工作、睡觉、吃饭以及必要的用于日常琐事的时间）以外，剩余的可用于娱乐、消遣或其他活动的时间。休闲时间又被称为可以自由支配的时间。第二次世界大战后，经济的发展和社会的进步不仅提高了人们的收入水平，而且也为人们带来了日益增多的休闲时间。从国际旅游方面看，很多发达国家的工人周均工作时间缩短，假期增加。例如，美国和西欧的许多工人 1960 年周均工作 70 小时，而现在已缩减到 40 小时甚至 35 小时。人们每年连续假期由一个月增至一个半月到两个月。不少国家还实现带薪假期制。美国、日本等国的一些企业、公司还实行奖励性的旅游，给工作成绩优良的员工提供免费的旅游。一些退休的员工也有大量可供自己支配的时间。从国内旅游看，学校的部分教职员工和学生每年利用寒暑假进行旅游；有些企业利用节假日组织员工集体外出旅游。

3. 社会支持

这种社会支持体现在多方面，主要体现在社会时尚、社会流行，大大增强了旅游地的吸引力，并对旅游者的旅游选择起到了重大的指导作用。目前，旅游已逐渐成为一种社会时尚，西方国家尤为盛行。在德国等国家，人们认为旅游度假是一种文明的标志，不去度假成为一种反常现象，甚至旅游已成为人们满足认识需要，满足与人交往的需要和娱乐需要，获得他人尊敬和社会地位的重要途径。在人们的价值观中，旅游已被提到很重要的地位。假日不外出旅游将是生活中的一大遗憾。社会支持使旅游者的旅游态度积极因素增多。某个名人到一个地方旅游，会引起公众注目，比如说我们中国的几代领导人都曾登顶黄山，一度被传为佳话。一部深受欢迎的旅游电影也会成为刺激因素，有意或无意地引起人们的模仿。比如说当年一部《庐山恋》电影的流行让去庐山旅游的人络绎不绝。还有李安导演的奥斯卡获奖电影《卧虎藏龙》使安徽黄山地区的西递宏村驰名海外。这些都可能使旅游行为成为时尚，会影响更多具有潜在旅游行为的人们产生积极的旅游态度和行为。

案例6-4

“抱团取暖”叫响“陕西游”

建设秦岭北麓、汉丹江沿岸、黄河秦晋大峡谷三大乡村旅游带，建设完善延安系列红色旅游区、陕南红军革命根据地等红色旅游景区，提升临潼、咸阳、眉县汤峪、华阴、勉县、东大、药王山等温泉休闲度假区……未来 5 年里，陕西省 70 多个旅游景区将以历史文化旅游、生态旅游、红色旅游、休闲度假旅游、乡村旅游归类命名，“抱团取暖”叫响“陕西游”。旅游建设将彰显“山水人文、大美陕西”形象，打造历史文化旅游、生态旅游、红色旅游系列品牌。突出抓好秦始皇陵和大明宫国家遗址公园、法门寺文化景区、延安爱国主义教育基地、黄帝陵等著名景区建设，加快培育秦岭生态旅游带和黄河文化旅游带，积极发展民俗风情、科教观展、温泉疗养、乡村、工矿等特色旅游。并创新景区开发建设机制，引入战略合作伙伴，加强旅游设施建设。其中，将70个重点旅游景区分成历史文化旅游、生态旅游、红色旅游、休闲度假旅游、乡村旅游五类“包装”，建设旅游经济强省。

（二）主观因素

1. 个性特点

人们旅游态度与旅游者的个性心理有密切的关系。不同个性的人对待旅游的态度也不一样，从而影响其对旅游的选择。这种选择有积极的、消极的、中性的表现。

心理类型属于自我中心型的人，其特点是思想谨小慎微、多忧多虑、不爱冒险；行为上表现为喜安逸、活动量小，喜欢熟悉的气氛和活动。另一个极端类型是多中心型。属于这一心理类型的人，其特点是思想开朗、兴趣广泛，行为上表现为喜新奇、好冒险、活动量大，不愿随大流，喜欢与不同背景的人相处。这类人更倾向于有较大的自主性、灵活性。除了这两个极端类型之外，中间型属于表现特点不明型，自我中心型和多中心型这两个极端类型的人数比例很小。

2. 主体对行为标准的掌握

它包括旅游者通过感觉、知觉、记忆、想象、思维等心理现象对旅游对象和旅游条件的认知过程，旅游者对旅游活动中的客观事物所持态度的体验的情感过程，旅游者为了达到既定旅游目标而自觉努力的意志过程。例如，游览黄山时，旅游者从西路登黄山天都峰，需要经过鲫鱼背。在宽不到1米的鲫鱼背上行走，只见两侧都是万丈深渊，令人胆战心惊。但为了观赏黄山云海，旅游者们不怕惊险，一批一批走过鲫鱼背。当旅游者登上天都峰后，各方云海尽收眼底，黄山诸峰如同在云海中漂浮的小舟。此时此刻，旅游者不仅有“无限风光在险峰”的美感，而且更有用意志过程战胜艰险后的喜悦和“有志者事竟成”的感受。

3. 需要满足状况

旅游者对于凡能满足自己的旅游需要的对象一般采取欢迎或喜爱的态度；对有碍于自己愿望和需要的旅游对象，或引起挫折妨碍目标实现的旅游对象，他们大多会产生厌恶或回避的态度。例如，许多发达国家的旅游者对东方文明古国中国充满向往，想参观雄伟壮观的万里长城，金碧辉煌的北京故宫和景色秀美的颐和园；但如果在旅游过程中遇到一些不如意的事情，如无法预订到舒适的旅馆，旅游治安或交通等服务较差，这些都会带来消极的影响。反之，如果旅游过程中得到优良的服务，旅游环境等在旅游者心中形成良好印象，那么旅游者就会有非常积极甚至热情高涨。

二、改变旅游者态度的途径

从旅游企业和旅游从业者的角度，改变人们的旅游态度可以从硬件和软件两个方面入手。软件主要指为了满足人们日益增长的旅游需要如何提升旅游产品的品质和品牌效应，硬件是为了适应人们对休闲娱乐生活高品质的追求如何打造更加过硬与专业的旅游设施与旅游人才的队伍，让旅游成为具有持续竞争力与无穷魅力的活动。

（一）打造旅游品牌，注重旅游特色

现在是个休闲娱乐消费的时代，国内居民已经习惯于走出家门，寻觅自己喜欢的休闲方式。旅游产品是旅游者在旅游过程中所购买的各种物质产品和服务的总和，从某种意义上讲更新并塑造具有品牌效应的旅游产品是改变旅游者态度的最基本的和有效的方法。要使旅游者改变对某种旅游产品的态度，最简单易行的方法往往是做好旅游产品本身，然后，以某种方式确保旅游者发现这个产品。但在我国的旅游市场，存在着靠收取高价门票甚至私设小景点卖门票来获得旅游经济收入的现象，长期来看这并不是值得提倡和效法的。现在国内的景点门票价格已经超过了美国及欧洲等国平均水平，必然会影响旅游者的消费积极性，而我国旅游者在国外能把大把的钱用在非基本旅游消费上，而更好地实现旅游的娱购游的功能，与国外合理的基本旅游收费有很大关系。很多国家把更多的利润来源放在开发旅游商品上，而且不仅包括有形产品，也包括无形产品。在德国，旅游业是仅次于汽车和电子行业的第三大产业。尤其称道的是，在竞争中处于相对劣势的德国中小旅游公司，进行了森林游、乡村农场游、登山游等新旅游模式的尝试来寻求生存发展。知识经济的发展，使得旅游者越来越使用大量的各类高科技产品作为旅游的必备工具。他们必然要求更高档次的旅游消费，从而改变了过去单一只是观光、娱乐等旅游需求形式，他们的旅游需求需要更多吸引或刺激的感受，比如说现在非常流行真人 CS 野战和高尔夫运动等，使当代旅游需求呈现向高层次发展的趋势。

（二）加强旅游宣传，发展旅游产业

旅游者所掌握的信息是旅游者态度形成的一个重要因素，也是态度改变的重要依据，能否向游客宣传好旅游信息会对旅游者是否改变态度产生重大的影响。随着市场竞争的加剧，旅游市场不断变化，新信息不断产生，如果游客掌握新信息越多，旅游态度改变的可能性就越大。现在世界的很多地方都重视旅游产品的不可移动性、无形性和旅游者的异地性，这决定了旅游产品不可能像工业产品那样直观地在市场上用信息传递方式去沟通潜在的旅游者。因此可以从以下三个方面来加以改善和提高旅游产品的宣传力量和咨询服务水平。

1. 拓展信息宣传空间

现在国内的很多城市都很重视打造本地的旅游特色。但在城市旅游宣传中，城市街道、交通要塞的广告牌并不明显，广告不能仅仅依靠旅行社各重大的活动去显露曝光率，平时信息与工作都应让市民了解，比如巴士汽车身上的广告，车站霓虹灯牌的广告，传统食品的包装上等等。另外我们要加强政府的参与力，旅游形象美誉度的高与低，直接影响了城市的形象、政府的形象，因而我们不能孤军作战，必须多借助政府的力量，联合知名企事业单位进行共同宣传，比如：银行卡的背面、企业产品包装等等都可以适宜地配上当地的人文景观贯穿其中，而不仅仅是借助旅游纪念品来单调地展示。

2. 进行叠加式重复宣传

所谓叠加式重复宣传就是指不厌其烦地，始终如一地向潜在具有旅游倾向的人员进行有目的性的旅游宣传。现在不是“酒香不怕巷子深”的时代了，有再美好的风光或者景物，但是“养在深闺人不识”，那么必然会错过很多最佳的推广和宣传的机会。所以旅游活动越来越普及到老百姓的日常活动。在一些大中型城市，城市街道上随处可见标志本地旅游景点的指示牌，这也是方便旅游者出行并参与游玩的一种手段。如果是一次性的宣传促销只能是昙花一现，往往达不到最终的效果，就如在异地宣传了一次，花费了大量人力、精力、财力、物力，但只是当时鼎沸了一阵，几日、几个月后渐渐让人淡忘，贵于坚持只有反复进行才会产生印象积累，刺激游客记忆力，可以在飞机场、火车站等出入口处竖立大型旅游电子宣传屏幕，反复宣传加上通俗的语言，使大街小巷、年老少幼均耳熟能详。

3. 打造旅游新焦点

首先是重视并组织节事活动，以节造势、以节兴旅，要继续推进市场化运作的办节模式，全面引入竞争机制，吸引国内外知名企业参与，政府组织协调，企业创新策划，切实减轻政府办节负担，借助旅游节庆活动影响力树立企业形象，实现经济效益和社会效益“双丰收”；在创新形式、充实内容、扩大影响上狠下工夫，走市场化、特色化、专业化路子，打造出在国内乃至国际上较有影响的旅游节庆精品；要打破各自为阵的狭隘观念，加强旅游与文化、体育、商贸、农林等部门的联系与互动，促进部门之间集中优势搞联合，不断丰富和拓展节庆活动的内涵，提升节庆活动规模和档次。

其次是更新旅游纪念品，给旅游者创造一个值得回忆的体验。纪念品的价格虽然比一般商品高，但因为具有纪念和回忆体验的价值，所以旅游者还是愿意购买。并且旅游者选择旅游纪念品不仅仅从外表、历史、价格等方面来进行挑选，更强的购买欲来自纪念品的新颖、奇特、富于美好的寓意等方面，因而纪念品品质的要求越来越高，而一件好的物品会让人品味一段美好快乐的旅行时光。旅游企业如果能够设计出精致的带有体验意味的旅游纪念品，旅游者肯定会愿意花钱购买。如果企业觉得不需要设计纪念品，那是因为尚未提供能够被旅游者认同的体验。

(三) 提高服务标准，以顾客需求为中心

以上可以说是做好改变旅游者态度的软件部分，但是如果只有上述优秀的旅游产品和美妙的旅游宣传，却缺少人去贯彻实施，那也只能是一种空想和难以践行的空中楼阁罢了。因此还需要做好以下三个方面的工作。

1. 优化基础设施，创设优质环境

现在每到旅游旺季，一些客流量较大景区的旅游状况都会引发很多让游客说不出来的难题，不仅游玩受到影响，关键是心情受到阻碍感到压抑，比如说旅行的大巴开不进旅游景区的驻地，在半途就进行步行，再比如说旅行途中本来就得长途奔劳，但是又在旅游旺季恰巧碰到大堵车，那基本上游客的兴致就落入谷底了。因此从以上的经验和教训出发，我国目前的旅游基础设施的建设必须进行大规模地升级改造。

2. 加大培训力度，提高人员素质

对旅游从业人员进行业务训练，主要目的是提高他们的人际交往能力。在这一方面我国与国际尚还存在较大的差距，如美国航空公司对所有雇用人员进行“业务分析”训练，因为旅游业是一项考验旅游从业人员整体素质的职业，它不能像其他实物产品那样可以在形体上加以改变，但是可以通过旅游从业人员的态度和仪表、服务技巧或方式等途径促使旅游者改变对旅游服务的态度。

3. 引入标准管理，赢得优良口碑

互联网与高科技已经融入了人们的现代生活，在旅游领域也不例外。当互联网的高速快捷已经使很多事情变得无所不能时，人们的旅游活动还要靠人力的安排和指引才能够完成。但是运用先进的科学技术，可以简化服务过程，优化服务质量。旅游服务部门可以从服务时间上提供方便。另外针对某些旅游者对票价敏感的特点，要改变旅游者的态度就要适当运用价格策略。如在物价上涨的情况下，适当降低一些旅游产品的价格或者保持不变，但是增加服务的品种和项目，可能能收到更好的效果。还可以增加便民的服务措施，如预订车船票，代办金融信贷等，这些也都能改变旅游者的态度。

归纳总结

本项目首先分析态度的概念及其基本组成，接下来说明旅游态度的特点。进而论述态度和行为之间的联系，从而引出旅游决策的概念和旅游决策的特点，再介绍旅游偏好的概念最后提出改变旅游者态度的方法和途径。

练习与实训

一、思考题

1. 简述态度的构成要素。
2. 简述态度形成的三阶段理论。
3. 试述旅游者的旅游偏好的形成过程。
4. 如何改变旅游者的旅游态度？

二、案例分析

同一度假地的不同旅游偏好

有两个在某国家级旅游度假村度假的旅游者，在相互交谈时道出了完全不同的度假理由。

甲说：来这里的理由是基于自然风光和气候，要充分地享受阳光和沙滩的魅力。

乙说：最近这里开办了世界一流的高尔夫球场，对这项贵族运动的向往与追求使他来此地。

根据上述材料分析：为什么他们对同一度假地会有如此不同的旅游偏好？

三、实训题

调查本地居民对本地景区的旅游态度，分析未获得旅游偏好的景点的原因，并提出改进旅游者态度的措施。

拓展阅读

一、淳安旅游：透明监管塑造新形象

“十一”旅游黄金周前夕，淳安千岛湖景区60余家旅游行业经营户在工商部门组织下，共同签订了“千岛湖旅游消费诚信经营公约”，共同塑造千岛湖景区旅游消费新形象。

近年来，随着游客日益增多，千岛湖旅游业步入发展快车道，涉旅企业主体快速发展。2010年，淳安全县全年接待游客353.6万人（其中湖区观光游客191.7万人，乡村旅游130.8万人次），旅游经济总收入45.4亿元。截至目前，全县在工商部门在册登记的涉旅企业751家，其中涉旅酒店171家（星级酒店32家）、农家乐经营户204户、旅行社42家、涉旅餐饮店200余家。然而，一些令人担忧的问题随之出现，其表现突出是旅游市场上的失信现象，主要体现在旅游行业部分企业漫天要价、强制消费、阴阳菜单、欺诈消费、虚假宣传、服务质量项目打折等行为。分析诚信缺失的原因，县工商局认为，一些旅游企业在利润最大化下失去理性，不择手段欺客宰客，弄虚作假，而旅游业信息不对称，在旅游者消费产品之前很难获得产品准确信息，少数企业通过夸大旅游产品优点诱骗消费者购买，这严重影响全县旅游形象。

对此，县工商分局从2007年开始细化旅游行业监管，牵头把“旅游消费推荐场所”这一旅游信用品牌与生态旅游消费和企业信用监管有机结合，统一出台《旅游服务行业消费推荐场所评选办法》，量化信用评价。去年，该县工商局将此评选从景区延伸至农家乐、乡村旅游，促进了广大农村旅游资源的服务质量。在信用监管方面，该局采取“4+4”联合信用监管的工作思路，即由工商、旅游、发改、卫生等四个部门，加上县消保委、旅游行业协会、餐饮协会和饭店协会四家行业协会。该架构充分发挥政府主导下的部门联动作用，有效形成“政府牵头、部门协作、协会引导、公众参与”的多方联动格局。

在积极开展信用指导，提升行业自律的同时，为解决旅游消费以往多头受理、信息不畅、延时耗力的问题，县局建立了旅游接待咨询中心、旅游消费投诉热线、旅游消费维权网络“三合一”的投诉维权联动处理机制，并在千岛湖主要旅游景点及大型旅游消费场所设立消费维权联络点，在餐饮、宾馆、购物、娱乐等主要行业聘请消费维权联络员，形成旅游消费维权网。

（资料来源：淳安旅游：透明监管塑造新形象．市场导报，2011-12-16.）

二、高端旅游 个性化产品遭疯抢

高端旅游指的是为精英群体推出的旅游产品。在2010年，有一些旅行社及旅游机构开始涉足顶级奢华旅游专业领域，例如某商务网站就推出了报价为50万元的“环游世界60天”高端旅游团，可以一次游遍全球五大洲、南北极，10天之内即被预订一空。此外，驾驶飞机游美国、英国威廉王子求婚地之旅、美国NBA之旅等产品都同样费用高昂，不过极具特色。

携程推出的报价为50万元的顶级旅游产品“环游世界60天”引起巨大轰动。“假如有50万，用来买房还是旅游”的话题也炒得沸沸扬扬。此后许多旅行社看到了高端旅游市场的商机，相继推出10万元以上的旅游产品，同样大受欢迎，大部分此类产品的行程都是明年才正式出发。预计2011年将会是高端旅游市场爆发式增长的一年。

在国外，富豪可以开飞机或坐着热气球环游世界，这种顶级旅游方式过去在国内难寻踪影。而高端旅游产品的出现，很好地满足了精英人群的需求。不过这也带来了不少争议。客观地说，高端旅游的出现是旅游发展的必然产物，也反映出个性化旅游的趋势，旁观者实在不必表现出过于排斥的态度。

（资料来源：高端旅游 个性化产品遭疯抢．南方都市报，2010－12－30.）

三、上海世博会 一场盛会引爆华东旅游热

上海世博会开幕式于2010年4月30日晚间在黄浦江畔的世博园区举行。来自全球189个国家和57个国际组织参展。10月31日，举世瞩目的世博会圆满落幕，入场人数突破7 200万，打破了1970年日本大阪世博会创下的6 400万入场人数的纪录，成为参观人数最多的一届世博会。

今年上海世博会的主题是“城市，让生活更美好”，创造了世界博览会史上最大规模纪录，数百个展馆及所展示的低碳、环保等理念，的确是让游客大开眼界。

世博本质就是旅游事件

从大局来看，世博会持续半年的高涨人气，的确是极好地拉动了内需，尤其对旅游业、文化产业、餐饮业、通讯及交通业的发展、拉动力甚大。因此有人认为，“世博会的本质是一种旅游事件”。

单从世博会对旅游业的影响来看，的确是人财两旺的2010年旅游大事件。世博会直接带动了上海及华东的旅游，尤其是上海市政交通等基础设施发展迅速，更为华东旅游带来了便捷；但从另外一个角度来看，世博会带旺了华东旅游，国内其他省份的旅游却有所削弱。

旅行社创新多种世博游线

广东旅行社在世博会的机遇中，也取得较大的收获。来自世博会广东票务中心广东国旅的数据显示，据不完全统计，广东国旅世博票务销售总数突破20万张；而南湖国旅—西部假期世博团接待量共计近20万人次，平均每天超过千人出游上海，其中近九成联游华东其他景区（景点），创下华东组团人数新纪录。

分析广东旅行社组团世博游的经验，线路创新是最大的原因。本届的世博游线路百花齐放，如世博长者游、文化之旅、高尔夫游、学子游、摄影游、绿色环保游等多种专项旅游，内容涵盖世博自由人、世博修学团、世博考察学习、世博低碳经济研修团，更组织了世博专列等种类丰富，总计达200多条主题鲜明的线路，价格从2 000～5 000元不等，可谓丰俭由人，备受市场欢迎。

后世博游热潮未退

当前，虽然火热的世博已经谢幕，但旅行社、酒店、景区等旅游上下游资源纷纷看好后世博游市场，已经转而开拓“后世博游”。上海世博会中国国家馆经过一个月的休整，12月1日起再度开馆迎客，“后世博游”也迅速成为旅游市场的热点。

（资料来源：上海世博会 一场盛会引爆华东旅游热．南方都市报，2010－12－30.）

项目七

旅游者的个性

个性是心理学中内涵最丰富的概念，也是旅游心理学研究的核心内容之一。旅游者的旅游行为与个性有着密切的关系。了解和把握旅游者的个性特征与旅游行为之间的关系，有利于旅游工作者提供针对性的服务。

任务一　了解个性结构与旅游决策

任务介绍

介绍个性构成及影响因素；
介绍个性结构理论；
介绍个性结构与旅游决策。

任务分析

通过了解个性构成，分析其形成原因，把握旅游者个性心理；并在个性结构理论介绍的基础上，分析其在旅游决策中的作用。

任务引入

一位老教授昔日培养的三个得意门生事业有成，一个在官场上春风得意，一个在商场上捷报频传，一个埋头做学问如今也苦尽甘来，成了学术明星。于是有人问老教授：你认为三人中哪个会更有出息？老教授说：现在还看不出来。人生的较量有三个层次，最低层次是技巧的较量，其次是智慧的较量，他们现在正处于这一层次，而最高层次的较量则是人格的较量。

评析：这里所说的人格，是相对于认知、情绪、意志等而言的一种心理现象，亦称个性，它反映了一个人总的心理面貌，是相对稳定、具有独特倾向性的心理特征的总和，它是在长期的社会生活实践中形成、发展起来的。

任务实施

一、个性概述

个性，也称人格，来自拉丁语（Persona），原为面具的意思，即演员在戏剧舞台上扮演某种角色所戴的面具，它代表剧中人的身份，角色不同，演员所戴的面具就不同。心理学家把它引入心理学领域，用来表示每个人在社会生活中扮演的不同角色及表现出的相应行为。

（一）个性构成

每个人都具有自己独特的外貌特征，根据一个人的外貌长相我们记住了这是张三，那是李四。但如果真正了解张三或李四，外貌特征还远远不够，我们还需要深入了解这个人的内在特征，也就是个性。个性是什么？个性可以说是一个人总的心理面貌。就像外貌是由五官等各部分组成，每个人的个性也是多种心理特点的综合。

个性倾向性和个性心理特征是构成个性的两大组成部分。个性倾向性是人进行活动的基本动力，也是个性中最积极最活跃的因素。它决定着人对现实的态度，反映了人对认识和活动对象的趋向和选择。个性倾向性包括需要、动机、兴趣、理想、信念、价值观等，其中需要是个性倾向性的源泉，动机、兴趣、信念则是需要的表现方式。个性心理特征包括气质、性格和能力三大方面，这三方面较为集中地反映了人的心理面貌的独特性和个别性，正是气质、性格和能力的不同，才形成了千差万别的个性。

个性是由多种因素有机构成的综合体。各个组成部分相互依赖、互相制约、互相协调地存在着，对人的心理和行为进行调节和控制，从而构成一个人的完整心理面貌。比如，个性倾向性，它直接制约着个性心理特征，又直接或间接地通过个性心理特征影响着心理过程。

（二）个性形成影响因素

个性的形成主要受遗传和环境两大因素的影响。遗传因素是个性形成和发展的前提条件，人们的先天遗传特征，比如个体的神经活动类型、感官特点、智力潜能、身体状况、体貌特征等都对个性的形成起基础性的作用。但遗传因素对个性的形成并不起独立的作用，也不起决定性作用。事实上，个性形成的最重要的因素是社会环境。社会环境因素主要包括家庭环境、学校环境和社会文化，它们是对个性发展的内容、方向、水平等方面构成决定性影响的因素。

个性因素中气质和能力中的智力因素主要取决于先天遗传，而理想、信念、价值观、兴趣、需要及性格和能力中的非智力因素主要依赖后天的环境及个人的努力形成。对一个人的发展来说，个性很重要，而影响个性形成的环境和个人在社会生活实践中的努力则显得更为重要。

二、个性结构理论

个性的形成和发展的过程，是人社会化的过程。在这个过程中，个人形成区别于他人的独特个性。关于人的个性，心理学家大多数研究主要集中在对个性的实质结构、形成及影响因素与动力等方面，形成了不同的理论学派。

（一）特质论

美国心理学家奥尔波特首次提出人格特质理论。他把人格特质分为两类：共同特质和个人特质。共同特质是某一社会文化形态下，大多数人或一个群体所共有的，相同的特质。个人特质是个体身上所独具的特质。个体特质以其在生活中的作用分为：首要特质、中心特质、次要特质。

首要特质是一个人最典型、最概括的特质，影响到一个人的各方面的行为。首要特质是影响个体各方面行为的特质，它表现了一个人生活中无时不在的倾向，个人的每个行为都受它的影响。因此它是一个人最典型，最具概括性的特质，它在人格结构中处于支配的地位。例如，在罗贯中笔下，忠君和足智多谋是诸葛亮的首要特质，权欲熏心和奸诈狡猾则是曹操的首要特质；在巴尔扎克笔下，吝啬是葛朗台的首要特质，因为这种行为倾向表现在他们生活的各个方面。

中心特质是构成个体独特性的几个重要的特质。中心特质是决定一个人的一类行为而不是全部行为，能够代表一个人的主要行为倾向的特质，表现出这些特质的情景要比表现出首要特质的情景有限，即它所起的作用比首要特质要小一些。例如，清高、才华出众、沉着冷静、温文尔雅是诸葛亮的中心特质；狠毒、无情无义、诡计多端、猜疑妒忌则是曹操的中心特质。

次要特质是个体一些不太重要的特质，往往只有在特殊情况下才表现出来。比如“诸葛一生唯谨慎”，便点出了诸葛亮的次要特质。

（二）精神分析论

精神分析理论是由奥地利精神科医生弗洛伊德于19世纪末20世纪初提出的。弗洛伊德认为个性结构由本我、自我、超我三部分组成。

本我即原我，是指原始的自己，包含生存所需的基本欲望、冲动和生命力。本我是一切心理能量之源，本我按快乐原则行事，它不理会社会道德、外在的行为规范，它惟一的要求是获得快乐，避免痛苦，本我的目标乃是求得个体的舒适，生存及繁殖，它是无意识的，不被个体所觉察。

自我，其德文原意即是指“自己”，是自己可意识到的执行思考、感觉、判断或记忆的部分，自我的机能是寻求“本我”冲动得以满足，而同时保护整个机体不受伤害，它遵循的是“现实原则”，为本我服务。

超我，是人格结构中代表理想的部分，它是个体在成长过程中通过内化道德规范，内化社会及文化环境的价值观念而形成，其机能主要是监督、批判及管束自己的行为，超我的特点是追求完美，所以它与本我一样是非现实的，超我大部分也是无意识的，超我要求自我按社会可接受的方式去满足本我，它所遵循的是“道德原则”。

（三）个性PAC分析

我们经常听到人们这样评价别人：“小张这个人哪，太盛气凌人。”“老李不行，太像一个小孩子。”“小胡比较成熟，像一个大人。”这里所说的就是人的三种自我心理状态。加拿大心理学家埃里克·伯恩（Eric Berne）在他的《人们玩的游戏》中提出著名的个性结构的PAC分析，认为人的个性由三种心理状态构成：父母状态（Parent

State）、成人状态（Adult State）和儿童状态（Child State）。每种自我状态是思维、情感和行为的单独来源。在任何情境里，人们的行为都会受到个性的三种自我状态或其中之一自我状态的支配。

首先是感情用事的“儿童自我”。儿童自我状态由自然产生的情感、思想和行为所构成，支配属于情感和情绪的那一部分个性，包括大部分的要求、需要和欲望。它就像是人们内心世界的一个永远长不大的孩子。一个人处于儿童自我状态时，他会用感情来支配自己的行为，想干什么就干什么，想怎么做就怎么做是他的一种表现。此外，儿童自我状态还表现为强烈的好奇心、创造性、想象力和冲动性。

其次是照章办事的“父母自我”。父母自我状态支配人们有关批评、教诲、指点、教训和道德方面的行为并为人们立下规矩。当人们大声地叱责或判断现在青年的是非时，以及纠正某人的错误或行为举止时，父母自我起指导作用。父母自我告诉人们如何处世和分清是非。

父母自我状态分为权威的父母自我状态和慈爱的父母自我状态。一个人的记忆中通常牢牢记得小时候父母所教诲的关于宗教、政治、道德、文化、传统、生活方式、性别角色等各方面的规范和标准，成年后人们在与他人进行交往时，也会不由自主地运用这些规则。虽然它们有的是合理的，有的是不合理的，甚至是一些偏见，但都构成了权威的父母自我状态。当一个人板起脸来教训人这样那样，或者表现出来高于他人地位，这个人就是处在“父母自我状态”。在他们的言行中我们可以看到，他们时不时地要表示他们拥有什么样的权力。

再次是面对现实的“成人自我”。成人自我状态，是指导性思维和客观的信息加工的个性部分。它通过检验现实，估计可能性，公正地计算，并以事实的基础作为判断的方式起作用。

成人自我状态的特征是理性的、思考的、客观的，用理智而不是情感或成见来面对问题。但我们传递信息、进行决策、采取行动和解决问题时，只要成人自我状态出现，我们就能胸有成竹地完成任务。

人的这三种“自我心理状态”不会由于性别而男女各有偏重，也与人们的生理年龄没有任何关系。这三种自我心理状态平时是蕴藏在人们的潜意识之中的，不被人们所察觉。在一定的交往条件下会表现出来的某种自我心理状态，可能是“父母自我状态”，也可能是“儿童自我状态”，也可能是“成人自我状态”。同时，人的三种自我心理状态在交往中的表现不是固定的，在交往中往往会从一种心理状态转变为另一种心理状态。比如，一个人丢失了钱包，一时间六神无主，表现出“儿童自我状态”，但是，在警察、亲人朋友，甚至路人的安慰下，平静下来，回忆起钱包丢失前曾经去过的地方，表现出“成人自我状态”。

三、个性结构理论与旅游决策

一个人个性中的三种自我状态相互独立、相互制约、共同参与决策。当一个人考虑是否去旅游、到什么地方旅游、采取什么方式旅游、旅游花费多少等问题时，内心三我会有不同的观点，只有三者相互说服，达成一致，才能做出旅游决策。因此，对于旅游工作者来说，了解旅游者个性结构中的三个“自我”具有十分重要的意义。从旅游促销的角度讲，旅游宣传应该针对三种自我状态同时做工作。要想让人们去旅游，就要使旅游者或潜在旅游者内心中的“儿童自我”动心，“父母自我”放心，“成人自我”舒心。

（一）让“儿童自我”动心

人们的需要和欲望大部分由“儿童自我”掌管，因此，“儿童自我”最容易受到新鲜、新奇事物的吸引。不管一个人年龄有多大，提到或看到明媚的阳光、柔软的沙滩、辽阔的海水、秀美的山峦、明净的湖水等，心情就会激动起来。旅游宣传可以从“儿童自我”的好奇心着眼，以形象生动、赏心悦目的形式引起人们的注意，激发旅游者或潜在旅游者的旅游欲望。

（二）让“父母自我”放心

旅游宣传成功地让“儿童自我”动心了，但这并不代表旅游者能够马上做出旅游决策。因为，这时候“父母自我”可以会对使“儿童自我”动心的新鲜、新奇事物持怀疑的态度。这就意味着旅游宣传还需要针对“父母自我”做理性说服工作。使其意识到旅游可以增长知识、增进亲情、友情和爱情，消除工作疲劳放松心情等益处，进而同意“儿童自我”，放心出游。

（三）让“成人自我”舒心

“儿童自我”产生了旅游的欲望，“父母自我”也认为旅游很有价值和意义，但旅游涉及食、住、行、游、购、娱等诸多方面的具体问题，“成人自我”马上会现实地考虑这些问题。旅游宣传工作如果能针对性地向“成人自我”提供有关旅游产品特色、价格、日程等方面的详细信息资料，“成人自我”就会觉得舒心。

只有旅游者内心中的三个“自我”都投了赞成票，旅游者才能够踏上开心愉快的旅程。

任务二　掌握旅游者个性特征与旅游行为

任务介绍

介绍气质与旅游行为；

介绍性格与旅游行为；

介绍生活方式与旅游行为。

任务分析

每个旅游者个性都不同，其旅游行为也会各不相同。本任务通过分析旅游者气质、性格和生活方式，探讨个性特征与旅游行为的关系。

任务引入

自命不凡的游客

小徐一次带团遇到这样两位中年游客。他们穿着时尚，看来是一对夫妻。在其他游客都集合上车后，他们才姗姗而来，一上车就跟小徐抱怨："怎么搞得，我告诉你们经理给我留两个前排的位置，怎么说了不算？你让我们坐哪？"小徐马上解释说："先生，真是不好意思，大家都是按上车先后顺序坐的，您来晚了点，这样吧，回程的时候大家换一换，您看行吗？"

一听小徐说"来晚了点"，那位女士不乐意了，"谁晚了？导游，你看看表，才到时间嘛！我们是严格遵守时间的人。时间对我们来说就是金钱，你怎么不说是别人来早了！"最后，看到其他游客不满议论起来，他们才不说话了。

到了采摘园，别人都在开心品尝无污染的农家特产时，这对夫妇把苹果拿到手里，掂量说："这儿的苹果太一般了，我们去年去英国旅游，你们的苹果跟人家没法比！"

分析：自命不凡的游客在旅途中会经常为表现自己而反驳导游员以及其他人的观点和意见，同时又不断吹嘘自己，影响旅游团队内的情绪和工作。遇到这样的游客，导游员可以满足游客的虚荣心，他要吹嘘自己，那就让他吹足吹够，在他吹嘘的同时，导游员可以顺水推舟，必要时附和几句，微微点头。等他讲完了、说够了时，自己的虚荣心也得到了满足，再以诚恳谦虚的态度加以耐心说服。要绝对避免"冲撞"，处理问题要幽默，不要直截了当，只有这样才能既照顾游客的面子，又能顾全大局，保证旅游活动顺利进行下去。

任务实施

气质是个性中表现最明显、最易被人观察到的心理现象，通常被称为脾气或秉性。从心理学角度讲，气质是个体心理活动的稳定的动力特征。不同气质类型在旅游行为中的表现会有明显的差别。了解游客的气质类型，才能更好地理解游客的旅游行为，并做好针对性的服务。

一、气质类型及其行为特征

古希腊医生希波克拉底很早就对气质进行了研究，他认为，人体内有四种体液：血液、粘液、黄胆质和黑胆质。这四种体液在人体内比例配合的不同，因而产生了不同人的不同行为方式和气质表现。后来古罗马医生盖伦继承了这种体液说，并把人的气质划分为胆汁质、多血质、粘液质和抑郁质四种类型。关于气质的生理机制，古今中外很多学者都进行了研究和解释，其中最有影响的是前苏联生理学家巴甫洛夫创立的高级神经系统活动学说。巴甫洛夫通过实验研究发现，动物的神经活动过程有三种特征：兴奋和抑制的强度、平衡性及灵活性。巴甫洛夫根据这三种特性的独特结合，把动物的高级神经活动分为四种类型。高级神经活动类型与气质类型、行为特征之间的联系见表 7－1。

表 7－1 高级神经活动类型与气质类型、行为特征之间的联系

神经类型	气质类型	行为特征
强、不平衡型	胆汁质	直率，热情，精力充沛，情绪易冲动，心境变化激烈，外倾。
强、平衡、灵活型	多血质	活泼好动，敏感，反应迅速，爱与人交往，注意易转移，兴趣易变换，外倾。
强、平衡、不灵活型	粘液质	安静，稳定，反应迟缓，沉默寡言，情不外露，注意稳定，善于忍耐，内倾。
弱型	抑郁质	孤僻，行动迟缓，情绪体验深刻，善于觉察细小事物，内倾。

生活中，大多数人的气质类型表现为“混合型”。人的气质由于受先天因素和后天的生活实践及教育的影响，所以是很复杂的。在生活中，我们可以遇到以上四种气质的典型代表人物，但这只是少数。多数人往往以一种气质为主兼有其他类型的气质的特点。气质类型本身没有好坏之分，各种气质类型都有积极和消极的一面，具有两重性。比如胆汁质的人热情、直率、精力旺盛，但容易急躁、粗心；多血质的人活泼、灵敏、善于交际但缺乏坚持性、耐心；粘液质的人踏实、坚毅，但容易刻板、犹豫；抑郁质的人细腻、敏感，但易猜疑、脆弱。我们要注意发展气质积极的一面，而抑制其消极的一面。

二、气质与旅游行为

在旅游消费活动中，游客的不同气质会通过他们的言行举止表现出来。分析不同气质类型游客的旅游行为，有利于进一步了解游客，并能够根据他们的不同气质特点做好旅游服务工作。

（一）胆汁质游客的旅游行为

这种类型的游客由于感情外露，碰到问题容易发火，一旦被激怒，就不易平静下来；他们精力旺盛，活动参与积极；他们在游览中常会被导游生动的讲解、有趣的故事吸引，并可能会不加思索地插话或提出问题打断讲解；他们排队、等车或在酒店等办手续、在餐厅等结账的时候，往往会比其他游客显得更没耐心；他们往往很粗心，容易遗失东西，如钱包、相机等。在旅游服务工作中，我们应当根据胆汁质游客的特点，注意不要激怒他们，不要计较他们有时不顾后果的冲动言语，万一出现矛盾应当避其锋芒，尽可能快速地为他们办理入住手续、餐厅结账等事情，并适时提醒他们不要遗留物品。

（二）多血质型游客的旅游行为

多血质型游客活泼好动，喜欢参与新奇、变化大、刺激性强、花样多的活动；他们反应快，理解力强，动作敏捷灵活，喜欢与人交往，热情大方，常主动与人攀谈；他们在大多数情况下非常乐观。在接待多血质的游客时应当在可能的情况下同他们交谈，不能不理睬他们，以满足他们爱交际、爱讲话的特点。在与他们谈话中不应有过多的重复，否则他们会不耐烦。在餐厅时介绍他们吃新款式的菜肴，还要主动向他们介绍旅游

地或宾馆里的娱乐场所。

（三）粘液质游客的旅游行为

粘液质的游客一般喜欢清静的环境，生活有规律，讲话做事总是不慌不忙，力求稳妥；购买旅游产品或服务时总是深思熟虑，常常是热点线路的消费者；他们很少主动与人交谈，情感很少外露，很少大声谈笑；他们很少发脾气，自制力很强；他们反应慢，在听导游讲解或介绍时，总是希望别人讲话慢一点或多重复几次；他们注意力稳定而不易转移，对新环境不易适应。在接待粘液质游客的过程中，应当注意在安排住房时尽量选择一些较为安静的地方，不要安排靠近电梯旁和附近有很多青年人或有小孩吵闹的地方，以满足他们爱清静的特点。导游向他们作介绍或交待事情时，讲话应当慢一点，在重要的地方重复一下。在他们点菜或选购商品时，应当允许他们作稍长时间的比较、考虑，不要过多催促。

（四）抑郁质游客的旅游行为

抑郁质的游客常常性情孤僻，多愁善感，不愿意到热闹的场所；他们沉默寡言，不习惯在公开场合讲话；他们感情体验深刻，自尊心强，很敏感，能注意到一般人不易发现的特点；他们好猜疑、想象力丰富，心境会因为很小的事情而改变；很多时候表现郁郁寡欢。在接待抑郁质的游客时，对他们讲话要清楚明了，不要与他们开玩笑，以免引起不必要的误会和猜疑。给他们安排房间应该选择清静的地方，在旅游途中，导游应多留意他们，关心他们，使之感到温暖。

三、性格与旅游行为

性格是一个人对现实稳定的态度和习惯性的行为方式，是一个人具有核心意义的个性特征。它是决定旅游行为倾向最重要的心理特征之一。对性格的分析有助于帮助我们掌握游客旅游活动的规律和特点。

（一）性格及其行为特征

性格不同于气质，它是后天在社会环境中逐步形成的，受到世界观、人生观、价值观的影响，所以有好坏之分，有明显的社会道德评价的意义。比如，诚实与虚伪、勇敢与胆怯、同情与冷漠、勤劳与懒惰。性格由四个方面的特征构成。

1. 性格的态度特征

性格的态度特征主要是在处理各种社会关系方面的性格特征。主要有：对社会、集体和他人的态度的特征；对工作和学习的态度的特征；对自己的态度的特征等。比如：诚实与虚伪、勤劳与懒惰、谦虚与骄傲、自尊与自卑等。

2. 性格的意志特征

性格的意志特征，是指人在对自己行为的自觉调节方式和水平方面的性格特征，主要有：对行为目的明确程度的特征；对行为的自觉控制水平的特征；在长期工作中表现出来的特征等。比如：果断与犹豫、自制与任性、坚强与柔弱等。

3. 性格的情绪特征

性格的情绪特征，是指人在情绪活动时在强度、稳定性、持续性和主导心境等方面表现出来的性格特征。主要有：情绪强度特征；情绪稳定性特征；情绪持久性特征；主导心境特征等。比如：乐观与悲观、愉快与抑郁、热情与冷漠等。

4. 性格的理智特征

性格的理智特征，是指人在认知过程中的性格特征。主要有：感知方面的性格特征；记忆方面的性格特征；想象方面的性格特征；思维方面的性格特征等。比如在学习认识活动中的表现：主动与被动、敏捷与迟钝、深刻与肤浅、独立与依赖等。

在以上四个方面的性格特征中，最主要的是性格的态度特征和性格的意志特征，其中又以性格的态度特征更为重要。

性格的上述各个方面的特征并不是孤立的，而是相互联系着的，在个体身上结合为独特的统一体，从而形成一个人不同于他人的性格。这正是性格一词的本来的含义。

（二）性格类型与旅游行为

对一个人性格的了解，不仅有助于解释和掌握他现在的行为，而且还可以预见他未来的行为。由此可见，了解游客的性格特点与旅游服务工作的相互关系的意义主要体现在两个方面：一方面，有助于引导、控制游客的行为；另一方面，有助于创造适宜的活动环境，使之与游客的性格倾向尽量的吻合，尽量避免在服务工作中出现不和谐乃至对立的局面。

1. 理智型、情绪型和意志型

这是按照游客是理智还是情绪占优势来划分的。理智型的人，常以理智来评价一切，并用理智来控制自己的行为，遇到问题总与人讲事实、讲道理。是否旅游，选择何地旅游，往往是在其理性分析利弊因素之后作出的决定。在现实旅游活动中，经常有这种情况，各旅行社打出低价旅游，许多人贪便宜，纷纷出行。但理智型游客却不盲从，而是根据自己获得的信息，进行冷静分析，这条旅游线路是否适合自己？价值多少？为什么降价等等，经过一系列分析，才做出是否旅游的决定。不仅如此，这类游客对旅游中的问题，也总能以理性的尺度来衡量。比如，理智型游客中的专家、学者、知识分子，在旅游行为中就表现得较为成熟，健康而理智。在选择旅游项目时，一般选择具有认识和审美意义或者具有奇特自然现象的地方作为旅游对象，比如丝绸之路、长城、云南石灰岩地貌景观等。

情绪型的人，情绪体验深刻，不善于进行理性的思考，言行易受情绪的支配，处理问题喜欢感情用事。情绪型游客的旅游行为一般是在喜欢等各种感情支配下进行的，其感情可能受到其他人过去旅游经验的影响，也可能是旅游宣传广告的影响，归根结底，是感情左右旅游行为。情绪型的旅游者多见于艺术家、青年人等，情绪变化快，爱挑剔，对旅游服务要求很高。他们喜欢比较轻松、愉快和具有浪漫情调的旅游项目，比如九寨沟黄龙、新马泰等等。

意志型的人，这类人的人格特质表现为做事情有明确的目的和计划，主动性强，积极果断。意志型旅游者多见于企业家、运动员、考古者，他们对于那些具有明确目的能发挥自己主动性和能动性的项目比较感兴趣，如登山旅游、西双版纳原始森林探秘游等。

2. 独立型和顺从型

这是按照游客的独立性的程度来划分的。独立型的人，其独立性强，不易受外界的干扰，善于独立地发现问题，并能独立地解决问题，在紧急情况下表现出沉着、冷静。

独立型旅游者多倾向于独自出游，即便参加旅游团，在游览过程中他们也希望大部分的旅游活动能够自己支配，能发挥自己的主动性。

顺从型的人，其独立性较差，容易不加批判地接受别人的意见，人云亦云，自己很少有主见，在紧张的情况下，常常表现得惊慌失措。顺从型旅游者喜欢团队旅游，在景点安排上人云亦云，整个活动安排都寄希望于导游。

3. 外向型和内向型

这是按照游客生活适应方式来划分的，各自对应的旅游行为可见表 7－2。外向型的人，性格外向，情感容易流露，活泼开朗，好交际，对外界事物比较关心。具有这种性格类型的游客，易于接受新鲜事物，喜欢在旅游活动中能遇到一些意想不到的新奇的事，喜欢参加各种活动项目，喜欢具有冒险性的旅游活动，认为旅游除了休息和放松之外，还应该把它看成是扩大交往范围、结交新朋友的良好时机。在旅游活动中非常积极，与导游和同游者都能相处得很好。

内向型的人，性格内向，比较沉静，不爱交际，适应环境也比较困难。这种性格类型的游客，在旅游目的地选择上大多是环境宜人的湖滨海岛、山庄等旅游度假区。他们不喜欢任何风险，对广告所宣传的旅游活动一般持怀疑态度。在旅游活动中喜欢独处。

表 7－2　外向型与内向型旅游者的旅游行为

外向型	内向型
倾向于选择非旅游地区	喜欢于熟悉的旅游目的地（知名景点）
喜欢旅游目的地的新活动项目	选择旅游目的地的常规活动内容
喜欢新奇的、不寻常的旅游场所	喜欢休闲、度假旅游场所
高活动量	低量活动
旅馆可以是一般或较好的	喜欢设备齐全的旅馆，家庭式的饭店
旅游的安排只包括最基本的项目，灵活性强	全部日程都要事先安排妥当

四、生活方式与旅游行为

生活方式是指社会生活的形式，主要包括一个人的兴趣、爱好、生活习惯、价值取向、行为规范、社会态度等因素。作为一种较为综合的个性特征，是一个人在其意识支配下的稳定的活动形式，与人的日常生活中的各种行为关系密切，旅游行为也不例外。分析生活方式特点，有助于理解和解释持有不同生活方式的旅游者的不同旅游方式和旅游行为。

根据人的生活方式和旅游的关系，可以把旅游者的个性分为以下几种类型。

1. 舒适安宁型

一般来说，舒适安宁型游客对家有特殊的感情，他们酷爱清洁和健康，希望旅游活动能够充分休息、娱乐而且安全。他们乐于选择安宁幽静的旅游目的地，喜欢清新的空气，明媚的阳光及户外活动。

2. 活泼开放型

活泼开放型游客外向、活泼、自信、乐于主动与他人交往，喜欢尝试新鲜事物，喜欢遥远的旅游目的地，喜欢新颖的旅游活动内容。对异国文化感兴趣，他们往往被不同文化的美术馆、博物馆、古典音乐会、传统戏剧和民俗风情所吸引。他们喜欢乘飞机、租汽车，喜欢参加秋冬季节的旅游活动。针对这种类型的游客，旅游宣传和开发必须突出一个“新”字。

3. 历史文化型

这类游客一般具有较高的文化素质，他们认为旅游就是了解习俗、文化及历史，是增长知识的良机。他们的旅游主要动机就是寻访古迹、追忆过去。历史人物古迹、古代文化旧址、历史事件发生地对这类游客有很大的吸引力。

4. 探险猎奇型

这类游客大多数是身强力壮、意志顽强的年轻人。在旅游过程中，他们不注重享受，也不苛求旅游服务条件，有敢于吃苦的精神。他们追求旅游活动中新鲜和刺激的感受，喜欢登高山、越沙漠、漂流江河、露宿荒野，深入到人迹罕至的地方或没有开发的景点去旅游。

总之人们的生活方式千差万别，旅游行为方式也是五花八门。

案例7-1

五花八门的旅游方式

蜜月之旅

蜜月游在中国旅游市场从一开始的普及，发展到2008年的高质需求与2009年的井喷，新婚旅游者对蜜月游的质和量的要求都大大提高。除了要景观好、服务好，还要够私密、够个性，并且价格也不能贵。一直以蜜月胜地著称的马尔代夫，还有最近进入中国市场的斐济，主打都是蜜月牌。各家旅行社则安排了各种吸引眼球的特别项目。

平价奢华

经济实惠又不失品质的线路广受国内游客欢迎。如最早向国内游客开放自由行的东南亚，其“点击率”不断攀升。住古堡、打高尔夫这一系列高端享乐项目成为了东南亚假期的新功课，人民币坚挺也让国人旅游得了实惠，花同样的钱却换回更高级的住宿条件和服务。

2010年，平价换奢侈将成为国内游客出境旅游的重要考虑因素。

落地自驾

如果你还在为坐飞机省时间还是开车更自由犹豫不定，那么不妨选择“落地自驾”的方式旅行：就是下了飞机再租车自驾游。

随着国内公路等基础设施的完善，如偏远的西藏、新疆、青海、内蒙古等地，“飞机＋自驾”设计旅游的优势反而比近途更加明显。

主题游

2010年的旅游将比以往更多地打上个性标签，如结合当地的节庆盛会，设计一次主题旅行。目前各国旅游局、各大旅行社都推出越来越多的主题游线路，比如比利时设计了6大主题线路：巧克力之旅、啤酒之旅、浪漫时尚钻石之旅、动画主题游、美食游、欧洲心脏布鲁塞尔深度之旅。

慢游

如果每次旅游都好似赶路，会让人无心去体味风景。近年来，真正的休闲“慢慢游”在国内也渐成气候。

定制欧洲游

几年来，玩转欧洲的方法越来越多，从多国连玩的匆匆一瞥之旅，到一国深玩团，大家对欧洲越来越熟悉，对跟团玩法也越来越不满足。2009年，进入了定制时代。挑选目的地、自定线路和行程、自选酒店、自选主题，单为每个玩家量身订制的欧洲之旅，成为欧洲游的大趋势。

（资料来源：五花八门的旅游方式．中国旅游报，2010－5－14.）

归纳总结

本项目介绍了个性结构及个性特征，突出了个性结构PAC理论对旅游决策的作用，并着重分析了气质、性格、生活方式与旅游行为的关系。

练习与实训

一、思考题

1. 什么是个性?
2. 试述埃里克·伯恩的个性PAC理论。
3. 选择一个旅游目的地，假定你是旅游促销人员，你应该如何运用“自我状态”三我理论向旅游者或潜在的旅游者做旅游促销?
4. 分析旅游者气质类型与旅游行为的关系。
5. 试分析不同性格类型的旅游者的旅游行为。
6. 试分析不同生活方式的人的个性及其在旅游活动中所表现的行为。

二、实训题

1. 如果你是一名导游，请根据游客的语言来判断他们的哪种自我状态在起主导作用，并且思考一下你应该如何应对。

（1）客人甲对你说：“你必须搞到我的飞机票。”

（2）客人乙的护照丢了，跑来对你说：“王先生，我的护照不见了！这可怎么办呀?”

（3）70岁的老人走丢了，他太太对你说：“哎呀，王先生。不得了了，我先生不见了，怎么办呀?”

（4）你让客人准时上车时，客人把嘴一撇说：“别理他，我们走我们的!”

2. 小组活动：(1) 分组讨论近年黄金周期间有哪些个性化旅游。

(2) 分析总结其中呈现的旅游规律和特点。

三、案例分析

从旅游方式看潜在性格

旅游是很多人钟爱的休闲方式，观察一个人的出游方式，兴许就能推测他的潜在性格。

不少人旅游时会选择报旅行团，方便又省事。这样的人通常很有理智，喜欢计划得井井有条，“不求有功、但求无过”，不期待什么意外惊喜，也不希望出现任何“漏子”。当然，跟他们在一起也会很有安全感。还有一部分人喜欢背包自助游，甚至选择露营、自驾等“另类”方式。这样的人个性独立、富于创造性，很少被传统思想所束缚，与他们在一起，一定少不了惊险、刺激的新奇感。

还有一些人，非常喜欢去海边玩，他们个性上略显保守，不喜欢与很多人混在一起，渴望远离喧嚣、享受孤独，但做起事情来一心一意、认真投入。还有人特别喜欢爬山、攀岩，这样的人通常充满活力，喜欢挑战自我，但为人谨慎、责任心强、说到做到。

还有一部分人，喜欢利用旅游的机会，各处探访朋友。这种人往往性格开朗热情，擅长与不同的人打交道，从而让生活充实。他们为人诚实可靠，对朋友关怀备至，甚至有些“爱心泛滥”。还有一些人则爱好出国旅游，这样的人往往富于幻想、追求潮流，懂得调剂自己的心情，向往逍遥自在的生活，不希望被生活的重担压垮。

(资料来源：从旅游方式看潜在性格．当代健康报，2012-3-29.)

根据上述材料，分析几类旅游者的性格。

拓展阅读

一、能力与旅游行为

(一) 能力概述

1. 能力及分类

能力是指人们顺利完成某一活动所必备的个性心理条件。

人的能力多种多样，可以从不同的角度做出不同的分类。心理学对能力的分类，通常分为一般能力和特殊能力。一般能力是完成一切活动所必需的基本能力，通常叫做智力。特殊能力是指出现在为某些专业活动中的能力。任何一个正常人都既具备一定的一般能力，又具备一定的特殊能力。一般能力与特殊能力在活动中的关系是辩证的统一。一方面，一般能力越是发展，就为特殊能力的发展创造了有利条件；另一方面，特殊能力得到发展的同时，也发展了一般能力。在顺利地完成某种活动时，既需要一般能力，又需要特殊能力，两种能力彼此相互促进，协调发挥作用。

2. 能力的个别差异

(1) 能力的类型差异。主要是能力质的差异，是对能力差异从质的特点上进行分析。同一能力在不同人身上都会表现出一些相似的特点，把这些特点加以分析、归类，就出现了各种不同的能力类型。

(2) 能力发展水平的差异。主要是能力体现在量上的差异，即通常所说的能力大小的差异。各种能力都有发展水平的不同。心理学研究表明，全人口的智力分布呈常态，即大部分人处于正常水平，超常者和低能者均占少数，约占千分之三左右。

(3) 能力表现早晚的差异。这是能力发展上的差异。个体之间的各种能力发展的速度各不相同，能力表现有早有晚。有些人的优异能力早在儿童时期就表现出来，这叫能力早期表现或早慧。

(二) 能力与旅游行为

在旅游消费活动中，游客的能力主要表现为对旅游产品和服务的识别能力、挑选能力、评价能力、鉴赏能力和决策能力，这些能力统称为购买能力。游客的购买能力是有个别差异的。从能力水平上看，有人购买能力水平高，有人购买能力水平低；从能力类型上看，完成同一种旅游活动取得同样的成绩，不同的人采取不同的能力的结合；从能力发展上看，有人购买能力发展较早，有人购买能力发展较晚。研究表明，在旅游活动性质与游客的购买能力发展水平之间存在着一个“镶嵌”现象，每一种活动都有一个能力阈限，它既不需要超过这个阈限，也不能低于这个阈限。即执行某种性质的旅游活动，只需要恰如其分的购买能力水平。能力过高的人，从事一项比较容易的活动往往会对活动感到乏味，不能对该项活动维持兴趣，当然会影响活动效率。反之，如果一个能力水平偏低的人，去从事一项比较复杂或比较精细的活动任务时，往往会感到力不从心，产生焦虑心理；严重的还会感到群体压力，还可能出现人格异常，甚至出现事故。另外，游客的购买能力发挥程度和主观心理环境也有密切的关系，他在感兴趣、心境好的时候，可能会使能力发挥最佳水平、取得最大的成就，而在相反的主观心理环境下就可能一事无成。由这些研究可见，游客的购买能力与旅游消费行为之间有着密切的联系。

二、旅游者个性心理

美国的心理学家斯坦利·帕洛格以数千美国人为调查样本，对他们的个性心理特点进行了详细的研究，发现人们可以被分为如下五种心理类型，这五种心理类型分别被称为自我中心型（psychocentric）、近自我中心型、中间型、近多中心型、多中心型（allocentric）。自我中心型和多中心型代表处于两端的两种对立的性格。心理类型属于自我中心型的人，其特点是思想谨小慎微，多忧多虑，不爱冒险。他最强烈的旅游动机是休息与轻松。在行为表现上，这一类型的人喜安逸，好轻松，活动量小，喜欢熟悉的气氛和活动，理想的旅游是一切都事先安排好的，比较欣赏团体旅游的方式；旅游的习惯做法是乘车到他所熟悉的旅游地。处于另一端的属多中心型心理类型的人，特点是思想开朗，兴趣广泛多变。行为表现上为喜新奇，好冒险，活动量大，不愿随大流，喜欢与不同文化背景的人相处，喜欢到偏僻的，不为人知的旅游地体验全新的经历，喜欢飞往目的地。这类人虽然也需要旅游业为他提供某些基本的旅游服务，如交通和住宿，但是更乐于有较大的自主性和灵活性，有些人甚至会尽量不使用或少使用旅游企业的服务和产品。除了这两个极端类型外，中间型属于表现特点不明显的混合型，近自我中心型和近多中心型则分别属于两个极端类型和中间型中略倾向于各极端特点的过度类型。帕洛格虽然大体将人按个性心理特征划分为这五种主要类型，但是划分并非绝对。他也肯定了人在心理上存在某种连续性，表现在行为上就是人的行为具有明显的弹性或灵活性。也就是说，属于中间型心理类型的人占大多数，而两个极端心理类型的人在总人口中只占很小的比例，呈两头小中间大的正态分布。

三、导游实战——如何对待不同类型的游客

1. 如何对待难伺候型的游客？

在旅游团队中，最使导游员头痛就是那些难伺候型的游客了。难伺候型游客最大的特点是爱挑旅游过程中的一切“毛病”，动不动就板起面孔，不分场合，不顾情面，指责他人，并且用词尖刻伤人。并且，他们对待旅游接待服务要求高，求全心理严重，与其他游客的关系也较为紧张。别人见到他们也往往敬而远之。他们对待导游员的服务更是要求严格，稍不如意就要以“投诉”来威胁。

对待难伺候型的游客，导游员在接待这类游客时要多加小心，防止他们的无理纠缠。导游员首先要严格按照旅游接待计划书上的内容进行活动，导游服务要规范，操作顺序要合理。在提供导游服务时态度上不卑不亢，工作上认真细致，碰上一些不尽如人意的事情和问题时，面对游客的挑剔和指责，导游员既不要针锋相对，对着干，也不要陷入毫无意义的争论，更不能因感情用事或运用手中的“特权”给游客吃“药”。相反，应以更大的热情和毅力服务好这些游客，使其内心真正感受到导游员的宽宏大度，有才有德。难伺候型游客的“克星”是“公道”。只要导游员办事公道、公正、服务热情周到，就不怕游客挑剔和指责，同时也要相信旅游团队内的绝大部分游客是通情达理的，是完全可以依赖的。

2. 如何对待自由散漫型的游客？

自由散漫型的游客在旅游团队中占有相当的比例。一般地说，该类游客可分几种情况：一是不遵守团队纪律和时间，有的还严重影响其他游客的参观游览；二是个别游客为了自我“减压”，所以在行动上表现出松弛和自由；三是一部分游客对计划外的景点和内容颇感兴趣，为此，在旅途中，他们不是“掉队”，就是找不到人影。除此之外，游客在旅游中需要对某一问题做进一步的熟悉和了解，在一定程度上也会产生自由散漫的现象。

对待自由散漫型的游客，导游员总的指导思想应是有礼貌地耐心说服，但在服务技能使用上要区别对待并采用“三牢”政策，即“盯牢、看牢和带牢”。对待第一种游客，导游员要自始至终的牢牢盯住，防止他们走散，同时告诉他们下一个景点的地方和线路，以免出现不愉快的事情。而第二种游客，导游员只需稍加注意就行，只不过在景点转移时要提醒他们。对待第三种游客，需把他们带在自己的身边或故意亲近，时常讲解一些他们感兴趣的事情，在适当的时候提供一些机会和时间来满足此类游客的好奇心和心理上的平衡。总之，游客出现自由散漫的情况是正常的现象，在此期间，导游员要以精彩的讲解和富有成效的组织工作，防止因游客自由散漫而影响整个旅游团队的顺利进行。

3. 如何对待优柔寡断型的游客？

优柔寡断型的游客在旅游团队中为数不少，他们遇到购物、进行旅游投诉以及其他

问题，总是表现出等待观望的态度，迟迟不敢下结论。这些人比较容易受到外界情况的干扰，自己缺乏主见，一有风吹草动，他们又会表现出犹豫不决、难以下决心的神色。他们最喜欢长时间考虑问题，因此需要有人在其背后猛击一拳，他们才被迫朝前走一步。熟悉和了解优柔寡断型游客的特征，导游员才能有把握和果断地对待他们。

游客优柔寡断、迟迟不下结论的因素有很多，其中认为反正有的是时间，再让我考虑考虑也许会有更好的选择的占有较大成分。当然，也不排除游客本身性格所决定的因素。对待优柔寡断型的游客，不论你给他多少时间考虑，其结果都是大同小异，没有实质性的变化。因此，对待他们往往只能用速战速决和最后通牒的方法。这是因为在旅途中情况比较复杂，而且又在不断变化着各种不同的内容，导游员不可能期待毫无意义的结果，上述两种方法在某种意义上就是为了使一些问题得以较快解决，同时，也是打消游客"反正有的是时间"和"也许会有更好的选择"的念头，给游客最后通牒，原来解决不了的问题或许能够得到较快的解决。比如，游客在购买当地土特产和旅游纪念品，或者要对当地旅游接待部门进行投诉时，速战速决和最后通牒也许能发挥较大的作用，因为对游客来说这是最后的选择，过了这村就没这家店了。

4. 如何对待急、慢性子型的游客？

旅游团队是由各种人所组成的，由于年龄、性别、知识层次、性格、社会地位以及血型等众多因素的不同，旅游者的类型和特征等也存在着很大差异。在旅游团队中，急性子和慢性子的游客要占一定的比例。急性子型的游客特征为：处事待人爽快，说话声音响亮，遇事不顺利就会发脾气，脸色也较为难看。慢性子型的游客俗称"温开水"，心理活动倾向于内部，待人接物比较谨慎，但缺乏决断力，无论何事发生，他们总是显得慢条斯理，悠悠自在，其性格正好与急性子型相反。

对待急性子型的游客，导游员应以"直"对"直"，态度应真诚相待，有时则以柔克刚，温和沉着。但是，导游员的"直"与"柔"都要建筑在导游艺术之上，也就是说要讲究方法，切记利用游客急性的特点去愚弄人。导游员接待慢性子型游客时，首先要记住他（她）的姓名，使其感受到自己受到别人尊重。同时，要经常地关心他们，听取他们的意见和要求，能够使他们在"自我分析和自我批评"中得到自我价值的体现。同时，导游员不可采用以"快"对"慢"，事先要做好宣传解释工作，使他们在思想上有个准备，防止由于"慢"而影响整个旅游计划的进程。

5. 如何对待沉默寡言型的游客？

沉默寡言型的游客在一般性的旅游团队中都能找到他们的影子，也就是说是导游员的常客。此类游客性格内向，金口难开，沉默寡言。在整个旅游过程中对于导游员所说的话，他们总是瞻前顾后，毫无主见。有时即使主意已定，但也不愿轻易表白，可是，他们态度"较好"，时常也面带笑容，彬彬有礼；不健谈，不愿与人多交流是他们最大的特征。

对于沉默寡言型的游客，导游员工作的方法应该是态度诚恳亲切，切记用粗鲁的语言，除主动打招呼搭话外，还得注意不要太随便，尽量使用幽默风趣的语言，让自己的"表演"处在声情并茂，怡情益智之中，同时，也让他们对旅游活动有个美好的回忆。其次，导游员要想方设法使游客开口，进行"双向"交流，了解他们的想法和需求，使旅游活动变得更加丰富多彩。但怎样才能使得他们开口交流呢？这就取决于导游员的经验和服务技巧了，比如，可以提出他们愿意回答的问题，也可以提出大家共同关心的话题，等等。与沉默寡言型的游客打交道，导游员必须要有耐心，等到游客开了口，再慢慢地进入第二个话题，“双向”交流就搞成了，导游员的工作也意味着成功了。

6. 如何对待猜疑型的游客？

猜疑型游客的最大特点是遇事生疑。他们不仅对导游员以及其他游客都存在猜疑的感觉，而且对旅游团队所发生的事情与问题也持怀疑态度，这类游客猜疑的本性主要是由于个人的性格和本质所决定的。虽然这些游客对旅游团队不会造成什么大的不良影响，但如果导游员不加注意或不认真对待，那也会给导游员带来一定的麻烦，更会给旅游团队活动的顺利开展带来不利影响。

导游员在与游客打交道的过程中，首先要尽快熟悉和了解游客的性格脾气，并确实做到心中有数。一般来说，猜疑型的游客其表现与其他游客的表现有所不同，导游员不仅可从“察言观色”上获得某种信息，而且也可从言行举止上得到证实。所以，对待猜疑型的游客，导游员要谨慎接待，既要摒弃怕麻烦的思想，又要在态度和行动上落落大方。在与他们打交道时，尽量避免使用模棱两可的语言，不仅要表现出事事有信心，处处有把握的姿态，而且说话要有根据，是黑是白干脆清楚。其次，导游员要求严格按照旅游接待计划书的内容进行活动，一般不随意改动旅游节目，即使需要调整事先必须清楚，态度要热情诚恳，要给游客一种可以信赖的感觉。

7. 如何对待游团队中的小团体？

导游员所带的旅游团队是个大团体，而旅游团体又是由好几个小团体组成的，其组成的对象是家庭成员、亲戚朋友、单位同事等；还有一种小团体成员原先并不认识，后来经常在一起接触彼此间有了感情，于是无形中也成了小团体。应该说，旅游团队中的小团队是客观存在的，他们之间发生些矛盾或产生对立情绪的事是经常发生的，它将会影响整个团队的情绪，但总体上问题还不算严重。如果那些小团队把矛盾指向导游员，那么就可能出现很坏的情况，可能造成整个旅游计划不能实现。作为一个导游员如果控制不住整个局面，那就意味着失职和工作失败。

导游员是为整个旅游团队服务的，因此，首先他的正确态度应是保持具有积极意义的“中立”立场上，除需要特殊照顾的老弱病残者之外，对待每位游客以及小团体既有同等的亲近，又有一定“友好”距离。不然，会使游客产生误解和怀疑。但是导游员这种“中立”立场又不是一成不变的，当游客的自尊心得不到满足时，导游员就得采取措施，临时偏离一下中立立场去满足一下这些游客的自尊心，到了一定程度后导游员就得微笑地、体面地“撤军”，再回到中立立场。这种中立又偏离，偏离又中立，不断循环重复的做法是防止小团队产生不良倾向的有效办法。其次，导游员也可想方设法使得某些小团队重新组合。该方法的好处在于使游客享有更多的交际机会，同时也能分化、瓦解不利旅游进程的因素。具体的方法可由导游员有目的地向游客介绍某某先生是何种职业，某某女士和小姐又有何种特长等，这样既可满足被介绍人的荣誉感，同时也使个别游客的好奇心以及兴趣得到刺激。导游员要善于总结小团队在旅游活动中好的方面（比如，有的小团队发现了当地的美食，有的注意到当地的特色工艺等），并且组织好各种“题外”活动，使小团队的有利经验变为整个团队的共同财富，这是极为重要的方法。

8. 如何对待旅游团队中的“群头”?

作为导游也许都会有这样的体会，就是每一个旅游团队中都会自然产生一个或几个“头”。这些“群头”大都争强好胜，好表现自己。某些群头还存在着爱出风头的表现。这些人在旅游团队中一般有威望，影响大，说话灵，有号召力。旅游团队中的游客也都支持他们的所作所为。如果导游员在某些问题上的意见和游客不一致，并且在众人面前指责他们时，那么，这些游客就会煽动“群头”，向导游员发动反击和进攻。另一部分游客明知“群头”做法不妥仍要顾及“群头”的面子，也纷纷加入进攻队伍。因此，要使旅游进程进行得顺利健康，妥善处理好与“群头”的关系就显得十分重要。

对待“群头”其办法有几条：一是利用“群头”的特点来积极配合组织好导游工作。充分发挥群头的“责任心”，必要时导游员可以“聘请”“群头”适当担任一些组织工作，也可以请他做“导游顾问”，让他配合导游员做好游客的思想工作。但导游员决不可放弃导游权利，被“群头”牵着鼻子走，这可是一个原则性的问题。二是导游员要主动找“群头”个别做工作，真挚地、尊重地与他商量，以满足“群头”的自尊心和荣誉感。导游员和“群头”关系处理好了，即使在以后的旅游过程中出现一些遗憾和不足，由“群头”出面说几句话，遗憾和不足就会得到弥补，游客中不愉快的情绪也会很快过去的。

(资料来源：http：//www. dy1dy. com/showtopic－7250. aspx)

四、南通旅游经典线路盘点 体验个性和风貌

每逢假期，总有外地朋友询问南通有啥好玩的，而南通人也每每自问，不出南通可以去哪里玩呢?

每个南通人都知道狼山、濠河、水绘园、圆陀角，但这些孤立的景点很难撑起三天小长假的行程，也很难从整体风格上领略南通旅游的魅力。

作为南通旅游的操盘者，市旅游局提供了一组不同风格的南通旅游经典线路，无论是外地游客还是南通本地人，都可以借此获得独特的旅游视角，体验南通旅游特有的个性和风貌。当然，这仅仅是一种线路推荐，不必按部就班，游客可以在此基础上进行自由筛选、组合。

南通主题旅游线路之一：江海逍遥游

A线：望大江东去之旅，经过举世闻名的世界第一斜拉桥苏通大桥，游览全国八小佛教名山之首的狼山风景区，再至长江风景绝佳处——园博园，这是2007年江苏省园艺博览会召开地点，其中龙爪岩景区是欣赏长江的最好地点，江面视野开阔，最宽处望不到对岸。游览滨江公园，领略大江东去的雄壮，看百舸争流的雄姿。在此还可观看到长江边中远川崎造船厂的壮观厂貌。

B线：南黄海风情之旅，赴富饶美丽的如东南黄海，乘坐牛车赶海，在一望无垠的滩涂上跳上一曲“海上迪斯科”，便会有大海的馈赠——天下第一鲜的文蛤从你的脚丫下冒上来。来到洋口港，在12.6公里巨龙般的黄海大桥上，看崛起中的南黄海大港，再赴金蛤岛，泡个海边温泉，品味一顿正宗的如东本港美味海鲜。

C线：三水奇观之旅赴启东。这里是长江入海处，可游览海边特色景区——黄金海岸，参加海滩摩托比赛，玩海上迪斯科等活动项目，体验大海的乐趣。在这里，能观黄海、长江、东海三水交汇的壮美，赏江苏最早的日出。去中国四大渔场之一的吕四渔港，看渔船千帆竞发、百舸争流的壮观场面，听“嗨哟嗨哟”的渔歌号子此起彼伏。到美丽的鹤成公园小憩后，再到盈康农庄品尝农家生态大餐。

南通主题旅游线路之二：历史寻根游

A线：礼佛好运之旅游览全国八小佛教名山之首的狼山风景区，狼山为国家4A级风景区，是西方三圣之一的大势至菩萨道场，列为全国佛教八小名山之首。景区内有骆宾王墓、法乳堂、广教寺等景点，参拜、凭吊先贤，洗礼身心。站在狼山上看大江东去。剑山是文殊菩萨在南通的道场。文殊菩萨是智慧、知识的化身，又称为“大智文殊”，是佛祖释迦牟尼的左侍从。朝拜文殊菩萨成为莘莘学子祈求考试成功的一种心理寄托。在五山中军山最高，这里是观世音菩萨普陀别院，因供奉中国最大的单体翡翠观音而闻名全国。

B线：近代历史名城之旅参观游览中国第一家民办博物馆——南通博物苑、清末状元张謇先生的故居——濠南别业，聆听近代民族资本家的实业救国的故事。游览现今全国保存最完好的千年古护城河——南通濠河风景区，千年的古护城河清澈洁净的濠河水与亭、台、楼、阁交相辉映，人文景观与自然风光融为一体，尤其是夜晚的濠河，灯光妩媚，河水多情，徜徉其间，令人沉醉忘返。浏览环濠河的南通蓝印花布博物馆、风筝博物馆、珠算博物馆、纺织博物馆、审计博物馆等博物馆群，更让你充分品味中国近代历史名城的深厚底蕴。

南通主题旅游线路之三：自然生态游

A线：长江尾生态之旅赴长青沙、开沙岛，这是长江下游的两个江中小岛，空气清新，环境宜人，土地肥沃，无任何污染源，有观光农业区、水上游乐园区、原始狩猎区等娱乐活动，让你亲近自然，融入自然，在感受田园气息的同时，享受都市的节奏与旋律。在南通开发区的临江种植园、世外桃源休闲农庄，可是假日垂钓、品尝江鲜的好地方，在海门的沿江渔村，只见一批批游客或抛竿垂钓，或观赏生态风物，怡然自得，自成一景。游客可体验一把农家乐的休闲。

B线：石港渔湾生态之旅赴通州游览石港渔湾，这里河曲、树繁、草茂、鸟多、水清……环境清幽，是江海平原的“香格里拉”。赴观音山，参观始建于唐咸通七年（公元867年）的古禅寺太平禅寺，聆听经法，洗涤心灵。

南通主题旅游线路之四：浪漫访古游

A线：浪漫长寿探秘之旅赴历史文化名城、长寿之乡——如皋，游览水绘园，这是秦淮八艳之一董小宛和明末四大才子之一冒辟疆故居，徜徉在这里，体验董小宛和冒辟疆的浪漫爱情、与明末的文人士大夫进行穿越时空的精神对话。赴如皋苏通生态观光园参观，这是一个具有如皋花木之乡、长寿之乡特色的，集休闲、健身旅游、观光等多功能的休闲农庄。到如皋，一定要品尝如皋的长寿宴，找几位寻常长寿老人，与他们聊聊天，取取他们的长寿经，探秘长寿之道。

B线：访古问今之旅赴海安，参观青墩遗址，参观海安七战七捷纪念馆，瞻仰直刺云天的“天下第一刺刀”的碑身，聆听解放战争中苏中七战大捷的辉煌。赴南通港闸城市绿谷参观，城市绿谷原名陈氏花园，已具有100多年的历史。在景区内看近代的历史遗存，游现代的休闲娱乐设施，见证时代的变迁和发展。

C线：海边文化古镇之旅赴海门蛎岈山，游览神秘的入水为礁出水为山，被当地人称为“沉浮山”的蛎岈山，在岛上捡泥螺、挖牡蛎，做一回弄潮大海的渔民。赴历史文化名镇、全国特色景观旅游名镇余东古镇参观，民间传说有凤凰落过余东城，又因整个余东的地形，貌似栩栩如生的凤凰，故称“凤城”，是一座有1 300多年文字记载的历史古镇。漫步老镇街头，看岁月斑驳，感慨世事兴衰。

南通主题旅游线路之五：状元修学游

A线：状元故里之旅赴海门常乐镇张謇纪念馆，观看300多件珍贵文物和1 000多幅图片史料，了解张謇先生艰苦创业的奋斗历程以及所取得的辉煌业绩。这里还有中国酒类中第一个获得万国博览会金奖的颐生酒厂，也是张謇先生创办的，百年酒窖，尝一口，甘醇绵长。如果来得巧，还可到生态农业园去采摘葡萄、草莓、甜瓜等。

B线：冠军圆梦之旅参观南通体育会展中心，这是国内惟一拥有活动可开闭顶的大型体育场。赴中国第一座地市级体育博物馆——中国体育博物馆南通分馆参观，再到健康路体育馆，访体育冠军的名师，听老师们说冠军的故事。或许，你还会与冠军的老师对练一段，圆个冠军梦呢。参观著名的南通中学，这里曾出过二十多位院士。

南通主题旅游线路之六：美食购物游

A线：河豚基地之旅赴海安老坝港，这里有闻名天下的河豚养殖基地，全国70%的河豚都出自这里，你可以参观河豚及各种稀有品种鱼类的养殖，当然来这里少不了一顿丰盛的河豚宴，那美味一定让你回味无穷。

B线：江河海鲜之旅赴吃江鲜的最有名处梅林春晓，位于狼山景区内的马鞍山上，依山临江，视海开阔，浩浩荡荡的长江尽收眼底，有“天下望江第一楼”之称，在此品尝江鲜，定是绝佳享受。要在城里品南通本港海鲜，可到大家乐海鲜大酒店，这里的竹蛏汤、小黄鱼、泥螺、醉虾等海鲜味道交口称赞。

C线：实惠超值之旅赴中国最大的家纺市场中国家纺城、叠石桥家纺市场，自由选购物美价廉的床上家纺用品。

（资料来源：http：//www. jschina. com. cn）

项目八

酒店服务心理

作为旅游企业，酒店在游客的旅游休憩中扮演着重要的角色，游客对酒店的前厅、客房、餐厅都有什么样的心理需求？服务人员又都需要具备什么样的职业素质？而为了提高酒店服务的质量，酒店的前厅、客房、餐厅等部门人员在接待服务中又应该采取怎样的心理策略？

任务一 了解旅游服务工作

任务介绍

介绍旅游服务特点；
介绍旅游服务之客我交往心理。

任务分析

旅游者在旅游过程中的食、住、行、游、购、娱等各种消费活动，需要有关旅游企业提供相应的服务。旅游服务过程中所提供的旅游产品，通常包括功能性服务和心理性服务，旅游业的服务性质决定了现代旅游业的服务以心理服务为主，旅游者的心理需求的满足成为市场竞争的主要内容。

任务引入

生日的祝福

一个深秋的下午，在与顾客洽谈了业务之后，伍先生独自一人走在异乡的街道上。“街上的路人行色匆匆，都赶着回家与家人吃晚饭呢。”伍先生在心里感叹着。秋风萧萧吹起，“今天是自己三十一岁生日哪，真是快！哎，想不到今年得独自一人在异乡度过。”一想到今晚还要回酒店，独对那空无一人的房间，他又不禁伤感起来。他继续漫无目的走着。他第一次深深地感受到了“独在异乡为异客”的心境。

他漫无目的地不知走了多久。突然，一阵带着浓浓秋意的秋风吹乱了他的头发，他不禁瑟缩了一下。这时，他才真正意识到夜幕已开始降临，他该回酒店了。

走过已经住了四天的金都酒店，他忽然觉得今天的酒店与平时好像有点不一样了。他在经过或碰到每一个酒店员工的时候，总会看到他们脸上露出那亲切友好的微笑，但那种微笑当中又好像带着点神秘。

当他怀着满心疑惑的心情走进自己的客房时，惊奇地发现房门口的把手上放置着一个粉红色的大信封，封面上写着：伍德华先生亲启。他奇怪地把信封打开，发现里面竟然是一张精致的生日贺卡！贺卡上写着：

尊敬的伍德华先生：

今天是您三十一岁的生日，很荣幸您在本酒店度过，本酒店的全体员工祝您生日快乐，身体健康，事业顺利！

金都酒店全体员工敬呈

2002年10月8日

"真想不到身在异乡竟然还能收到生日祝福，而且还是意想不到的祝福。"伍先生有点感动地看着贺卡。

当他打开房门时，他禁不住要惊呼出声来：不知何时，房间的地上已经用一根根的荧光棒摆成了"生日快乐"四个荧光大字，一大束放置在茶几上的百合花在荧光的映照下更是显得晶莹欲滴！伍先生的心中顿时被阵阵的感动充斥着。他激动得正想冲到酒店大堂去感谢酒店为他所做一切时，一转过身来他再一次惊讶了！在走廊的尽头，几个穿着酒店制服的女孩正用推车推着一个燃烧着蜡烛的双层大蛋糕朝着他走来，车上还有一瓶香槟和正散发出阵阵诱人香气的盛餐。他想说一句感谢的话，但过于激动的心情却让他久久说不出一个字来。

这时，走在前头的客房部经理说话了："伍先生，祝您生日快乐！这是我们酒店送给您的一份小小心意，希望您喜欢！另外，我们为私下看了您的入住档案上的生日向您道歉，希望您能谅解。"经理的一番话，说得伍先生热泪盈眶。

"今天是您的生日，让我们开香槟来庆祝一下吧！"说完，她便示意身旁的服务员打开香槟。

瓶盖"啵"的一声被打开来，一阵香槟泡沫便随之涌了出来。当经理捧起一杯香槟递给伍先生并再次祝他生日快乐时，伍先生激动得紧紧抓住经理的手，对她说："谢谢！谢谢你们！"

……

五天后，当伍先生要离开酒店时，他再一次紧紧地握住经理的手，对她说："真的很感谢你们这九天来给予我的热情服务，你们让我度过了一个十分难忘的生日！我一定会再来的，谢谢！"

评析：本案例主要是涉及顾客情感心理和需要方面的内容。思考为什么温暖的服务这么受欢迎。如果你得到了意外的服务，你会怎么做？

任务实施

一、旅游服务

（一）旅游服务的概念

旅游服务是指为实现旅游者的旅游活动，由有关部门、组织、行业以及企业为其提供劳务活动的总和。具体来说，它是指旅游地的有关企业、组织和个人以一定的物质资料为依托，为实现旅游者在旅游过程中的食、住、行、游、购、娱等各种消费所提供的服务。

（二）旅游服务与旅游的关系

人们往往把旅游服务说成是旅游业服务，人们又往往把旅游业说成是旅游服务业。由此可见，旅游服务在旅游业中的显赫地位。旅游服务，是旅游从业者借助旅游设施和一定手段向旅游者提供便利的活劳动，是旅游业的核心和实质，是旅游活动的软件媒体。从满足旅游需求的角度来说，旅游服务同旅游资源、旅游设施一样，都是一种旅游劳务，也是旅游消费产品。

从表现形式的角度来说，旅游资源、旅游设施表现为相对定型的事物，而旅游服务则表现为异彩纷呈的活动。从在旅游活动中的地位和作用的角度来说，旅游服务和旅游设施一样，都是旅游活动的媒体，其中，旅游设施是旅游活动的“硬件”媒体，而旅游服务是旅游活动的“软件”媒体。旅游设施与旅游服务只有密切结合在一起，才能使旅游者在旅游活动中得到一定程度的物质享受和精神满足。

旅游服务与旅游设施并不是平分秋色、并驾齐驱的，而是一种主从关系——旅游服务为主，通常可以代表着旅游活动的媒体，而旅游设施是从属于旅游服务的，通常被称为旅游服务设施。由此可见，旅游服务是旅游业的核心和实质，是旅游业中最本质的东西。

（三）旅游服务的内容

旅游服务，基本上可以概括为以下三个方面的内容。

1. 旅游服务是触动游客感情的服务

感情在旅游服务中是融洽主客关系的润滑剂，是拉近服务人员与游客距离、实现优质服务的灵丹妙药。实践证明，主客之间感情融洽，彼此在心理上就容易产生共鸣，从游客方面来看，也就乐于接受旅游服务人员的服务。从旅游业的角度来看，触动游客的感情，旅游服务人员就必须要研究游客的旅游消费倾向和个性特点，熟悉主客之间的角色关系、人际关系，针对游客特点，在旅游服务的各个方面和环节上以真情打动游客的心。

2. 旅游服务质量体现在主客身心之上

旅游服务作为旅游产品的重要组成部分，其质量并非完全固定在有形物体上，也不能用一个可视的尺度去衡量。它蕴涵在服务人员的动作和思维哲理之中，反映在游客的头脑里。因此，旅游服务质量体现在游客的感激、赞誉、理解、满意、鼓励、喜欢的面部表情上，体现在服务人员表达个人心声、传递职业道德和企业经营作风的言谈话语里，体现在服务人员对服务工作的热忱、对顾客的尊重和关心之情的身体动作及超前意识里，体现在游客的内心感受之中。

3. 旅游服务是全方位的动态的过程

旅游服务涉及的范围比较广泛，从向潜在的旅游者提供旅游趋向的咨询和旅游信息，到旅游者作出旅游决定之后，为旅游者筹划旅游线路、办理签证、购买车票、机票、订房、准备有关资料等事宜，然后是具体的旅游消费服务和售后服务。从服务领域上看，包括旅行社、旅游饭店和旅游交通等服务。随着社会的发展，科学技术的不断进步，以及人们生活质量的提高，一般性的简单的旅游服务已经满足不了旅游者的愿望。旅游服务必然要受到这种不满足的冲击而要努力与之相适应。为此，旅游服务人员在为旅游者提供服务时要以客观、全面和发展的观点看待和适应旅游服务。

（四）旅游服务性质

旅游服务是一个完整的体系，有商业性质的，也有非商业性质的。但在旅游经济研究中，旅游服务主要是指那些以商业性为主要目的的有偿性服务。旅游从业人员根据旅游者的不同心理需求，为旅游者提供满意的服务，旅游从业人员必须具备良好的职业心理素质，了解和掌握旅游者的心理变化规律，具备服务知识和技能。

（五）旅游服务的特点

旅游服务同其他行业相比较，它的特点主要表现在以下三个方面。

1. 综合性

旅游业是集食、住、行、游、购、娱等服务为一体的综合性的大产业，其综合性是由旅游活动的综合性决定的。旅游者参加旅游活动完成旅游过程，消费食、住、行、游、购、娱等服务产品，旅游业各部门合作形成完整的旅游产品。在旅游界有个公认的定理：“100 - 1 = 0”，这说明在旅游服务整个过程的若干环节中，不能有一个环节出问题，只有这样才会达到优质服务的效果。

2. 制约性

旅游服务往往是旅游劳动与旅游物质设备的有机结合，后者是旅游服务存在的基础，前者是旅游服务形成和实现的条件，后者即旅游物质设备等条件对旅游服务形成一定的制约。某一酒店的客房数是确定的，其接待能力不能超过酒店拥有的床位数。

3. 直接性

直接性是指服务者和被服务者之间面对面的服务过程。旅游产品的生产和消费是同时进行的，旅游工作者和旅游者在同一时空完成旅游产品的生产和消费过程。旅游服务受到旅游工作者和旅游者双方的影响，表现为旅游服务的直接性特点。

在商品经济条件下，一般物质产品从生产到消费并不是直接的，产品一般必须通过中间环节，即商业这个流通环节才能实现。产品质量不仅有检测的过程，而且消费者对不满意的产品还有退换的可能。旅游服务则不同，它的生产和消费是同时进行的，即生产者和旅游消费者之间是直接的、面对面进行的，当面服务，当面消费，一次性完成，不可以退换。即使某些具体的旅游产品，如菜肴可以调换，但旅游者留下的不愉快印象和感觉，是无法退换和挽回的。这个直接性特点，对旅游服务提出了很高的要求。微笑、热情周到、耐心细致等服务要求，都是由旅游服务的直接性这一特点所决定的。

4. 时间性

所有旅游者都不希望自己所接受的旅游服务结果遥遥无期，而是有时间上的明确要求，它可以从以下几个方面显现出来。

(1) 服务作用的时效

人们外出旅游的时间有限，不允许无限期地等待。旅游服务的使用价值和交换价值会随着时间流逝而逐渐消失。旅游服务要一次性提供并成功结束，如果时间过长，这种原本解除旅游者困难的代劳就有可能被分解为几个时期由旅游者零敲碎打地自行完成。

(2) 服务产品的完整

旅游服务不是某个时点活动的结果状态，它突出表现为一段时间内逐渐完成的整个活动过程。其中也包括旅游者没有看见的先期准备、管理和后勤保障等工作，它是一个连贯性的整套服务过程。虽然服务有其客观标准和规定的程序，但每一次服务的提供都是一个崭新的服务过程或服务产品。旅游服务属一次性消费，它与物质性商品的明显区别就在于消费中途不能随便退换，因此要求服务尽量做到一次成功并坚持到底，把结账当成服务终点的做法是极端错误的。

(3) 服务价值无法贮存

许多服务都具有边生产边消费的特点，它是一个时间段内的总体劳动。旅游服务不像物质产品那样必须等到完全生产好后才能交付使用，它是根据旅游需求的随机提出而即时提供的劳动，旅游服务带有时间上的不可储存性。

二、旅游服务心理——客我交往的互动

一般来说，旅游活动中的人际交往大致有三类：一种是服务人员与客人之间的交往，称之为“客我交往”，这是旅游工作中最典型、最具有价值的人际交往；第二种情况是客人之间的相互交往，通常情况下此类交往在旅游活动中很少发生；第三种情况是员工之间的交往。这里主要讲述旅游活动中的客我交往。

(一) 客我交往的含义

所谓客我交往，是指旅游服务人员与客人之间为了沟通思想、交流感情、表达意愿、解决在旅游活动中共同关心的某些问题而相互施加影响的各种过程。它是旅游服务存在的条件和方式，没有客我交往也就没有旅游服务。“客我交往”的形式分为直接交往和间接交往两种。直接交往是运用语言、面部表情、身体语言等交际手段所进行的面对面的心理接触。间接交往是借助于书面语言、大众传播媒介或通信技术手段所形成的心理接触。旅游服务中两种交往形式同时存在，多以直接交往为主，它是影响服务效果的主要因素。

(二) 客我交往的特点

在旅游服务中，由于旅游服务人员的特定角色和客人的特殊性，使得旅游服务不同于一般的服务，具有以下自身的特点。

1. 短暂性

随着旅游交通的迅猛发展以及人们时间观念的增强，使注重高效率的旅游者们穿梭般地往返各地，形成了旅游中的客我交往频率高、时间短的活跃局面，短暂性的特点愈

加突出。客人在一个目的地逗留的时间不会很长，一般只有一两天，因而客我之间接触的时间也相应短暂，客我之间相互熟悉了解的机会也随之减少。这一特点要求旅游服务人员应注意给客人留下良好的第一印象。

2. 公务性

在一般情况下，旅游服务人员与客人的接触应只限于客人需要服务的时间和地点，否则就是一种打扰客人的违规行为。客我之间的接触只限于公务而不应涉及个人关系，由于客我交往的短暂性，更不可能了解客人的全部情况。客我之间若发生公务以外的往来，一般是不可取的。

3. 不对等性

客我之间的交往通常是一种不对等的过程。所谓不对等的交往，是指这种交往过程中只有客人对服务人员下达指令，提出要求，发号施令，而不存在相反过程的可能。不对等交往也表现为服务人员必须服从和满足客人的意愿。因此，客我交往之间的不对等主要体现为客人的金钱与地位为一方面，主人的知识与服务为另一方面，是这两方面关系的不对等。对于那些传统观念较深的服务人员，常常不能正确理解和处理这种不对等关系而陷于自卑或产生逆反心理，给旅游企业的管理和服务质量造成消极影响。

4. 个体与群体的兼顾性

旅游活动中，一般情况下旅游服务人员接待的是一些个性相异、具有不同旅游动机和消费行为的旅游者个人，因此，在交往过程中服务人员依据每个旅游者个体的个性消费特征向他们提供服务，就成为交往的主要方面。但旅游活动的复杂与特殊现象，使得一些同一社会阶层、同一文化、相同或相似职业的人聚集在一起组成同质旅游团，在旅游消费过程中便出现从众、模仿、暗示、对比等群体消费特征。因此，旅游服务人员在客我交往中必须注意个体与群体的兼顾。

（三）双胜原则与客我交往

1. 服务的必要因素和魅力因素

优质服务应当是既有必要因素，又有魅力因素的服务。所谓必要因素是指那些“没有它就不行”的因素；所谓魅力因素是指那些“有了它就更好”的因素。必要因素只能起“避免客人不满意”的作用，魅力因素才能起“让客人感到很满意”的作用。在竞争中，必要因素是“没有它就一定要失败”的因素，魅力因素是“有了它才可能获胜”的因素。必要因素是“你有，我也有”的共性因素；而魅力因素则必须是“唯我独有”的个性因素。

每一位旅游服务人员都应当认真考虑在自己为客人提供的服务中，哪些属于必要因素，哪些属于魅力因素。要在具备必要因素的基础上发挥自己的独创性，尽可能地增加魅力因素，使自己与众不同。无论何时何地，必要因素与魅力因素的区别总是存在的，但二者并不是一成不变的。随着科学技术的进步，生活水平的提高，会出现原来的必要因素变成非必要因素，魅力因素变成必要因素的情况。

就客人对服务的心理反应来说，“一视同仁”是服务的必要因素，“特别关照”是服务的魅力因素。坚持一视同仁，才能避免某些客人产生“被亏待”的感觉；给予特别关照，才能使客人产生“被优待”的感觉。

2. 按双胜原则处理与客人的关系

作为一名旅游服务人员必须懂得你永远不可能“战胜”客人。如果你觉得你已经“战胜”了客人，那不是胜利，而是失败。你不能让客人成为失败者，但是你自己也不能成为失败者。处理客我关系的原则应当是“双胜原则”，即让双方都成为胜利者的原则。所谓“双胜”就是让你得到你想得到的东西，我也得到我想得到的东西。当你我想得到的并不是同一个东西时，争取一个“双胜”结局是完全有可能的。在旅游服务人员与客人的交往中，客人是“消费者”、“受服务者”的角色，而旅游服务人员是“工作者”、“提供服务者”的角色。当客人得到了优质服务而成为“胜利者”的时候，服务人员也因为成功地扮演了自己的角色而成为了“胜利者”。反过来说，如果客人因为没有得到良好的服务而成为“失败者”，那么服务人员也因为没有扮演好自己的角色也同样是“失败者”。

由此可见，“客人至上”绝不意味着“服务人员至下”。在为客人服务的时候，服务人员所要达到的直接目标就是扮演好自己的角色，只要成功地扮演了自己所承担的角色，为这种扮演所付出的代价是会理所当然地得到补偿的。按照双胜原则去处理客我关系意味着一定要把“分清是非”和“争输赢”加以区别。如果在客我之间真的出现了大是大非问题，那当然必须弄清楚是非，但分清是非并不意味着要同客人争输赢，也不意味着要迫使客人向自己认错。所谓“客人总是对的”并不是一个判断，而是一个口号，一种要求，其实质就是告诉服务人员不要去和客人争输赢。客我交往的特殊性决定了旅游服务的不同。因此，旅游服务人员一定要按“双胜原则”去处理好与客人的关系。

补充资料8-1

对 service（服务）的解读

国际旅游界认为，“服务”这一概念的含义可以用构成英语 service（服务）这一个词的每一个字母所代表的含义来理解，其中每一个字母的含义实际上都是对服务人员的行为语言的一种要求。

第一个字母 S，即 smile（微笑），其含义是服务员要对每一位宾客提供微笑服务。第二个字母 e，即 excellent（出色），其含义是服务员要将每一项微小的服务工作都做得很出色。第三个字母 r，即 ready（准备好），其含义是服务员要随时准备好为宾客服务。第四个字母 v，即 viewing（看待），其含义是服务员要把每一位宾客都看作是需要给予特殊照顾的贵宾。第五个字母 i，即 inviting（邀请），其含义是服务员在每一次服务结束时，都要邀请宾客再次光临。第六个字母 c，即 creating（创造），其含义是每一位服务员要精心创造出使宾客能享受其热情服务的气氛。第七个字母 e，即 eye（眼光），其含义是每一位服务员始终要用热情好客的眼光关注宾客，预测宾客需求，并及时提供服务，使顾客时刻感受到服务员在关心自己。

任务二 掌握酒店服务心理

任务介绍

介绍酒店客人的心理需求；

介绍酒店服务心理策略。

任务分析

酒店服务业的服务宗旨就是尊重旅游者的意愿，一切为旅游者着想，千方百计为旅游者服务，以满足旅游者的多种需要。因此，旅游者一到达酒店，旅游经营者就必须了解他们需要什么，这些需要的满足将在旅游者的心理上产生怎样的反应，在服务过程中，又应该灵活运用怎样的心理策略。

任务引入

客人要什么?

某天，八位客人在一家酒店宴会厅刚一落座，服务员小刘便热情地奉上了迎客茶。突然，坐在主宾席上的张先生吃惊地问小刘："你怎么知道我爱喝青茶?"原来，其他七位客人的杯里都是菊花茶，只有给张先生沏的是青茶。小刘微笑着对张先生说："您是第二次来我们这里用餐了，我们知道您喜欢喝青茶。"一句话，让全桌的人几乎要沸腾了，最激动的要数张先生了，他连连赞叹："没想到我只来过一次你们就记住了，真的让我感到意外，谢谢你。"小刘说："不用谢，我们整个餐厅不少人都知道您爱喝青茶。另外，我还知道您在吸烟时爱在烟灰缸里倒些水。"说着，就给张先生倒上了。张先生再一次激动不已，对这里的服务津津乐道，赞不绝口，当下表示以后一定会常来。

评析：服务对于酒店来说有显著重要性。有饭店业鼻祖之称的斯塔特勒就曾不止一次地强调：酒店出售的产品只有一种，那就是"服务"。从心理学角度出发，研究客人对饭店服务的需求，不仅可以避免冒犯客人，而且可以投其所好，起到事半功倍的效果。

任务实施

一、现代饭店概述

中国最早的饭店设施可追溯到商朝或更远古的时期，唐、宋、元、，明、清等朝代是饭店业得到较大发展的时期。中国现代化的饭店，主要兴建于近二三十年，其中有些是经过改造的旧饭店，有些是建国以后建造的招待所，宾馆和饭店，另一些则是近年来兴建的现代化新型饭店。这三类设施成为中国目前旅游饭店主要接待力量。

我国古代饭店包括官办和民办，古代官办住宿设施，主要有驿站和迎宾馆两类。驿站制度始于商朝时期，止于清朝光绪年间，世代沿袭，因而，驿站堪称中国历史上最古老的饭店设施。迎宾馆的名字最早见于清末，在此以前，如春秋战国时期称“四夷馆”等。古代民间饭店，最早的可追溯到商、周时期，当时称之为“逆旅”，是旅游者食宿的场所。其产生和发展与商贸活动的兴衰及交通运输的状况密切相关。

中国近代饭店一般指西式饭店，它是19世纪初外国资本侵入中国后建造和经营的饭店的统称。还有中西式饭店，它是继西式饭店出现后，各地相继建成的一大批具有“半中半西”风格的新型饭店，这类饭店多称“旅馆”、“饭店”、“宾馆”。

随着旅游业的发展，近年来兴建了一批大、中型现代饭店，这些饭店从投资来看，大体可分为国家投资饭店、各种集资饭店及中外合资饭店。

现代饭店是一座设施完善的接待设施，并且是经过政府批准的经营性企业，拥有一定数量的客房，这些客房是由各种规格的房间按合理的比例组成的，而且具有相应的服务配套设施，具有能提供特色佳肴的各类餐厅，除了向宾客提供住宿和餐饮服务外，还提供购物、健身、娱乐、邮电、通信、交通等多方面服务。

服务人员的基本心理要求饭店是为旅游者提供住、食、娱、购以及会晤、交谈等综合服务的场所。跨入21世纪，饭店将进入一个“专家消费”的时代，它所面临的是消费经验日益丰富、消费行为日益精明、消费需求日益个性化、自我保护意识日益增强的消费者，这将对饭店从业人员的素质提出新的更高的要求。饭店从业人员只有“读懂”客人，充分理解客人的角色特征，掌握客人的心理特点，提供符合客人需求的服务，才能打动客人。

旅游者住进饭店后，即成为饭店的“客人”，他的主导需求是有个临时的“家”，解决生活上的基本需求，这是旅游者到饭店来的最主要的动机。饭店的客人在这一动机的支配下，具有以下最普遍的、最基本的需要。

（一）方便

任何旅游者都需要下榻的饭店为他们提供各种方便。如饭店在交通上是否方便？在营业时间上是否方便？办理住宿和离店手续是否方便？服务的项目能否满足生活、娱乐、工作等方面的要求？是否有洗衣机、商场、邮电通信设施等配套服务？行李运送是否快捷？实际上，旅游者不仅要求饭店提供食宿的方便，而且希望饭店能提供以上一系列各种服务的方便。总之，“方便”是旅游者在饭店时最基本的需要。饭店若满足了旅游者要求方便的正常心理需要，会使旅游者在心理上产生安慰感，激发愉快、舒适的情绪体验，消除旅途中的疲劳。针对不同类型的旅游者，饭店提供的方便性服务也应该不同。例如，对观光型旅游者应该首先注重其行、住、食方面的方便性；对会务型旅游者，应该首先保证其工作学习的方便，其次才是食、游、购等方面；对商务型旅游者应该首先提供交通、信息和工作的方便。

（二）安全

安全需要是旅游者的最重要的需要之一，按照马斯洛的需要层次理论，安全需要是人类与生俱来的、最基本的需要。如果生理需要和安全需要得不到满足，人就不会产生更高级的其他需要。旅游者离开自己的居住地，来到一个陌生的地方，由于其对环境缺乏了解，所以安全需要更强烈。因此，安全是旅游者非常敏感的问题。现代饭店，加强防盗、防火的设施和措施，训练服务人员在安全防卫方面的基本技能，重视对旅游者财物的管理保护，加强烟尘报警装置、电子门锁等防卫措施等，都是为了满足旅游者对安全的需求，以保障旅游者在饭店中愉快安全地渡过短暂的旅行生活，缓解旅游者对新"家"的心理紧张感，产生平安保险的感觉。总之，保障旅游者的安全是饭店的一项重要任务，它既可以缓解旅游者的心理紧张，为其带来安全感，也反映着饭店管理和服务的水平。

（三）卫生

旅游者在外旅游，尤为关心下榻的饭店是否清洁卫生。因为它不仅对旅游者的身体健康、情绪好坏、心情的舒畅都具有生理和心理意义，而且也是旅游者精神和审美的需要。因此，无论是高档的五星级饭店，还是经济型的饭店，其内外环境的清洁卫生都是旅游者十分关心和重视的。美国康奈尔大学旅游管理学院的学生曾花了一年的时间调查了三万名旅客其中有60%的人把清洁、卫生列为住宿饭店旅馆的第一需求因素。旅游者一进到饭店，看到明亮的玻璃、一尘不染的用具、雪白的床单等等，就会产生一种舒畅、振奋的体验。无论什么级别的饭店，清洁卫生都是不可缺少的条件。设施可以低档次，甚至服务可以不完善，但是对清洁卫生的要求是不分档次的，绝不能含糊，必须高标准、严要求。如果饭店住宿条件不够清洁、卫生，将导致旅游者心理上的反感，从懊丧、厌恶、愤怒，直到要求立即离开这一不清洁卫生的场所，更换饭店。清洁卫生，不仅仅是对饭店服务的一种要求，也是社会文明的一种标志，是文明生活、高质量生活的一个组成部分。

（四）安静舒适

旅游者经旅途的劳累而投宿饭店，多数希望有一个安静舒适的场所使其消除疲劳。人们休息时，普遍的心理现象是最讨厌不安静因素的干扰。因此如何为客人创造一个安静舒适的环境，消除客人的旅途疲劳，是为客人提供良好的饭店服务的前提条件。现代饭店不仅注意选址，而且门窗都采用隔音性能良好的材料制作。在服务中注意轻声化，使安静舒适的气氛不仅在客房，而且在门厅、餐厅、商场等其他部门也取得协调，以满足旅游者心理上的平和感、舒适感。比如为避免大型设备锅炉、中央空调等带来的噪音，最好选择能源集中供应的方式，同时，服务人员的各种操作、说话、走路等都要尽量降低声音。

（五）平等公道

追求公平是现代社会人们的一种普遍心理需求，也是社会文明发展的一个结果。现代文明遵循的就是在金钱面前人人平等，不以人的社会地位、经济地位、穿着打扮等方面而在价格与服务上有不同的尺度。旅游者外出旅游是为了得到一种心理满足，其中包括希望得到别人的尊重，希望受到公平合理的接待服务，即"一视同仁"，不因外表、社会和经济地位的差异受到冷遇或在价格上感到吃亏。旅游接待服务的平等性、旅游产品价格的公道性，也是旅游者的心理需求之一。旅游者在饭店中生活，理应享受公平的待遇，自尊心应得到满足。旅游者对这些需求不仅强烈而且异常敏感，只有旅游者认为在接待上、在价格上是公平合理的，才会在心理上产生平等感，感到不受歧视和欺骗。服务工作的不平等、价格的不公道会造成旅游者的挫折感，甚至进行投诉而使饭店陷于被动的境地。

二、前厅服务心理

前厅是饭店的门面与窗口，是客人与饭店最初接触与最后告别的部门。它是饭店销售产品、组织接待服务、调度业务经营和为客人提供接待服务的一个综合性服务部门。前厅包括门卫、迎送岗、行李运送、电话总机、大堂副理和酒店的枢纽——总服务台。前厅服务贯穿于客人在饭店内活动的全过程，是整个饭店的中枢与灵魂。因此，前厅是酒店服务的重中之重，那么如何做好酒店前厅服务工作呢？首先就是要了解旅游者在前厅有哪些心理需求，这也是前厅服务必须研究的问题之一。

（一）宾客在前厅的心理需求

旅游者从进入前厅到办好入住手续、进入客房，虽然所用时间短暂，但是给旅游者留下的印象却是很深的。旅游者对前厅服务的一般心理需求主要有以下几个方面。

1. 求尊重心理

客人对前厅服务的心理需求首先是尊重。尊重需要是人类的较高级的需要，也是人类的基本需要，旅游者一进入酒店，总希望自己是受欢迎受尊重的人，希望见到服务人员热情的笑脸，礼貌的问候。著名的希尔顿饭店集团董事长康纳·希尔顿说："如果缺少服务员的友好、微笑，就好比春天的花园失去了阳光和春风。"服务人员要笑脸相迎，语言要礼貌友好，要热情，做到既尊重客人的人格、习惯和信仰，又要尊重其表现出的各种行为。

2. 求快速心理

客人经过旅途的一路奔波进入饭店，渴望迅速安顿下来休息一下，既要解除旅途疲劳，同时又要为下一步活动做准备。而在前厅所得到的服务和必须履行的所有手续过程对客人而言并无任何直接价值，因此服务人员要效率高，以免引起客人的厌烦情绪。在前厅服务中，一切都应以旅游者为中心，具体服务过程中不能让旅游者感到手续烦琐。旅游者离店时的心理要求也是同样的，结账手续办理过程要准确、快捷。

3. 求知心理

旅游者来到异国他乡，就是想了解这个地方的风景名胜、民风民俗、文化特色、购物网点、市内交通等各种情况，以满足自己的好奇求知心理。他们还需要了解饭店客房的类别、星级、价格以及饭店提供的其他服务项目。有些信息旅游者希望自己从资料上获取，有些信息则希望能从前厅总台直接获得。所以，前厅往往要备有如上的一些资料供旅游者使用，服务人员也要对这些信息了如指掌，随时准备应答，以满足旅游者的求知心理。这样做还有一个好处就是能冲淡旅游者在前台办理手续过程中等待的无聊感。

4. 求方便心理

旅游者在饭店和在旅行中有大量的零星及预想不到的事务，都希望能在前厅得到解决，不用自己四处求人。这些事务十分繁杂，如订票或确认回程票、订餐、参加当地短期门市旅游团、兑换外币、代邮，以及代冲胶卷、印名片、取包裹，甚至换拉链等。有的要求，客人自己也会觉得太"离谱"，但为图方便，也试一试，希望得到意外的满足。

5. 审美的心理

爱美之心，人皆有之。审美需要贯穿于旅游的整个过程。前台的环境，服务人员的相貌、举止、仪表、谈吐等具有审美意义上的“晕轮效应”，决定着旅游者的“第一印象”。所以，饭店服务十分注重前台服务的特殊意义。

（二）前厅工作者服务心理策略

针对以上入住者的心理做好前厅服务工作，是整个酒店服务成功的关键。可以做到以下几个方面。

1. 注意前厅环境的布置

环境是影响客人的需求和心理，影响酒店形象声誉的重要条件。一般来说，游客刚进入某家饭店时对该饭店的感性认识在很大程度上决定了其对饭店的第一印象，而第一印象形成之后，会在很大程度上影响其对饭店的整体印象。饭店在进行前厅环境的设计时应注意为客人营造一种温暖、松弛、舒适和欢迎的氛围，应尽力使每一位来到饭店的客人都能够倍感温馨，留下深刻的印象。主要体现在以下方面。

（1）合理布局前厅环境

主要包括大堂的面积、各功能区的位置及设计要求。大堂的公共面积（不包括总服务台、商场、商务中心、大堂酒吧和咖啡厅等营业面积）取决于饭店的规模、档次和客源市场定位。国家星级饭店《设施设备评定标准》中提出：按客房间数推算大堂面积，每间客房平均不少于0.6m^2、0.8m^2、1.0m^2、1.2m^2四个档次，并规定最低为250m^2，最高400m^2。一般规模大、档次高和大型会议型的饭店，大堂面积要大一些，但最高限最好不超过每间客房平均2m^2。大堂的各项接待、服务功能的分区和所需要的面积要根据饭店的类型、规模和档次定位精确计算后确定。

总服务台为活动中心，要设在从入口进到大堂一眼就能看到的地方，长度与酒店的类型、规模、客源市场定位有关，一般为8m～12m。大型酒店可达16m，两端不宜封闭，应留一个活动出入口，便于前台人员随时为客人提供个性化服务。总服务台后面要有办公室，供前厅部人员办公、财务夜审、存放资料、复印机、传真机和电脑，销售部也最好设在这里，以便接待业务。其面积50m^2～100m^2为宜，贵重物品保险室与总服务台相邻，客人和工作人员分走两个入口，工作人员入口应尽量隐蔽。

大堂经理的位置设在可以看到大门、总服务台和客用电梯厅的地方；礼宾台的位置设在客房区或客用电梯厅与饭店大门连接的地方；行李员服务台设在靠近大门，同时又能看到总服务台和电梯厅的地方；大堂要有行李间，行李间以每间客房0.05m^2～0.06m^2设定，观光型饭店，旅行团行李较集中，行李间应适当加大一些。

休息区能方便客人等候并起到疏导、调节大堂人流的作用，位置最好设在总服务台附近并能向大堂吧台或其他经营点延伸，以引导客人消费。公共卫生间（包括残疾人卫生间和清洁工具储存室）应设在大堂附近，但门不可直接对着大堂。

（2）美化环境

旅游者对酒店的第一印象的形成，首先来源于其对酒店前厅的感性认识，这很大程度上取决于前厅的环境是否能体现出美。因此，在前厅环境设计时，除了前厅布局要简洁合理之外，还要注意前厅的光线、色彩、温度、湿度、通风以及声音等方面的内容，使服务设施的设立和整个环境浑然一体，能够体现出时代特色和地方民族特色。

① 光线

前厅内要有适宜的光线，要能使客人在良好的光线下活动，员工在适当的光照下工作。前厅内最好通入一定数量的自然光线，同时配备层次、类型各不相同的灯光，以保证良好的光照效果。客人从大门进入大厅，从光线明亮处进入到光线昏暗处，如果这个转折过快，客人会很不适应，睁不开眼睛，所以，灯光的强弱变化应逐步进行。要使每位客人的眼睛都能逐步适应光线明暗的变化，可采用不同种类、不同亮度、不同层次、不同照明方式的灯光，配合自然光线达到上述要求。

② 色彩

前厅环境的好坏，还受到前厅内色彩的影响。前厅内客人主要活动区域的地面、墙面、吊灯等，应以暖色调为主，以烘托出豪华热烈的气氛。而前厅的服务环境及客人休息的沙发附近，色彩就应略冷些，使人能有一种宁静、平和的心境，适应服务员工作和客人休息对环境的要求，创造出前厅特有的安静、轻松的气氛。

③ 温度、湿度与通风

前厅要有适当的温度，酒店通过单个空调机或中央空调，一般都可以把大厅温度维持在人体所需要的最佳温度，一般是22℃～24℃，再配合适当的湿度（40%～60%），整个环境就比较适宜了。前厅内人员集中，密度大，人员来往活动频繁，耗氧量大，如通风不畅，会使人觉得气闷，有一种压抑感，应使用性能良好的通风设备及空气清新剂等，改善大厅内的空气质量，使之适合人体的要求。

④ 声音

前厅声源多、音量大，如噪音过于集中，就会超过人体感觉舒适的限度，使人烦躁不安，容易出错，易于激动和争吵，降低效率。因而在建造前厅时，应考虑使用隔音板等材料，降低噪音。酒店应尽可能播放轻松动听的背景音乐，以减少噪音对客人的危害。

（3）设置醒目的标志牌

前厅是为旅游者提供多种服务项目的场所。醒目的标志牌使旅游者一进入大厅就能对各服务部门和服务项目一目了然，以适应和满足旅游者求方便、快捷的心理。标志牌设置应与整体布局构成和谐的统一美。

2. 注重服务人员的言行仪表

前厅服务人员的言行仪表要与环境美协调起来，它既是人的精神面貌的外在表现，又是游客形成对服务人员良好的视觉印象的首要条件。服务人员的言行仪表美包括形体美、服饰美、举止美、语言美和化妆美。

（1）形体容貌

外形和容貌具有一定的审美价值，而且能够在一定程度上反映个体的心理特点，对他人来说会产生一定的影响。由于第一印象的重要影响，饭店对于前厅服务人员的容貌要求相对较高，一般都会选择面容娇好端庄、体形健美挺拔的员工担任前厅接待工作。

（2）着装修饰

前厅服务人员的服饰既是对个体容貌、体形的加工和衬托，也是企业文化的体现。

良好的服装、服饰能给人留下美观、舒适、优雅、大方的感觉，形成良好的视觉形象。对于前厅部的服务人员的服饰穿着既要求富有特色，又要求美观实用；既要与整体的大堂环境相适应，也应与其特定的职业岗位相符合；既要使游客产生美感，也应使其能够联想到饭店的有形产品以及无形产品的优质质量等，从而增强对饭店的信任度，促其消费。

（3）行为举止

前厅服务人员的行为举止也应大方得体、热情庄重，服务人员的行为风度能够在一定程度上反映出服务人员的性格和心灵，这也是游客在评价饭店服务人员的服务水平、服务态度的一个重要的参考因素。

（4）语言

声音前厅服务人员的语言在内容上应简洁、准确、充实；在语气上应诚恳有礼；在语音语调上应清晰悦耳。另外要尽可能地多掌握几种外语与方言。在接待中应禁“四语”：蔑视语、烦躁语、斗气语和否定语，有“五声”：欢迎声、问候声、致谢声、道歉声和告别声。此外，前厅服务人员工作交谈时，声音应尽量轻些，有时甚至可以使用一些体态语言，代替说话进行沟通（如用手势招呼远处的同事）。要尽量提高工作效率，使客人在高峰时间不致长久滞留于大厅，影响大厅安静的气氛。

（5）化妆打扮

前厅服务员人员适当的外貌修饰会使人自觉容光焕发、充满活力。化妆轻淡，显得朴素雅致，是一种礼貌行为；相反浓妆艳抹或穿金戴银、珠光宝气非但显示不了华贵娇艳，反而会使客人认为是在炫耀，产生反感。前厅服务人员的修饰打扮必须适合自己的身份。头发要“男不过耳，女不过肩”，要洗头、吹风，头型大方，保证无胡须，不留长指甲，不使用有颜色指甲油及浓味香水等，以适应和满足旅游者的审美需要。

3. 培养系列化服务技能

前厅的服务项目繁多，除了要求服务人员的言行仪表优美之外，还必须掌握娴熟的服务技能，才能给旅游者留下良好的第一印象和最后印象。服务人员的操作技能娴熟与否，从一个侧面反映出其业务素质的高低和服务质量的好坏，娴熟的服务技能，是提高服务水平、保证服务质量的技术前提。如行李运送不仅要及时、快速，而且要轻拿轻放，或者采取保护性措施避免碰撞；总台服务员要有娴熟的酒店信息管理系统操作技能，快速地提供验证、住房分配与登记、财务计算、解答和征询等各种服务。只有培养娴熟的系列化服务技能，才能满足旅游者在前厅求方便、求快捷的心理需求，解除旅游者等待的焦虑感，从而给其留下美好的印象。

4. 提供周到细微的优质服务

周到的服务不仅要求服务人员具备娴熟的服务技能，能够营造和谐的气氛，而且还要善于察言观色，即能够从旅游者的神情、神态中了解其需要，满足旅游者的心理要求。同时前厅服务员要有“到我为止”的服务精神，这样即使最终的回答不够理想，旅游者也认为自己得到了尊重和关心，充分体现前厅服务的主动周到。另外，饭店大堂副理通常在大厅里协调各方面的关系，处理旅游者投诉事件。这一有效措施体现了饭店对旅游者的尊重和关心，无形中提升了饭店的形象。

前厅服务不但要做到主动服务、热情服务、周到服务，更需要的是个性化服务和细节服务。例如，对于一些字体小，行间间隔太近的文件要求传真时，一定要注意提醒客人，再清晰的传真机也传不清楚此类文件，所以商务中心服务员对此类情况应提醒客人，可以采取放大复印再传出的办法来避免传真件模糊不清。前厅服务人员记住客人的姓名同样是一种服务的艺术，能给客人宾至如归的感觉。只有注重细节管理，把工作中的每一件小事做细，从细节做起，做对细节，做好细节，才能为宾客提供一流的服务。

三、客房服务心理

客房是酒店的主体部分，也是客人在酒店生活的主要场所。在现代旅游者心目中，客房不仅是满足消除肌体疲劳需要的栖息之地，而且也是接待亲友、从事公务商务活动、举行小型集会、就餐就医等事务的方便场所。客房的服务范围广泛，如整理床上卧具，清扫客房、浴室、传递口信留言、提供叫早服务、衣物洗熨服务等。客房服务人员除了要确保房屋处于常新、卫生清洁、舒适的状态，关键要了解客人在客房生活期间的活动规律的心理特点，采取预见性、针对性的主动和有效的服务，尽可能满足宾客心理和生理需求，从而提高酒店的声誉。那么，旅游者在客房主要有哪些心理需求呢？

（一）宾客在客房的心理需求

相比较客人对饭店的一般心理需求，入住客房时，旅游者还有一些其他的心理需求。

1. 财产安全和人身安全

住进客房的客人十分重视他们的财产及人身安全保障，希望客房是个安全场所，不要受到干扰，不希望自己在酒店的一些隐私被泄露出去。因此饭店应有完善的防火、防盗、保密等安全设施和保安措施。客人入住时，服务员应适时地介绍安全通道、电器、门锁等的正确使用方法，尽量减少任何可能导致不安全的因素。客人还希望在出现意外或危险情况时，服务员能及时采取得力措施，保障他们的安全。

2. 保护隐私

充分尊重客人的隐私，实际上也是完善服务、改进产品形式的重要方面。由于酒店提供的是生活服务，这必然容易涉及客人个人隐私问题，如服务员通过向客人提供客房服务，从中就可以了解到客人的基本起居情况：何时起床，起床后一般做些什么——洗澡，还是做运动；客人喜欢穿什么品牌的衣服，用什么牌子的日用品，有哪些嗜好等。酒店对客人细致的观察与了解，可以满足酒店向客人提供个性化服务的需要，但由于酒店对此把握不妥，造成越来越多的客人意识到他们的个人权益随时都将受到侵害，严重影响客人在酒店的活动，也使得客人对酒店的不满情绪日益高涨。比如，一些服务员未经客人同意将钥匙交给第三者；服务员未经客人同意直接用钥匙开门进入客人房间等等现象。虽然一些酒店明确提出诸如：当酒店将钥匙交给客人的那一瞬间起，客房就属于客人的，不论任何人进入客人房间，都必须经过客人的同意；不论房间是不是空房，服务员在进入客房时都必须敲门；Only Chambermaid Can Entry The Room Alone（只有房务员能单独进入客房）等规定。

酒店着重对员工的工作技能进行培训的同时，还要注重对员工职业道德的培训，适时适当地为客人服务，而不会再去干扰、影响客人的起居、工作，同时又丝毫不触犯客人的隐私。这样才能使客人感到放心和安全，从而产生一种安全感。

3. 细致的客房服务

由于旅游者出门在外，对旅游地的情况不熟悉，他们常常会在生活、工作上遇到许多需要解决的问题，因此他们希望客房服务能够为他们提供方便。客房服务要尽可能考虑到旅游者的需要，提供多项服务内容，包括洗衣、缝补、代购车票、熬中药、送餐服务、托幼服务等，使旅客只要打电话，就可以立即得到相应的服务。

4. 整洁卫生

客人来到客房最先关注的是房间的卫生状况。因为客房内的用品千人使、万人用，所以，每位客人对客房的用品都十分敏感，他们要求客房的各种设备、用具必须是清洁卫生的，特别是多次性消耗品，如茶杯和对直接与身体接触的用具，如浴缸、面盆、马桶、软片等特别敏感。他们希望能严格消毒，保证干净卫生，以使整个旅途都身心愉快、身体健康。有调查表明，大多数的客人把客房的清洁卫生列为选择饭店的首要条件。

5. 舒适

旅游者外出旅游，来到一个陌生的地方，环境气候、生活习惯的改变令他们有生疏感和不适感，他们都希望酒店的客房能让他们感到舒适、惬意，从而产生“家外之家”的轻松感。旅游者的主要休息时间都是在客房度过的，他们希望室内环境优雅美观，装饰布置典雅舒适，用具和设备齐全，功能完好，灯光柔和。客房噪音也是影响舒适程度的重要因素，而客房的噪音主要来自于客房外部和客房内部设备。因此，客房的窗户、墙壁、楼板要有良好的隔音效果，客房的设备要经常检修，防止发出太大的噪音。

（二）客房工作者服务心理策略

1. 优秀的服务质量

根据旅游者的服务心理，客房服务应加强管理，落实环境卫生和安全工作，为旅游者提供优秀的服务质量。

（1）切实搞好客房的清洁卫生。要强化员工的卫生质量意识，不断提高对星级饭店卫生标准的认识，与国际卫生标准接轨，制定清洁卫生质量控制标准，本着“方便客人、方便操作、方便管理”的原则，规范客房清洁程序。还要严格领班、经理、质检员、房务总监逐级卫生检查制度，设置“宾客意见表”，脚踏实地地搞好客房的清洁卫生工作。

（2）建立班组晨会制度。为保证酒店基本产品“客房”质量的优质和稳定，客房部根据酒店要求，设立了长包及散客班组的晨会制度，对当日的工作进行布置，对每个员工的仪表仪容进行规范，从而使全体员工在思想上能够保持一致，保证了各项工作能够落实到位。在班组的周例会中对上周工作进行总结，对下周的工作进行布置并形成文字，同时将酒店相关文件的内容纳入其中，充分体现“严、细、实”的工作作风。

（3）制定安全检查制度。除部门设立专职安全保卫分管负责人外，将安全知识培训作为系统工程在全年展开，体现不同层次、不同内容。从酒店相应的防范措施、突发事件的处理办法到各项电器的检查要求等点滴入手，明确各区域的安全负责人，以文字形式上墙，强调“谁主管、谁负责”、“群策群力”的工作原则。对于住店客人、会客人员、过往人员进行仔细观察、认真核对，做到无疏漏，并对每周、每月及全年的客房部安全检查进行详细记录。切实搞好客房的环境秩序。客房服务人员动作要轻稳，保持肃静。客房是客人休息或办公的场所，保持安静也是优质服务的基本要求，服务人员在准备用品，打扫卫生时要做到三轻：走路轻、动作轻、说话轻。服务过程中，不得大声喧哗、吵闹、唱歌。随时保持客房、楼道的安静气氛，以体现客房服务的文明程度，养成良好的职业习惯。

2. 良好的服务态度

（1）主动热情

主动服务就是服务于客人开口之前，是客房服务员服务意识强烈的集中表现。其具体要求是：主动迎送，帮提行李；主动与客人打招呼，语言亲切；主动介绍服务项目；主动为重要客人引路开门；主动叫电梯，迎送客人；主动为新到的客人带路到别的娱乐区域；主动照顾老弱病残客人；主动征求客人和陪同人员的意见。热情服务就是在客房服务过程中态度诚恳、热情大方、面带微笑；在仪容仪表上要着装整洁、精神饱满、仪表端庄；在语言上要清楚、准确、语调亲切、柔和；在行为举止上要有乐于助人、帮助客人排忧解难的精神，恰当运用形体语言。

（2）微笑服务

微笑是一种世界性的语言，它对于客人、饭店都是非常重要的。服务的整个过程都应是微笑的过程，一流的微笑应是自然的、发自内心的、诚挚的，而不是普通的、呆板的、为了微笑而进行的微笑。与客人相处一定要坚持 3 米之内用微笑、1 米之内用敬语，让客人感到酒店的每一位员工都是“微笑天使”。但是仅仅有微笑是不够的，微笑服务，美在仪表仪态，贵在热情真诚，重在技术专业，巧在交流沟通。也就是说，微笑服务要与自身的仪表仪态相统一，同时要对客人有发自内心的热情，辅以柔和、友好、热情、亲切的目光，并在服务中及时与客人沟通，才能笑得自然、笑得自信，客人看起来才显得亲切礼貌。

（3）文明礼貌

客房服务要有礼节、有修养，尊重客人心理。既不妄自菲薄，见利忘义，在客人面前低三下四，丧失人格和国格，又不夜郎自大，盛气凌人，反对店大欺客，以貌取人的思想和行为，要继承和发扬中华民族热情好客的一贯美德。另外，客房服务人员要通晓各国礼仪风俗，把注重礼仪作为服务工作的习惯。客房服务一般采用背后服务的方式，以不打扰和影响旅游者正常的客房活动为原则。若旅游者给出“请速打扫”的标志，应立即迅速清扫。若旅游者在场，经允许后可当面清扫，但要注意礼节、礼貌。动作要注意技巧、轻盈娴熟，应避免一切可能引起旅游者反感的操作。客房服务之前要经过客人的允许，未敲门而入、从门缝往里看或发现旅游者用错室内设备而嘲笑等都是不礼貌的行为。

（4）细致服务

全面细致的服务态度主要表现在客房的清洁卫生工作中。通常工作中的差错，客人的埋怨往往由于不细致而造成。如有些器具或房间的角落没有注意清扫或疏忽，往往会给整个工作带来否定的评价；当夜间照明时，台灯的灯泡和灯罩上面若有尘土，就会暴露无遗；浴缸里的水锈痕迹令旅游者感觉很不卫生；蚊、蝇、蚤、鼠等若出现于客房中，对宾客在心理上的影响是可想而知的。细致的服务还表现在注意服务的分寸上，注意如何使旅游者放心，增强客人的信任感。如旅游者在房内放了很多物品和钱财，在清扫服务时，应尽量不随意移动。一般衣物、书籍可适当加以整理，但应注意细致。如某服务员清理桌布在合上客人打开的书时，在书页中着意夹上一小纸条，这一细小的动作带来了客人的好评。细致的服务是赢得旅游者积极评价的有效途径和心理策略之一。

（5）安全服务

客房的安全服务直接关系到游客的人身及财物安全，服务人员应严格遵守既定的工作程序及有关的制度，不能有一丝一毫的马虎。客房钥匙的领取使用应有严格的制度，交接应登记具体时间，钥匙遗失后应及时更换门锁；客房保安人员应坚持对客房走道的巡视，注意外来可疑人员，要提醒旅游者离开房间要锁门；房内的各种电器设备应确保安全；卫生间地面要有防滑措施；对醉酒者要防止吸烟导致火灾；消防设施要齐全，等等。

（6）延伸服务

有些客人对酒店的一般服务不屑一顾，认为这是必备服务，对延伸服务却大加赞赏，会让他们产生物有所值的感觉，甚至产生“超值”。因为超常服务、延伸服务是给旅游者在核心服务（如清洁、宁静、安全的客房）和支持核心服务的促进性服务的基础上提供的一种额外超值服务。它超出了客房一般功能性服务的范畴，增加了核心服务的价值，使本酒店服务的产品与其他酒店相比独具特色，能给旅游者带来超值的心理享受。

例如，客房提供用餐服务，客房小酒吧服务，洗衣、熨衣、擦皮鞋服务，小孩及宠物照看服务，商务秘书服务，客房健身服务等。准确传达留言、按时叫醒客人，除提供针线包、信笺、墨水、笔、电话号码、电视节目单等以外，雨天备有“借伞处”、发鞋套等。

另外，延伸服务（附加性服务）的另一方面来源于客房“接待产品”的“静态接待服务”。所谓客房“接待产品”，即客房中的日常用品，如小块肥皂、矿泉水、多泡浴液、洗发液、牙膏、小盒火柴，茶叶、淋浴帽以及摆在床头的小块巧克力等。这些微小“接待产品”向每一位客人提供了日常生活必需的一些用品，增加了客房的舒适度，同时为客人居住生活提供了方便，让他们更舒心。这种服务不仅使旅游者高兴，而且还会冲淡和弥补客房服务某种项目的不足，在旅游者心目中留下对饭店良好的印象。

这些细致周到的服务虽然看似小事，却在细微之处见真情，体现了“服务至上，宾客第一”的原则，使客房服务的范围不断扩大，从满足旅游者的基本需求发展到满足旅游者的多种需求，给旅游者带来了意外的惊喜和充分的心理满足，也为酒店提高了美誉度。

3. 娴熟的服务操作

系列客房服务工作中，不能有任何懈怠、偷懒、侥幸的心理。工作中每一个小小的疏漏都可能造成严重的后果。主动、热情、礼貌、耐心、细致、周到，体现在客房服务的各个方面。但在实际操作中要永远保持一丝不苟的工作态度，满足旅游者在客房的主要心理需要，提高客房服务质量，服务人员还需要将操作系列化，落实在自己每天的行为中。

（1）迎客服务

迎客服务是客房接待服务工作的首要环节。热情大方、主动迎接，既是对客人礼貌和敬意的表示，又是给客人留下良好印象的重要条件。比如，门卫对进店的旅游者，要给予柔和的微笑，用简短热情的语言表示欢迎，并伴之以“请进”的手势。当客房部得到前台关于客情的预报时，应立即认真检查准备接客的房间是否按照规定的标准及规格清扫布置及配备用品的情况，检查所有的机器开关、抽屉、水管、喷头等是否完整无损、便于使用。引领客人进入房间时，向客人言明：“这是您的房间”，同时打开灯，请客人先进去。白天进房间后要先打开窗帘，按客人要求调节好室内温度，并向客人说明或示范使用方法，主动问客人还需何种服务等。

（2）主动询问

主动向客人问好，关心他们的生活起居、身体状况、生活感受，像对待自己的亲人一般。如：“王先生，昨夜休息得好吗?”对早晨起床见面的旅游者主动问好，会使他非常高兴。这样，还能了解服务的结果是否令客人满意。比如，王先生回答说昨夜没有休息好，服务员应该立刻了解什么原因，并立即作出补救措施，以满足客人的需要。

寝室开灯，撩床角也是一种“问”。每当傍晚，服务员即将客人所住床铺上半部的床单和毛毯掀开45度角，打开床头灯，以便客人就寝。这样，就可创造一种友好的气氛，使客人感到服务员已经向他道过晚安，已经向他致以亲切问候了。

（3）清洁卫生

整齐清洁是评价客房服务质量的起码标准，由于客房是通过反复出租来实现其价值的，所以保持清洁、严格卫生十分重要。客人出门后及时清扫整理房间，做到窗明几净，地面、墙壁无灰尘；卫生间内无头发、脏物，无污垢；用具、餐具以及马桶要严格消毒；床单、枕套、手巾、面巾、浴巾、脚垫巾每日更换。努力保证各种设备、用具和生活用品清洁、美观、舒适。这样，客人才能放心地住宿。

（4）动作勤快

勤快是客房服务人员事业心和责任感的重要体现。手勤，及时准确地完成工作任务；眼勤，注意观察客人的需求反应，有针对性地为宾客提供随机性服务；嘴勤，主动招呼客人，主动询问需求，切不可遇到客人不言不语、低头而过；腿勤，行动敏捷，不怕麻烦，提高服务效率。客房管理人员在做到以上“四勤”的基础上，还要求做到“五勤”：勤检查、勤巡视、勤观察、勤指导、勤补充。这样就不会造成服务工作的疏漏，以便给客人留下美好的印象。

（5）保持安静

安静是使客人休息好的前提。要严格控制各种设备发出的机械噪音，要消灭“四害”，排除蚊、蝇、虫等飞窜客房的可能性。服务人员在准备用具、打扫卫生时要轻拿、轻放，随时保持客房、楼道、工作间有一个安静的气氛。服务员无事时，切忌在楼道内高声喧哗，大声嬉笑。假如在作息期间，有其他客人无故喧闹，影响其他客人的休息，服务员应巧妙制止，以保证客人良好的休息。

(6) 灵活机智

客房服务人员必须具有较强的应变能力，随时根据客人的心理特征与特殊爱好，采用灵活多样的服务方法。规范、程序，标准化的服务不等于优质服务。因为，服务的对象是千差万别的活生生的人，而规范却是简单的、甚至是单一的。因此，在规范化服务的前提下，灵活多样的服务，个性化的服务才是服务所追求的目标。这就要求服务员灵活机智，善于察言观色，随机应变。

(7) 善于观察

"眼观六路，耳听八方"是服务人员的基本职业素质要求。客房服务人员要随时留心观察客人情况、征求客人意见，随时发现服务过程中的不足和问题。一经发现，就及时改进和弥补。随时发现客人未提出但确实需要解决的问题，给予及时的援助和满足。

(8) 送客服务

能否善始善终地对待旅游者，让其高高兴兴地来，愉快地带着美好的回忆走，下次还想再来，这就要重视送客服务。这项工作做好了，既可弥补客人住宿期间的某些服务工作的不足，减少客人不愉快的心理，又可以提高客房服务的声誉。这项工作做不好，会使客人在住宿期间获得的美好感受大打折扣。服务质量差的饭店，一般只重视迎客人的环节、却忽视送客人的环节，往往使服务效果功亏一篑，与客人的关系只是"一锤子买卖"。这种不能善始善终的服务理念，会严重地损害饭店的服务质量与声誉。

送客服务的内容有两个方面：一是客人离别前的准备工作；二是客人离别时的送别工作。在得知客人离店日期后，客房服务员要仔细检查该客人所委托代办的项目是否已经办妥，委托代办项目的费用是否已收妥或费用的账单是否都已转至前台收银处。对清晨离店的客人，应提醒总机可提供叫醒服务，或再询问客人还需什么帮助及服务。送别客人时，协助行李员搬运客人的行李，主动热情地送客人至电梯口，代为按下电梯按钮，以敬语向客人告别。客人离店后，客房服务人员应迅速入房间仔细检查。如发现客人有遗忘物品，应立即派人追送。这项工作若做得好会给客人带来极好的心理感受，给饭店带来极大的社会影响。

四、餐厅服务心理

餐厅是饭店的一个主要的服务部门。一般接待旅游者的饭店都设有餐厅以满足住宿者进餐的方便。当然，顾客可以任意选择他认为合适的餐厅用膳，也可不在住宿饭店的餐厅而到其他地方去解决膳食的需要，怎样才能吸引游客非常高兴地走进餐厅，而又非常满意，甚至带着留恋的心情离去？这涉及多个方面。但是餐厅服务心理是其核心。

(一) 宾客对餐厅的心理需求

1. 清洁卫生

旅游者都非常注意餐具和饮食环境的卫生。卫生是旅游者的基本生理需求，餐厅要重视卫生，确保客人不受病害的威胁和感染。旅游者对餐厅卫生的要求体现在环境、餐具、食品、服务人员等几个方面。

(1) 环境卫生

做到就餐环境清洁卫生，就要使空气清新，天花板和墙壁等无灰尘，地面清洁无污垢杂物，窗明几亮，桌椅整齐干净，台布、桌布洁净无瑕，厅内无蚊蝇等害虫。只有这样旅游者才能放心就餐，否则就会离开选择其他就餐场所。

(2) 餐具卫生

大部分餐具都是客人公共使用的，有时难免染上某些病毒和细菌，所以餐具卫生就显得非常重要。因此，餐饮用具使用前必须洗净、消毒，符合国家有关卫生标准。未经消毒的餐具不得使用。禁止重复使用一次性使用的餐饮用具。洗刷餐具必须有专用水池，不得与清洗蔬菜、肉类等其他水池混用。洗涤、消毒餐具所使用的洗涤剂、消毒剂必须符合食品用洗涤剂、消毒剂的卫生标准和要求。餐具清洗必须做到一洗、二刷、三冲、四消毒、五保洁。

(3) 食品卫生

俗话说“病从口入”，旅游者对于饮食卫生的要求是最重视的。餐厅提供新鲜、卫生的食品是防止病从口入的重要环节。因此，不论餐厅的档次规模，就餐的客人都有一个共同的心愿，那就是能吃到新鲜卫生的食品。为此，餐厅的食品要保证原料新鲜、厨房整洁、厨具卫生，特别是凉拌菜要用专用消毒处理工具制作，防止生、熟、荤、素直接地交叉污染。严格检查食品、饮料的保质期限，坚决禁止供应过期食品。

(4) 服务人员应按卫生操作规范提供服务

每位餐饮员工都要严格遵守餐饮部制定的卫生工作条例，戴健康证上岗。在客人眼里，服务人员的整洁卫生是餐厅卫生形象的一个重要标志。服务员应特别注意个人卫生习惯、服饰干净整洁，不留长指甲，不能养成挖鼻、掏耳、手擦眼泪等不良习惯。在餐台布置、餐桌准备、餐中服务（上菜、配菜、斟酒）等方面，都应严格按照卫生操作规范提供服务。例如上菜时，服务员切忌手指碰到食物，讲话时不要口对食品等。

2. 求尊重

在餐厅服务中，要注意满足旅游者的尊重需要。由于在餐厅就餐处于公共场合，有其他人在场，这种需要表现得更加强烈。俗话说：“宁喝顺心汤，不吃受气饭”。如果旅游者在餐厅未得到尊重的满足，再好的美味佳肴也会食之无味。为了满足旅游者在餐厅求尊重的心理，服务人员可采用如下策略。

(1) 微笑迎送

到餐厅就餐的旅游者首先感到的是服务人员的热情接待。微笑是内心喜悦的情绪语言，是笑容可掬的神态，虽不出声音但充满热情、亲切与和蔼。微笑表示诚挚、友好和尊重的内心体验。微笑是餐饮服务员的职业本能和职业习惯。迎接客人，微笑是欢迎语；客人离去，微笑是告别词。因此，微笑迎送旅游者能使旅游者得到尊重的心理需求。

(2) 领座恰当

旅游者到餐厅就餐，服务人员要主动上前引领入座，而不能让旅游者自己找座位，以免旅游者产生被冷落感。在领座过程中，要征询旅游者的意见，由旅游者决定坐在什么位置。

(3) 尊重习俗

服务人员除应注意服务技巧外，还应尊重旅游者的风俗习惯和生活习惯。这就要求服务人员首先要弄清旅游者的宗教信仰和民族，并且熟悉宗教信仰和民族习俗有关的知识，如信仰佛教的人吃素，信仰伊斯兰教的人不吃猪肉，信仰印度教的人不吃牛肉等；还要主动了解旅游者的口味习惯，并在点菜单上注明，提醒厨师在用料上不要触犯旅游者的宗教禁忌，并迎合他们的口味要求。

(4) 多用敬语

在餐厅服务中应多用“请”字，这样往往使旅游者得到尊重的满足。如旅游者临门，服务员主动招呼“请进，欢迎光临”；进门后，引领旅游者到位后说“请坐”、“请点菜”；上茶时说“请用茶”；当菜肴上桌时说“这是某某菜，请用餐”；当旅游者需要调料时，服务人员应立即取来并说“请您适量添加”等。只要服务人员做到“请”字不离口，旅游者就餐就会得到多一份尊重，餐厅服务也会赢得美好的声誉。

3. 求美

对旅游者而言，在餐厅用餐，不仅要好吃而且要好看，不仅能一饱口福而且要大饱眼福，这是旅游者最重要的心理需求之一。实际上，旅游者在餐厅的用餐过程就是一项综合性的审美活动。旅游者会要求食物酒水合口味，而且色香味形器俱佳；要求餐厅外观形象美且内部环境美，要求服务人员仪表美且内心美。

4. 求快速

旅游者到餐厅坐定点菜后，一般都希望餐厅能快速上菜。这除了旅游者赶时间这一原因之外，主要是旅游者对等待上菜的时间知觉造成的，对期待的菜肴出现之前的时间在旅游者的心理上产生放大现象，他们会感觉时间过得特别慢。

5. 求公平

旅游者外出旅游，来到陌生的环境就餐，比较敏感的就是接待的差异和菜肴的价格，因此公平合理也是旅游者对餐厅服务的基本要求。只有当旅游者认为在接待和价格上是公平合理的，才会产生心理上的平衡，否则会感到受歧视或被欺骗。根据亚当·斯密的公平理论，人们的公平感是通过比较而产生的，具有相对性。旅游者在就餐过程中的比较，既包括同一餐厅的不同旅游者之间，也包括不同餐厅之间。同类型、同等档次的餐厅在价格上、数量上以及接待上的不同都会引起旅游者的比较。如果旅游者在就餐过程中，没有因为外表、社会身份地位、消费金额的不同而受到不同的待遇，在价格上就没有吃亏上当的感觉，他就会觉得公平合理，就会对餐厅服务感到满意。因此，餐厅在指定价格、接待规格上都要注意尽量客观，做好质价相符，公平合理。

6. 求知求新

旅游者在餐厅就餐也是了解和体验异域饮食文化的过程。旅游者在品尝菜肴时还想了解菜名的寓意、来历、典故、营养、用料和烹饪方法等，甚至对于色香形味器俱佳的拼盘和名菜还会拍照、录像，这都是旅游者求知心理的表现。旅游者特别是境外旅游者到了餐厅，都热衷于品尝当地有名的风味特色，如北京的“烤鸭”、广东的粤菜、山东的孔府菜、福州的“佛跳墙”等，有的旅游者则喜欢品尝餐厅新推出的特色菜。

(二) 餐厅工作者服务心理策略

1. 树立餐厅的外在美

餐厅形象直接关系到旅游者对餐厅的印象，也直接影响到餐厅的经济和社会效益。因此，餐厅应十分重视环境的美化，为旅游者创造一个优美舒适的就餐环境。

(1) 优美的视觉环境

视觉形象通常是最易形成感知的，因此，餐厅形象美主要表现在它的外观形象美与内部环境美两方面。

餐厅的外观形象美包括建筑外观的美和餐厅名称的美。

第一，建筑外观的美。造型优美、选材讲究、色调和谐、风格迥异的建筑外观，对就餐客人的心理活动能产生积极的影响。它能使客人产生美的心理感受，容易引起客人的注意，使客人看后产生各种丰富的联想，留下深刻的印象，如杭州蓝宝酒店外墙的大龙虾。餐厅的建筑通常是建筑设计师发挥其想象力的结晶，他们通过建筑造型、结构、色调的巧妙结合，给客人塑造出一个直观而富有含义的艺术形象。高层建筑的恢宏、庭园楼榭的精巧，无不使人产生各种各样的联想。

第二，餐厅名称的美。餐厅的名称是告诉客人餐厅的风格、服务的项目和经营特色的标志。如“竹林小餐”，颇有闹中取静的雅趣；“楼外楼”，闻店名而生雅兴，使人不由想起“山外青山楼外楼”的诗句；香格里拉的“香宫”，潇洒而又飘逸，让人浮想联翩。又如经营宫廷菜的“仿膳饭庄”；经营清真菜的“清雅斋”；经营粤菜的“玉堂春暖”等，都言简意赅，而且准确地抓住了餐厅的特点，令人过目难忘。

餐厅的内部环境是为就餐客人服务的直接现场，和谐统一、美观雅致的内部环境会使饭店客人心情愉快、赏心悦目。餐饮经营者在布置餐厅环境时，必须考虑环境对就餐客人心理活动和就餐行为的影响。

第一，餐厅应布置得整齐和谐、井然有序、清洁明亮、图案淡雅、摆设新颖、挂幅别致。

第二，餐厅布置要坚持个性化与适应性相结合，民族化与现代化相结合，典雅化与气氛化相结合的原则。个性化是指餐厅的设计要突出本身的特点，在外观上直接反映出经营特色，以引起客人的注意。适应性是指餐厅不能过分追求新、洋、豪华的格局，既要反映风格特点，又要使客人感到可以接受，而不是可望而不可即，以吸引和留住更多的客人。民族化是指要体现民族特点和风格，体现民族的爱好和风俗习惯。典雅化是指餐厅的陈设和布局一定要从整体出发，不能错落零乱，力求古朴大方，雅观别致。

第三，餐厅布置应考虑到照明对不同客人的心理影响。如中国客人喜爱灯火辉煌，因为中国人就餐需要气氛热烈，且大家吃同样的菜肴，所以，中餐厅的灯光应明亮一些。而西方客人喜爱柔和的灯光，因为他们认为就餐纯属私人行为，且各自点吃自己的食品，因此，西餐厅的灯光应柔和，并采用可调节开关，以便营造温馨的气氛。

第四，餐厅布置应考虑到色彩对客人用餐心理的影响。一般以红、黄为佳，蓝色为差。因为黄色可刺激人的食欲，也可使菜肴看起来非常新鲜，而蓝色则会使菜肴黯然失色。

第五，餐厅装饰物要与整个餐厅的氛围相协调。餐厅的四壁、地面、天花板、艺术陈设品进行装饰和摆设时，应把整洁、舒展、艺术、典雅诸因素综合起来加以考虑，壁画、地毯、挂毯、挂幅要和经营特色协调一致。餐厅的字幅、挂图宜多体现中华民族悠久的文化传统。同时，餐厅的外语挂幅、招贴、菜单、艺术品陈设也要充分考虑到各国客人的禁忌，所用词语要准确达意，以减少不必要的误解。

（2）愉快的听觉环境

餐厅中播放柔和动听的音乐不仅对旅游者的心理有调节、愉悦的作用，而且可以增加他们的食欲；相反，餐厅里的噪音则会给旅游者的生理和心理造成不良的影响，而且降低食欲。在公共餐厅，如果就餐人数多，极易产生噪音，餐厅要尽量减少噪音的存在，可适当加大餐桌之间的距离。营造愉快的听觉环境，还源于宴乐的配置。宴乐的安排应根据不同宴会形式而有所区别。如大型宴会，整个气氛要求庄重而热烈，入席时宜播放《欢迎曲》、《迎宾曲》，以活跃气氛；上菜时，再用《进行曲》相伴，能给人以轻快流动之美。

（3）良好的嗅觉环境

在餐厅中，由于菜肴众多，会散发各种气味，加之各种酒味、烟草味，多种气味混合在一起，给人的感觉是很不愉快的。所以，餐厅要注意通风，保持空气清新，同时也要注意不能让厨房的油烟及其他气味散发到餐厅中来。

2. 树立餐饮工作人员的职业形象美

工作人员自身素质如何，决定了其服务水平的高低。为了向宾客提供更好更优质的服务，餐饮服务人员应不断地从思想、业务、身体、礼节礼貌等各方面充实自我。

（1）思想素质

在岗爱岗，敬业乐业。在岗餐饮服务人员应尊重、热爱自己的职业，明确自己工作的意义。只有敬业才能乐业，只有乐业才能在工作中不断钻研，不断创新，提高服务质量，提高自身素质。

热情友好、宾客至上。餐饮服务人员应以饱满的热情、友好的态度来接待每一位宾客，牢记“顾客是上帝”，“客人永远是正确的，即使客人错了，我们也要将对让给客人”，在任何时候，任何场合都要为宾客着想，这是服务工作的基点。

文明礼貌、优质报务。餐饮服务业是文明礼貌的窗口，每位服务员都应懂礼节，讲礼貌，这是为宾客提供服务的基础。只有工作中时刻注意自己的言行举止，熟练地掌握各项服务技能，才能不断地提高服务水平。

不卑不亢，一视同仁。餐饮服务人员在工作中应尊重客人，礼貌服务，但不可表现为低三下四等有损人格与形象的行为。对待宾客，不论国籍、肤色、种族、信仰、性别、年龄等，都应一视同仁，平等待客，绝不允许有种族歧视、重富轻贫的行为。

团结协作、顾全大局。餐饮服务行业是一个协作性很强的行业，餐饮服务人员在工作中应发挥团队精神，相互协作，全面周到地为宾客提供服务，无论发生什么事，都要顾全大局，本着行业精神去对待、处理问题。

忠于职守，廉洁奉公。餐饮服务人员应明确自己的岗位职责、工作范围，在自己的岗位上，尽最大努力，服务于宾客。同时必须廉洁奉公，洁身自好，不得做出有损国家、企业形象的事情。

（2）业务素质

餐饮服务人员在业务素质方面的培养，主要是知识和技能两部分。

首先，业务知识。熟悉中、西菜系的特点及各大菜系中著名菜系的主料、风味。能够识别中、外名酒，鉴别其品质、年份及其最佳饮用时机。了解中、西餐的基本烹饪方法及要求，了解现代厨房管理程序。了解主要食物的营养价值，懂得营养配餐，具有食品卫生知识。了解各国的风俗、宗教信仰、民俗礼仪、饮食习惯和禁忌等。

其他相关领域知识，如服务心理学、营销学、饭店管理知识、法律知识、电器设备的使用及养护知识等。

其次，业务技能。熟练的服务技能，掌握摆台、斟酒、上菜、分菜等服务技能。并熟练掌握中、西餐服务程序。掌握与上级沟通理解和表达能力，并至少掌握一门外语，可为外宾提供餐饮服务。

（3）身体素质

餐饮服务人员的工作，其实并不轻松，“日行百里不出门”，站立、行走、托盘等都要一定的腿力、臂力和腰力，所以要有健康的体魄才能胜任此项工作。服务人员必须每年进行一次体格检查和卫生知识培训，取得健康证后方可上岗，凡患有各种传染病和化脓性、渗出性皮肤病的人不宜从事餐饮服务工作。

（4）职业心理素质

懂礼节、讲礼貌是餐饮服务人员必须具有的基本素质。主要表现在微笑服务、仪容仪表、行为举止和服务用语等方面。

① 微笑服务

微笑服务在礼貌服务中占有特殊的地位，它是一种“无声的语言”，不但表现了服务员热爱本职工作，全心全意地为宾客服务的精神，同时也能够感染用餐的宾客，让客人感到“宾至如归”，使他们的心情和情绪向愉快的方向发展。

② 仪容仪表

着装。服务员上岗应按酒店规定着装，并保持整洁。除工作需要外，衣袋里不要放无关物品。服务名卡要端正地戴在左胸前。

发型。男服务员的发型不得盖住耳朵、衣领；女服务员不得梳披肩发、长发应盘起。

面部。女服务员上岗化淡妆，不可使用香水和有异味的化妆品；男服务员应每日刮净胡须。

手和指甲。服务前应洗净双手，指甲应经常修剪、清洁，不允许使用指甲油。

装饰品。除手表外不可佩戴任何与工作无关的装饰品，如手链、耳环等。

③ 行为举止

站姿。从正面看，两脚跟相靠，脚尖开度在45°～60°，身体重心线应在两腿中间向上穿过脊柱及头部。双腿并拢立直，挺胸，收腹，双肩放平，双臂放松，自然下垂于体侧或交叉于腹前或反剪于背后。双目平视前方，下颌微收，嘴微闭，面带微笑。站立时间较长时，男服务员可左脚向左横迈一小步，以不越过肩宽为宜；女服务员双脚可呈“V”字形，右脚在前，将右脚跟靠于左脚内侧前端，身体重心可在双脚间稍移，通过变化身体重心来减轻长久站立的疲劳。

走姿。行走时挺胸，收腹，双目平视前方，面带微笑，肩部放松，身体重心稍向前倾，手臂自然地随着行进的步伐前后摆动。男服务员的步幅在40cm左右，步速为110步/分钟左右；而女服务员步幅在30cm左右，步速为120步/分钟左右。餐厅服务员在行进中切忌奔跑，如有急事可加快步速，加大步幅。多人一起行走时，不要横作一排并行，以免挡道，更不可勾肩搭背。如背后有宾客走来，应让到一旁，请宾客先行；如有急事要超过前面的宾客，超过时应向宾客致歉。

手势。餐饮服务员在工作中经常要运用手势来为宾客服务，如介绍菜点，引路，指方向，等等。但手势不可乱用，不同的手势传递不同的信息，相同的手势有时在不同的国家和地区有着不同的甚至完全相反的意思。

餐饮服务人员的手势要求是：在给宾客指引方向时，伸展手臂，四指并拢，拇指张开，手掌侧向上，以肘关节为轴，指向目标，在兼顾宾客的同时，也应转向指示目标。在为宾客指示方向时，忌用一个手指指点。

接待礼节。餐饮服务人员在工作中，不宜主动与客人握手，但如果宾客主动与服务人员握手时，服务员则不应回避。行握手礼时，服务员应上前与客人相距一步的距离，上身稍前倾，两脚立正，伸出右手，四指并拢，拇指张开与对方握手，并轻轻上下摇二三下，礼毕即松开，行握手礼时应注意，对男子握手可适当重些，以示友情深厚，但又不宜握得太重，以不产生手疼感为宜。对女士握手可适当轻些。男子握手时，应将帽子、手套脱下；女士则不必。如有疾病不便行握手礼时，可向对方声明，并道歉。如遇多人握手时，应顺序进行，抢着握手、交叉握手都是不合适的。

④ 服务用语

餐饮服务工作时时离不开语言，恰当、礼貌、优美、机智的语言，不仅使宾客感到温暖，受尊重，还可以为服务操作锦上添花，并化解宾客的一些不愉快。与宾客进行礼节性的交谈，可围绕菜肴、天气、旅游、交通等话语，但绝不可问及宾客的经济收入、婚姻状况、宗教信仰、年龄等私人问题。与宾客谈话时，应本着实事求是的原则，不要随便答复自己不清楚或不知道的事情，对服务范围以外和自己无把握办到的事情，不要轻易允诺宾客。

谈话时与宾客相距一米左右，保持站立，目视宾客，面带微笑，不可左顾右盼不闻不言的举动，更不可驻足旁听宾客谈话。

归纳总结

本次任务主要介绍了解旅游者在旅游过程中的心理需求和行为表现，论述了旅游服务是旅游业的核心和实质，是旅游业中最本质的东西，重点介绍了旅游服务的含义及客我交往的含义和特点，以及客我交往中的双胜原则。并且介绍了旅游服务的特性，旅游者在酒店的一般心理需求，以及在不同部门中客人心理需求，不同部门应有针对性地提供服务的策略。

练习与实训

案例分析

（一）

“当当当”，服务员小刘小心地敲着1603房的门。

小刘刚想敲第三次的“当当当”，手指关节刚落到门上，门却突然打开了。一张充满怒气的脸出现在眼前。“没看到请勿打扰的灯亮着吗？敲什么门啦？我刚躺下一会儿就被你吵醒。真是的！”小刘连忙看了一下手表说：“先生，对不起，现在已经是下午2点40分，按规定长时间亮着请勿打扰灯的房间，我们是要敲门的，以防止客人发生意外。如果你不需要整理房间，那我就不整理了。对不起，打扰了。”

“你说什么？怕我出意外？我中午刚刚睡下，休息一会儿就会出意外？你胡说什么呀?!”客人怒气更盛，声音也更大了。

“你的房间上午不是就亮着请勿打扰灯吗？1603，没错，我的卫生整理报告表上明明做着记号表明上午还亮着请勿打扰灯的呀。”小刘还在申辩着。

“上午我没睡觉，你不来做卫生。下午刚睡下，你就来敲门。真是的！算了，没时间跟你嗦。”说完门“砰”的一声重重地关上。小刘一下子呆住了，眼睛还直愣愣地望着门，似乎那张愤怒的脸还印在门上。

这时恰巧领班走了过来，问怎么回事。小刘说完刚才发生的事，两行热泪极不情愿地流了下来……

根据上述材料分析问题：

1. 小刘对客服务过程中是否有不当之处？侵犯了客人何种需求？
2. 如何避免类似不愉快的事情发生？
3. 客房服务过程中一般要注意哪些问题？

（二）

某天中午11点左右，在一个四星级酒店内，顾客何先生来到酒店总台要求结账交房，服务员翠花在进行例行检查客房时发现客房里少了一条浴巾。按规定，顾客是不能带走客房里的东西，若发现客房里少了任何东西或损坏任何东西，就要按酒店有关规定进行照价赔偿。“顾客是酒店正常经营的前提条件，没有充足的客源酒店的经营就难以进行，如何能够既不使顾客丢面子，又使酒店的利益不受到任何损害呢？”翠花离开房间前往酒店总台时一边走一边想，不知不觉已经来到了总台。

翠花微笑对顾客说：“先生，对不起，你房间里少了一条浴巾，你暂时不能结账。”

何先生不屑地说道：“少了一条浴巾关我什么事啊，快点结账，我赶时间，要不然误了机你可要负责。”

翠花再次微笑着说：“真的很抱歉，先生，按酒店规定，在找到浴巾之前，你暂时不能结账，或按浴巾价格付了有关款项才能离店。”

顾客微怒地说道：“哦？你的意思就是我拿了那条浴巾了，你是什么意思啊，什么态度啊?”翠花依然很有礼貌地说:“先生，我不是那个意思，只是提醒你一下，可能你在收拾行李时，不小心顺手把浴巾夹在你行李里面了，请您再检查一下您的行李，可以吗?”顾客这下子真的怒了:“哦！好你个打工妹，你竟然怀疑我偷了那条烂浴巾啊！你知道我家产有多少吗？我会堕落到为了一条烂浴巾不顾自己的身份吗？你这是什么态度！我要找你的经理，我要投诉!”

翠花心里感到一阵愤怒，这位先生怎么了？有理说理么，怎么能侮辱我的人格呢？她正要发火，但想起经理在职业培训课时说的一番话:“在某些时候，即使顾客是错的，我们也不能让顾客太难堪，不能跟顾客对着干，而要给顾客找台阶下，翠花想到这儿，连忙克制住自己的情绪，重新微笑着对何先生说:“先生，对不起，如果我之前说的某些话，冒犯了你的话，我在这儿先向你道歉；但是按照酒店规定，酒店的日常用品不见了是要按价倍偿的。”“这还有点像话，但我的确没有拿那条浴巾，你们总不能叫我付这冤枉钱吧?”

翠花微笑着提醒他:“那么先生您昨天用完它有没有顺手把它放在其他地方呢？能不能请先生移贵步再回到房间检查一下？可能您工作太忙了，忘记了这些鸡毛蒜皮的事情，每个人都有忘记事情的时候。”

何先生想了想说:“哦，那真的可能是我昨天把它放在某个地方了吧，那我再回去检查一下。”说完就拿着行李回房去了。

不一会儿，何先生就下来了，对翠花说:“原来，浴巾真的在床单底下，你下次检查时要小心一点了，看你浪费了我这么多时间，我要误机了。”顾客悻悻地走了。

根据上述材料分析问题:

1. 案例中主要涉及客人的什么心理?

2. 如果你在服务时遇到了这种难以分辨清楚的情况，你应该怎么办?

3. 浴巾是细软物品，若是房间里的其他硬件设施，如电视、热水器等，在顾客离开时发现故障，怎样做到既信任顾客、充分相信顾客的前提下又不使酒店蒙受不必要的损失呢?

项目九

旅行社服务心理

旅游者对旅游活动是否满意，会突出地反映在对导游服务是否满意上。因此，作为导游人员必须具备一定的专业素质和心理素质，掌握一定的心理应对策略，才能胜任导游一职。

任务一 掌握导游的服务心理

任务二 掌握旅游过程服务心理策略

任务一 掌握导游的服务心理

任务介绍

介绍导游工作特性；

介绍导游的服务心理。

任务分析

导游，在旅游活动过程发挥着重要的作用和影响。本任务在介绍导游工作特性基础上，重点阐述导游的服务心理，从导游的认识、情感、意志和兴趣、性格、能力多个方面分析导游应具备的素质和修养。

任务引入

灵魂与润滑剂

小马和小徐分别带团，两个团的线路相同，人数相同，地接社相同，酒店相同，旅游车相同，甚至连飞机航班都是同一班，可是，游客的意见反馈却大不一样，各地的接待社和酒店的反映也不一样。经理先找了小马，问道：“小马，这次带团遇到什么问题了吗?”

小马说：“以前有人对我说，导游员是旅游业的灵魂。这一回我可知道什么是‘灵魂’了，想指挥胳膊，指挥腿，甭想！先说地陪吧。地接社上的是什么地陪？就想赚钱！经理你知道，我这个人喜欢直来直去。我就告诉他们，不能这样，有钱没钱都应该一样带团。他们呢？对我翻白眼！在M市，那个地陪还说：‘我正不想带呢。你打电话给我们社，让我下团好了！’再说酒店，动不动就说房间安排不过来，少给你一个两个房间。我只能跟他们吵，不吵，他们是不会给我房间的！民航是老毛病了，越是旺季越是出事。动不动就误点，临时给的盒饭也不合客人的口味。还有，那些交警好像就盯上了我们的旅游车，动不动就要罚。他让你的车停在路边，耗你的时间。你跟他说说理，他就说：‘你是不是驾驶员？不是的话，请不要妨碍我执行公务！’总而言之，带团的大环境太差了！”

小马走了以后，经理又找来小徐。小徐说：“跟小马比起来，我这一路上还算比较顺，可是，说实在的，我心里很矛盾。我没有她那么好的精神，只能想别的办法。我带了一条烟，还带了一些小饰物。如果地陪是男的，我就给包烟；如果是女的，我就给个小饰物。搞好关系呀！让他们觉得，没有挣到钱，但也不是一无所得呀！多少还有点人情吧！对酒店呢，不能用东西来拉拢感情，我就多说好话，求他们。人总是喜欢听好话的嘛，所以拿全了房间。那一次飞机晚点，机场给我们送饭盒，我又拿出一包烟给送饭盒的工作人员，让他帮帮忙，选了一些适合团里老人的盒饭。说实在的，是航空公司的责任，可是具体办事的也没有办法，他们也是一肚子的委屈。所以我想，还是搞好关系要紧，让眼前的事情好办一点，老埋怨也不是个事。我知道，小马团里的客人意见大，小马吵来吵去，有时候也是吵给客人看的。可是我觉得好好地解释解释，客人也是会谅解的。遇到交警，不要吵，不要争，你是争不过他的。一般来说，司机多多少少会有点违规，他要抓你一点什么还不容易吗？赔个笑脸，多说几句好话。警察一看我们小女孩来求情，心多半会软下来。我再让司机多说几个对不起，说明一下原因，罚款最多也不过就是二十多块钱。要是像小马他们那样吵起来，团队走不了，还要多罚两百多块，这个损失可就太大了，司机也承受不了啊！司机心情不好，脾气就大，还不知道又会出什么问题！”

经理对她们的话思考了很久，在周务会上说：“‘导游员是旅游业的灵魂’并没有错，没有灵魂，胳膊是胳膊，腿是腿，成不了一个整体，跳不了舞，也演不了戏。但是，面对现实，导游员还是要更多地起‘润滑剂’的作用，尽可能地减少摩擦。我们应该坚信，明天会更好。”

（资料来源：http：//www.examw.com）

评析：在旅游活动中，导游员不仅起灵魂作用，还需要起像小徐那样的“润滑剂”的作用。做导游是很辛苦的工作，尤其是做全程陪同带长线团的导游更辛苦，不仅需要很好的身体素质、心理素质和业务素质，而且需要很好地与客人沟通。好的导游不仅要求可以披星戴月，连续工作，过节不回家，而且还要有一定技巧和素质，做导游一定要乐观开朗，接受任何类型的游客，心理承受能力要好。有应变的技巧才能在问题出现时有能力把问题解决好。

任务实施

一、导游工作特性

作为导游工作者，认清导游工作特性至关重要。它不仅指导着导游员的言行举止，还影响着（甚至决定着）旅游服务质量的高低。

（一）导游工作性质及特点

导游工作是一种复杂的、高智能、高技能的服务工作，是旅游服务中具有代表性的服务。导游服务是导游人员代表委派其从事导游工作的旅行社，接待引导旅游者旅行游览，按照双方合同或约定内容及标准，向客人提供的旅游接待服务，它包括导游讲解服务和旅行生活服务。

导游工作特点主要体现在三个方面。

第一，社会性。旅游活动是一种社会现象，在促进社会物质文明和精神文明建设中起着十分重要的作用，而导游员处于旅游接待工作的中心位置，接待着四海宾朋、八方游客，所以，导游员所从事的工作本身就具有社会性。而且，导游工作又是一种社会职业，对大多数导游员来说，它是一种谋生的手段。

第二，文化性。导游服务是传播文化的重要渠道。导游员的导游讲解、与旅游者的日常交谈，甚至他的一言一行都在影响着旅游者，都在扩大着一个国家、一个地区、一个民族的传统文化和现代文明的影响。导游员为来自世界各国、各民族的旅游者服务，通过引导和生动、精彩的讲解给旅游者以知识、乐趣和美的享受，同时还吸收着各国、各民族的传统文化和现代文明并有意无意地传播着异国文化。因此，导游服务起着沟通和传播精神文明、为人类创造精神财富的作用，直接间接地起着传播一个国家、一个民族的传统文化和现代文明的作用。

第三，服务性。导游工作属服务行业，具有重要的经济意义。导游服务与第三产业的其他服务一样，属于非生产劳动，是一种通过提供一定的劳务活动，例如翻译、导游讲解、旅行生活服务等，满足旅游者游览、审美的愿望和安全、舒适旅行的需求，从而创造特殊使用价值的劳动。

（二）导游工作地位及作用

导游工作是旅行社工作的重要组成部分，是旅游接待工作的核心。虽然饭店、交通与旅行社共同构成现代旅游业三大支柱，但是旅行社却是其中的“顶梁柱”。而在旅行社工作中，导游工作又是重中之重，贯穿旅游活动全过程，直接负责旅游者的食、住、行、游、购、娱。

具体地说，导游工作起着承上启下、沟通内外、协调左右的纽带作用和代表着旅游服务质量高低的标志作用。正是通过导游服务才将旅游服务中的其他各项服务联系起来，使之相互配合，协同完成旅游接待工作。

案例9-1

游客为什么不来信

小杨遇到了同学小韩。小韩问道：“干了一年导游，感觉怎么样？”

小杨说：“不瞒你说，干导游这一行，免费旅游，开始的时候挺新鲜的，感觉是不错，可是最近，我这情绪还真是有点低落。”

小韩问道："是客人对你有意见？还是与客人的关系不好处？"

小杨说："不不不！客人对我没有意见，我跟客人的关系也处得很好。"

原来，小杨的苦恼是：客人为什么不给他来信？

半年前小杨带了一个全程团，一路上小杨为游客服务得特别细致和周到，虽然遇到突发事件，但是小杨处理得非常好，客人给小杨很好的评价。出境之前，游客都给小杨留下了地址，说是回国以后一定会写信来的。有几位游客还与小杨合了影，说冲洗出来就寄给他。可是，半年过去了，小杨一封信也没有收到。

小杨翻看了一年来的带团笔记，几乎所有的团队都有一些客人表示会给他写信，但是，他总共才收到一封信。那是他第一次做全陪的那个团里，有一位周先生的来信，说他希望小杨再做他下次旅游时的全陪。

小杨说："现在，我觉得游客有点'人一走，茶就凉'的味道。心里有点不是滋味。"

（资料来源：http：//www. examw. com）

分析：导游工作是一项服务工作，导游人员必须认清面对旅游者的"服务者"角色，认清导游与游客之间的特殊的人际交往关系。

二、导游服务心理

导游工作是一项脑力劳动和体力劳动高度结合的工作。一方面，工作纷繁，量大面广，尤其是旅游旺季，导游人员往往连轴转，整日、整月陪同游客，体力消耗大，又常常无法正常休息。另一方面，工作对象复杂，需要满足的需求多种多样。因此，导游工作者必须加强培养良好的服务心理，才能做好"五大员"——宣传员、调研员、服务员、安全员、翻译员。

（一）导游心理过程

心理过程是导游在心理现象的各种形式中对客观现实的动态反映，它包括认识、情绪（情感）和意志过程。

1. 积极的认识

认识过程是心理过程的基础，它包括感觉、知觉、观察、注意、记忆、思维、想象。旅游活动涉及食、住、行、游、购、娱六大方面，导游服务对象又千差万别。导游员应积极培养良好的观察能力和感知能力。通过观察旅游者言行举止，敏锐地感知其内心状态，判断游客的需要或意图，及时调整导游讲解和相应服务，保证旅游活动的顺利进行。通过观察，还可以分析游客的气质、性格特征，针对性地提供服务。

同时，作为旅游工作者，应正确认识旅游工作的性质和意义，做好"灵魂"与"润滑剂"。加强服务观念，抵制诱惑。导游人员要不断学习，提高认识，提高判断是非、识别善恶、分清荣辱的能力，自觉抵制形形色色的诱惑，全心全意为游客服务。

案例9-2

自己吓自己

今天是小刘第一次独自带团。她把游客引导上旅游车，介绍自己与司机后，就开始按旅游车经过的路线，详细地介绍起沿途的景观。可是，说着说着，她的言语就不那么流畅了，渐渐地变得结结巴巴的，到最后，竟然语无伦次了。团队抵达酒店以后，领队背着小刘给旅行社打电话要求换人。为了旅行社的声誉，经理把小刘换下来了。回到旅行社，经理问小刘："你是怎么搞的？在学校是高材生，培训也是第一名，跟团实习的时候，赵先生还推荐了你，怎么自己刚一上团，就让领队给投诉了？"小刘既难过，又委屈，向赵先生说了被投诉换下来的事。赵先生问："投诉的内容是什么？"小刘说："主要是说我不会介绍，说话结结巴巴。""这就奇怪了！你不是口齿很伶俐的吗？怎么会说你结结巴巴的呢？你给客人介绍的时候，心情怎么样？""一开始的时候，应该说一切正常。后来我发现，客人的眼睛都怪怪地看着我。不是直愣愣地看着，而是在我身上扫来扫去。当时我想：是我的化妆有问题，还是牛仔裤的拉链没有拉上？趁客人朝车窗外面看的时候，我偷偷地打量了一下自己，也没发现有什么问题。但是，客人还是那样用眼睛在我身上扫过来扫过去。我想肯定是我什么地方出了差错被客人发现了，出于礼貌，他们没有嘲笑我。但是，他们肯定觉得很奇怪，所以就用眼睛在我身上扫来扫去……我越想心里越乱，就不知道嘴里在说些什么了。"听了小刘说的这些情况，赵先生淡淡一笑，说："这可是你自己吓着你自己了！"

（资料来源：http：//www.examw.com）

分析：本案例讨论人的视觉感知。本案例中的小刘之所以自己吓了自己，是因为小刘对人的视觉感知活动缺乏了解。眼睛是人们极为重要的感觉器官。当人们感知他人时，不是一下子把对方的所有信息全都摄入脑海，而是一部分一部分地搜集，然后再加以整合，使之成为较为完整的表象。小刘说的旅游者的眼睛在自己身上"扫来扫去"，正是旅游者的眼睛在一部分一部分地搜集信息。当人们集中注意思考问题时，对外部世界的感知的速度就会放慢，这时，眼球的运动会放慢甚至停止，这就是人们所说的"发呆"或"出神"。小刘的讲解开始时一定是相当不错，否则她不可能把旅游者的目光都吸引到自己的身上。但是，小刘误解了旅游者眼球运动的心理意义，其实，如果旅游者不愿意听导游员的讲解，一般的表现是：眼睛直愣愣地看着你，而心里在想别的事，或者东张西望，或者看着窗外，或者叽叽喳喳地说个不停，或者提一些与讲解毫不相干的问题，或者干脆闭上眼睛睡觉。

2. 稳定的情绪（情感）

首先，导游工作者要有激情和热情。一方面的表现为爱国情感。对于导游这个特殊的工作，"爱国"显得尤为重要。只有爱国，导游人员在工作时才能以热情的介绍和强烈的爱国情绪感染旅游者。导游人员不仅是旅行社的代表，更是国家的民间大使。外国朋友正是通过导游人员思想品德、言行举止了解中国，导游人员只有爱国才能维护祖国尊严和民族尊严。另一方面表现为对游客的情感。在旅游活动中，能始终热情、周到、关心、体贴游客，能始终在景点讲解中激情满怀。

其次，导游工作者要能稳定情绪。在旅游活动中，可能会因为疲惫、因为个人的烦恼或游客问题导致情绪低落，导游人员能要主动调节情绪，很快稳定情绪。

案例9-3

导游员要热爱自己的祖国和家乡

某国际旅行社接待了一个100余人的日本曹洞宗大团，去宁波参观旅游。由于是大团，到宁波后分成四个小团，分别乘坐A、B、C、D四辆旅游车。在宁波游览期间，A号车上的地陪导游为“讨好”游客，在讲解中，对日本大加赞赏，而对宁波则大放厥词，此车上的日本随员听后脸色凝重。晚上，日本随员召集四辆车上的地陪导游员开会，对A号车上的地陪导游表示了不满与抗议，他气愤地说：“宁波是曹洞宗的发祥地，宁波也是美丽的地方，我多次带团来宁波，这几年宁波各方面的变化极大。正是因为这地方不错，所以我组了这100多位渴望了解宁波的客人。然而今天，A号车上的地陪导游却当着我的游客的面诋毁宁波，这是对我的不尊重，也是对我工作的不支持。为此，我要求全陪导游立即打电话给宁波地接社，撤换地陪，同时要求该地陪导游向A号车上的游客道歉。”

分析：该案例充分说明了导游员热爱自己的祖国和家乡的重要性，如果连自己的家乡都不热爱，当然也不会赢得别人的尊重。

案例9-4

游客要求换导游

某旅行社男导游小李接待了一旅游团，团中大部分是男性游客。在饭店用完餐后，小李刚想带游客游览，就有游客当面向小李建议下午的游览可否请旅行社安排一名女性导游。小李听后觉得很委屈，随即打电话给旅行社，请旅行社重新安排导游。旅行社经理告知小李，社内导游已全部出团去了，换导游是不可能的，并要求小李沉住气，尽力做好说服游客的工作和导游服务工作。于是，小李就没好气地跟游客说：“现在是旅游旺季，别说是女导游，连男导游都调不出，请你们委屈一下。”小李觉得游客也太不给他面子，因此在导游时始终提不上劲。游客虽说无奈，但游兴也大减。团中男性游客占多数，希望有个女性为他们做导游，也属正常心理。导游在工作中受委屈是常事。作为导游在接团前应该做好各种心理准备，如面对不公正的待遇、面对游客的横挑鼻子竖挑眼、面对莫名其妙的投诉，等等。当游客提出各种服务要求时，只要是合理可能的，应尽量满足。如无法满足，则要做解释工作，并尽力做好弥补工作。

（资料来源：http：//www. bhu. edu，cn）

分析：本案例中，导游小李在碰到游客要求换导游，向经理汇报，但被告之无法更换导游且要求继续为游客做好导游工作时，再有委屈也不该流露，更不应该提不起劲。相反，小李应该更多地考虑如何凭自己出色的工作，赢得游客的好感，博得游客的信赖。

讨论：当导游感到委屈时，应该如何做？

3. 顽强的意质

意志是人的积极性的特殊形式，它是人们自觉地调节行为克服困难以实现预定目标的心理过程。良好的意志品质是成功完成导游工作的重要因素。首先，导游工作是一份"苦"差事。导游员必须意志力顽强才能坚持下来。其次，在带团过程中，问题、困难甚至意外事件都可能会随时出现，导游人员必须做好心理准备。在遇到问题或困难时保持冷静，坚决克服，当遭遇意外事件或危险时能当机立断，果断处理。

（二）导游个性心理特征

旅游工作实践，不仅充分体现了导游的心理活动过程，同时也突出反映了导游的各项个性特征因素的作用。

1. 广泛的兴趣

作为导游，广博的知识是工作的基础，而广泛的兴趣是丰富积累的驱动因素。导游服务对象有着性别、年龄、身份、文化程度等多方面的不同，导游必须有足够的知识储备才能顺利地与游客沟通、交流。

在旅游活动中，人们往往希望通过旅游来增长知识，这就要求导游知识丰富，尤其是政治、经济、历史、地理以及风土民情等方面的知识。

案例9-5

一问三不知的导游

小王是××旅行社新招聘的导游员，对所在城市游览点的导游词背得滚瓜烂熟，对自己的工作充满信心。

一天，带领游客去游览岳王庙。在正殿，小王讲解道："这天花板上绘的是松鹤图，图中共有372只仙鹤，在苍松翠柏之间飞翔，寓意岳飞精忠报国精神万古长青。"一游客听了后，就问小王：为什么是372只仙鹤，而不是371只或是373只？这有什么讲究吗？小王倒是很爽快，回答说："这个我不清楚，应该没什么讲究吧！"

来到碑廊区，小王指着墙上"尽忠报国"四个字，说这是明代书法家洪珠所写。团中一位年青人不解地问小王："为什么前面正殿墙上写的是"精忠报国"，而这儿却写成"尽忠报国"呢？小王考虑了一会儿，吱吱唔唔道："这两个字没什么区别，反正它们都是赞扬岳飞的。"那游客还想说些什么，小王却喊到："走了，走了，我们去看看岳飞墓。"

到了墓区，小王指着墓道旁的石翁仲讲解道："这三对石人代表了岳飞生前的仪卫。”游客们没有听懂，要求小王解释一下“仪卫”是什么，小王犯难地说：“仪卫吗，就是为岳飞守坟的。”游客反问道：“放几个石人在这儿守坟有什么用呢?”小王说：“这个，我不知道。”

(资料来源：http//www.bhu.edu，cn)

分析：导游员是做什么的？能带路，能讲解，远远不够。导游员应是游客的老师，游客的朋友，游客的楷模……所谓老师就要能做到韩愈《师说》中所说的：“传道、授业、解惑。”导游工作是一项与人打交道的工作，中国人、外国人，老年人、年轻人，男人、女人，各种各样的人，会提出各种各样的问题。有人说：“导游，导游，上知天文，下知地理，无所不晓。”又有人说：“在导游员的‘词典’里，是找不到‘不’这个词的。”可见，对导游员，知识面的要求有多高。当然，导游员不可能做到行行通，成为一个全能人物。但多看书，从人家那儿学，不懂就问，使自己具备相当广的知识面，却是导游工作对导游员的一项特殊要求。

2. 乐观开朗的性格

导游的工作就是与游客交往，而且是不同类型的游客。活泼、开朗的性格有利于导游快速与游客建立起良好的人际关系。导游工作又常常是麻烦、问题不断的，导游具有乐观、自信的性格有利于保持团队良好的氛围，也才能有利于顺利解决问题。

3. 良好的能力品质

首先，导游人员必须具有良好的语言表达能力。导游活动的过程也主要是与游客言语交往的过程。也可以说，导游人员就是靠“嘴皮子”吃饭的。“一年拳，两年腿，十年才练一张嘴”。如果说导游员也是生产者，那么，他们的生产工具便是导游语言。导游是个服务性行业，导游所使用的语言必须具有行业特点，要说“行话”。有如文学家使用的语言，教师使用课堂语言一样。导游语言，是导游员在接待工作中所使用的具有丰富表达力的、生动形象的一种口头的语言。

例如：导游语言要“言之有喻”，就是以比喻的语言，用旅游者熟悉的事物，来介绍、比喻参观的事物，使旅游者对自己生疏的事物很快地理解并产生亲切感。比如在北京向美国人推荐浏览王府井时，美国人不知王府井为何物，你只要说：“请你们去看看北京的纽约第五大街”就可以了。因为纽约第五大街是全美最著名的商业街，他们一听就有亲切感，而且还能很快理解王府井的性质和特点。说苏州是“东方的威尼斯”、称上海为“中国的悉尼”，均为“言之有喻”之例。但是“言之有喻”，“喻”得要恰当、明白、易懂，是人家熟悉的，否则，愈“喻”愈糊涂，就不好了。有些导游员在介绍一些洞中钟乳造型时，称这个像孙悟空，那个像猪八戒、老寿星……这些所喻的形象，对不了解中国文化的欧美客人是“丈二和尚摸不着头脑”。如果我们说像米老鼠、唐老鸭、圣诞老人，他们不仅明白，而且亲切、易接受。

此外，好的导游还能根据游客的类型设计讲解的语言与内容。全国优秀导游赵英健就是这样的导游。为每一位游客讲出一个属于自己的东陵，是赵英健导游的“拿手绝活”。15年来，相同的古迹、相同的史实赵英健讲了不下千余次，而每一次的导游词绝无雷同：面对机关公务人员，她会以正史为主，讲康熙大帝的廉洁治吏，评雍正王朝的功过是非；接待百姓旅游团，她会结合正在热播的清宫题材的影视作品，为“因下嫁小叔子多尔衮而无颜葬入皇家陵寝”的孝庄皇后正名，为“砍去丽妃手脚装入瓦罐”的慈禧平反；而一旦来了小朋友，“还珠格格其人”、“香妃的故事”便成了主讲的内容……

其次，导游人员应具备较强的组织、协调、应变等独立工作能力。

导游人员往往是一个人带领旅游团在外旅游，远离旅行社本部甚至远离所在城市，甚至走出国门。团队的全面组织工作、旅游行程的全面实施、团队气氛的调控、旅游讲解、与有关方面的联络沟通、交通票据的确认或落实、团队的生活服务、突发事件的处理等，都靠导游员本人去做并临机处置，这就要求导游人员必须具备四项基本技能。

第一，独立执行政策和独立进行宣传、讲解的能力。导游人员必须具有高度的政策观念和法制观念，要以国家的有关政策和法律、法规指导自己的言行和工作；要严格执行旅行社的接待计划；要积极主动地讲解中国悠久灿烂的历史文化、现行的方针政策；介绍中国人民的伟大创造和社会主义建设的伟大成就及各地区的建设和发展情况；回答游客的各种询问等。

第二，较强的组织协调能力和灵活的工作方法。导游人员领受任务后要安排落实旅游活动计划，带领全团人员游览好、生活好。这就要求导游人员需具有一定的组织、协调能力，在安排活动日程时有较强的针对性并留有余地，在组织各项具体活动时讲究方法并及时掌握变化着的客观情况，灵活地采取相应有效措施，尽力当好参观游览活动的导演。

第三，善于与人沟通的能力。导游人员的工作对象广泛复杂，善于和各种人交往是导游人员最重要的能力之一。与层次不同、品质各异、性格相向的中外人士打交道，需要导游员掌握一定的公关知识并能熟练运用，具有灵活性和较强的理解能力并能适应不断变化着的氛围、随机应变地处理问题，搞好各万面的关系。导游员具有相当的公关能力可方便工作，有利于提高导游服务质量。

第四，独立分析、解决问题、处理事故的能力。果断、沉着、正确地处理意外事故是导游人员最重要的能力之一。旅游活动中意外事故在所难免，能否妥善地处理事故是对导游员的一种严峻考验。临危不惧、头脑清醒、遇事不乱、处事果断、办事利索、积极主动、随机应变是导游员处理意外事故时应有的品质。

案例9-6

为的是让游客满意

某旅行社的导游小项是旅游学校导游专业毕业的新手，但小项悟性极高，应变能力也较强，加之为人虚心，遇到不懂的问题总会向老导游及游客请教，固工作时间虽不长，但处理问题老练，为人沉稳。

一次，旅行社给小项安排了一个去上海旅游的旅游团，该团在上海没有地陪，由小项自己导游讲解。小项带团到上海还是第一次，为不辱使命，拿到计划后，他找来书籍、资料，从行走路线、景点位置到讲解内容，一一做了精心准备。然而，书本上讲的与实际的运用总有些距离。到了上海后，小项还是碰到了一些令他棘手的问题。那天，中午过后，小项带着游客来到豫园。豫园是和城隍庙在一起的，购物的、旅游的人很多，小项趁游客不留意时，寻找着豫园的入口处，但是两只眼睛搜索来搜索去，就是不能判断入口处应在哪个地方。小项想：带着游客去找入口处，绝对不是一个办法，万一找错了，那游客心里肯定会有想法。而当着游客的面直接去问路，则自己没来过豫园的“马脚”又会暴露。怎么办呢？当时正好是下午13：00多，天气比较热，按原定计划，游客是先游园后逛城隍庙，小项灵机一动，计上心来，他把游客召集起来，说：“现在是下午13：00，以我过去来豫园的经验，此时豫园内游客最多，今天天气又比较热，大家刚吃过午饭，因此，我决定将行程调整一下，各位先逛城隍庙，然后再游豫园。”游客们一听，都觉得小项是为自己考虑纷纷叫好。于是，小项和游客们约好了时间、地点。待游客散去，他立即问清了豫园正门的位置，并抓紧时间，仔细熟悉了游览路线、景点分布。在离约定时间还有20分钟时，小项来到了约定的集合地点。这时游客们也陆陆续续、有说有笑、三五成群地拎着大包小包来到了约定的地点。小项顺利地完成了游览豫园的任务。

（资料来源：http//www. bhu. edu，cn）

分析：凡事总有第一次。第一次去某个游览点，第一次进入一家饭店，第一次当地陪，第一次做全陪……因为第一次，所以可能不熟悉。然而作为导游，对游览点、对客人所下榻的饭店，你不可以不熟悉，否则，你就会不为游客所信任。看了本案例，相信小项的做法会给你以启迪。

任务二 掌握旅游过程服务心理策略

任务介绍

介绍旅游过程服务心理策略；

介绍投诉心理及应对策略。

任务分析

导游是旅行社的支柱，旅游业的灵魂。本任务主要阐述旅游过程中导游服务的心理策略和游客投诉问题处理的心理策略。

任务引入

天下无难缠的游客，只有不称职的导游

郑鸣东，青岛中国旅行社国内旅游中心副总经理。在他看来，做旅游其实就是为了帮别人完成他们的梦想，而这个梦想的好与坏绝大部分取决于旅行社安排的好坏，安排好了让人流连忘返，安排不好可能会变成一场噩梦，因此，作为旅行社专业旅游人设计的每一条线路，都要格外用心，格外细致，把每一次的旅游当成自己的家人出门远行才可以。

在偶然中收获理想，时光飞逝，光阴如梭，不知不觉中郑鸣东已经在旅游行业中打拼了11个年头。说起郑鸣东踏入旅游行业纯属意外，跟人们常说的故事如出一辙。刚毕业第一年后的一个偶然机会，一位大学同窗好友找到郑鸣东，非要郑鸣东陪他考《导游证》。当时，郑鸣东对导游的概念完全一窍不通，是个“门外汉”，只听说有了《导游证》可以到全国各地景区景点游玩不用花钱，就这样稀里糊涂地与同窗好友一起报了名，最后的结果是，那位一心想考的同窗好友没过关，陪考的郑鸣东却一路“过关斩将”，一举考取了《导游证》。也许，这可能也就是一种人生转机，注定郑鸣东就是要端旅游这碗饭。

做人有爱做事有心

在旅游行业摸爬滚打的11年里，有过辛酸、有过伤痛，但给郑鸣东留下更多的确是与来自全国各地的朋友、外国游客、青岛市民分享的快乐。把游客当自己的家人，一直是郑鸣东带团出行的准则。在他的记忆中，最难让郑鸣东忘怀的还是2002年夏天一次全程接待的那个苏州团队。早上8点30分从机场乘坐旅游大巴往市区赶的讲解过程中，部分客人都在闭目休息，有一位男客人站起来直接冲郑鸣东喊：“我们要休息，不要再讲了……”尴尬无语后，其中一位客人悄悄告诉他，苏州旅行社给他们确认的10点后的上海飞机，因为旅行社计调的问题临时改成了早班机，苏州方面旅行社怕耽误乘机，客人需要凌晨3点起床，4点就登车赶往上海，在上海虹桥机场，情绪激动的几位游客跟旅行社工作人员打起嘴仗，甚至动了粗，完全是带着一肚子窝囊气来的青岛。在几个游客的煽动带领下，客人前几天的青岛旅游一直在找茬挑刺，早上起床钟点早了就吵闹、团餐没上海鲜也吵闹、每个景点都迟到将近半个小时，晚上都要将近10点才进驻酒店，总之依然是气不打一处来，处处唱反调，就这样过了两天。抵达威海后，当天晚上许多客人非要吵着去吃路边海鲜摊。结果在凌晨一点，开始出现首例腹泻游客，客人身体虚弱得几乎无法站立。见状，郑鸣东二话没说，背起客人从3楼来到酒店大堂，跑到马路上拦车陪客人前往医院，在去医院的路上，团队里去吃海鲜的另外15位客人也都陆续出现了严重腹泻现象。郑鸣东到医院把首例腹泻客人安顿好后，又打车赶回酒店。就这样，一直往返于酒店与医院间，直到早上6点最后一位游客安排上床位。之后，郑鸣东顾不上自己犯困疲劳，又回到酒店给另外7名未去吃海鲜的客人安排好早饭，自己却饿着肚子，拿着酒店熬好的米粥，再次回到医院给正在治疗的客人补充营养水分。

带头闹事的游客“服了”

在郑鸣东的悉心照料下，客人们渐渐康复，开始一直带头闹事的一位大哥，紧握住郑鸣东的手，动情地说：“您是我见过的最负责任的导游！”就这样，后面的旅途中，客人们充满了欢声笑语。精诚所至，金石为开。郑鸣东一直坚信天底下没有难缠的客人，只有尽不尽责的导游！在做导游的11年里，困难使他成长，挫折使他强大。虽然现在他已经很少带团了，但这段带团经历，让郑鸣东终生难忘，并给年轻的新一代导游留下了宝贵的经验，那就是郑鸣东一直奉行“做人要有爱，做事要有心！”的人生信条。

评析：导游人员的工作对象形形色色，旅游活动丰富多彩，每个团都有可能会出现各种各样的问题。导游人员必须根据不同的时空条件一事一应对，遇到问题先分析后处理，处事不惊，果断灵活。不管出现什么问题，多多少少都会对旅游活动有影响。因此，面对问题，不管其大小、轻重，导游员都必须高度重视、严肃对待。在带团出发前都不要忘记交代客人一些注意事项，这样先打“预防针”，如果在实际游程中遇到问题客人就能够谅解，处理起来就没有太大的困难了。问题若处理不当，会造成很坏影响，损害旅游企业，甚至国家旅游业的信誉。若将问题处理得合情、合理、合法，既尊重客人的意愿，又富有人情味，不仅不会造成不利影响，反而会扩大旅游企业、国家旅游业的影响，提高声誉。

任务实施

一、旅游过程服务心理策略

导游服务既是一种功能性服务，更是一种心理服务。为了满足游客在旅游过程中的各种心理需要，导游人员应注意把握游客的心理规律，利用一些心理策略完善旅游服务。

（一）做好接团前的心理准备

导游在接受带团任务后，除了进行一些必要的物质准备工作（如，认真查阅接待计划及相关资料，了解所接旅游团的全面情况和特点，注意掌握旅游团重点游客情况以及相关的语言知识和形象准备之类），还应做好相应的心理准备工作。

在为游客提供服务的过程中，可能会遇到各种各样的问题，也可能是突发性的事件，导游在接团前就应做好遇到问题或发生事故应如何面对、如何处理的心理准备。只有事先做好了相关方面的心理准备，在带团过程中遇到状况才能冷静、沉着应对，迅速、妥善处理。

（二）迎接服务

迎接服务是导游工作的开始，做好此项工作应抓住两项主要任务：预测游客心理和建立良好的第一印象。

1. 预测游客的心理

对旅游者进行接待前的心理预测是做好迎接服务的重要依据。导游可以通过旅游者的姓名、年龄、性别、国籍、民族、职业、文化程度等信息资料了解他们的特点、爱好和需要，以此获得导游服务中的针对性和主动性。游客心理预测看起来不太容易实现，但只要多用心，注意观察、了解、分析，注意积累经验，就可以较好地掌握不同游客的心理。

一般地说，如果游客中年轻人多，可以为他们安排一些冒险和充满刺激性的旅游项目，导游言行也应活跃一些，以激发气氛。如果老年人多，不妨考虑为他们安排一些熟知的名胜景区或故地重游项目，导游言行应稳重一些，切忌轻浮或卖弄。如果游客中女性居多，可介绍一些地方特色产品和好的购物点，并注意不要运用激烈的高音。如果男性多，可多安排一些活动和参与项目，注意讲解词要有实际内容。如果游客是来自不同国家或民族，导游要事先对这个国家的习俗、礼节和禁忌进行了解。

2. 建立良好的第一印象

第一印象在人际交往中起着重要的作用。良好的第一印象有利于导游顺利开展工作，不良的第一印象将会成为工作中的问题和障碍。因此，导游人员从机场、车站第一次接触游客起，通过自己的形象、态度、办事，为自己在游客心中建立起形象美观大方、性格自信热情、办事稳重干练的第一印象。此外，从一个旅游者的角度来说，初到一个陌生的地方，会感觉到紧张与茫然，心理上需要寻求安全与温暖。这时导游很容易通过一些方式拉近与游客的心理距离，比如热情的态度、亲切的欢迎词与自我介绍（景点介绍）。

案例9-7

与游客拉近心理距离

导游刚接到团队，与游客之间是陌生的。陌生人的话是没有人会相信的，那怎么办呢？说一些话与团队拉近关系很重要，有这个例子大家可以看一下：

我们到达泰国时已不早了，途中已看不到窗外什么景致。这时候，就全听泰国当地的导游在车上与我们胡聊神侃。这位导游四十挂零，姓马，个子瘦高，眼睛不大却有神，透着一副精明能干的样子。或许是为了和大伙套近乎，在道过一番辛苦之后，他便主动来了一段痛说“家史”。他告诉我们，自己与车上的中国游客是同根同宗。打曾祖父那一代，一家人下南洋谋生，历经四代。虽说他自己已经加入泰国籍，但祖训在耳，没有忘记自己是炎黄子孙，华夏后裔。洋装虽然穿在身，可心依然是中国心。还甭说，这一招真灵，立马儿就把我们一伙儿游客与他的感情距离拉近了。

自报家门之后，他又讲开了泰国的风土人情。然后，他对大伙说，为让亲人们这几天在泰国生活得方便，先教大家几句用得着的泰语，好说好记，一点儿不难。比如：肚子饿了找餐厅，就叫“恨大海”；买东西问价叫“偷来”；太贵了就说“拍马”。大哥大姐叫“屁”，说到这儿，他开玩笑地说，车上有没有姓方的先生，要是有就叫“方（放）屁”，要是有姓马的，就成了“马屁”。这一段插科打诨，虚实难辨的神侃，逗得大家前仰后合，大伙心中的最后一道心理警戒线全被他这番神侃彻底冲垮了，思想上也完全被这位泰国的导游彻底地缴了械，成了他的俘虏。

（资料来源：黎泉．导游促销技巧．北京：中国旅游出版社，2004.）

分析：在导游服务中把握游客的心理状态是非常重要的。因此导游应该好好研究一下心理学，不但在导游服务中需要很多心理学理论来帮助了解游客、应对游客，购物时也需要运用心理学知识分析游客的需求，有的放矢给以引导。如习俗心理需要、优越心理需要、新奇心理需要、偏好心理需要等等，导游应多观察导游，运用心理学的理论，才能够提供给游客满意的服务。

（三）游览过程中导游服务心理策略

1. 营造尊重氛围

在旅游活动中，游客求尊重的需求显得尤为突出。因此，尊重每一位游客是导游与游客交往中的一项非常重要的基本原则。每一位游客都会希望在其旅游过程中，所提出的观点能得到别人的认同和尊重。导游在接待游客时，应不论游客的肤色、宗教信仰、个人收入及消费水平的高低，一视同仁地尊重他们。特别是对于那些出游的主要目的就是为了提高自身社会地位，寻求社会尊重的游客来说，尊重氛围的营造就显得更为重要。

2. 激发游客的兴趣

一般来说，旅游者都是怀着浓厚的兴趣参加旅游活动的，这为导游服务提供了良好的前提。在旅游过程中，导游需要做得就是如何保持和进一步激发游客的兴趣。在实际的工作中，通常从以下两个方面着手：第一，在导游工作中借助于直观形象诱发旅游者的直接兴趣，同时避免活动内容的重复与单调。第二，借助导游语言，加深旅游者对感知事物的理解，诱发其自觉兴趣。

3. 调节游客的情绪

在旅游活动中，景物的变化、活动时间的长短、导游服务方式的不同都会对人们的需要产生影响，从而导致人们情绪的变化。因此，要想使游客对导游服务满足，就必须随时观察旅游者的情绪变化，必要时采取一定的情绪调控办法，使游客始终保持积极良好的情绪状态。首先，选择话题调动情绪。比如，以知识性话题，调动其求知欲；以尊重游客身份、地位、才智的话题满足游客的优越性。其次，制造悬念调动情绪。巧妙地安排讲解内容，把游客带入悬念中，集中游客注意力，激发游客了解的兴致。此外，到游客出现消极情绪时能及时采取消除和化解的措施。比如，游客到杭州西湖，正赶上下雨，有的游客会因此情绪低落，此时，可采用合理分析法，引导游客去欣赏感受雨中西湖的美景。在旅游途中，出现交通堵塞、汽车故障、飞机误点也是常有的事，这种情况往往可能让游客带有一定情绪，这时可采用转移注意法，通过其他内容和活动的安排调节情绪。

案例9-8

出色的导游

某旅行社接待一个来自台湾的旅行团。由于旅行团一路上误机误餐，客人怨声载道。于是，旅行社派了一名经验丰富的导游接这个团，他看到游客一个个怒气冲冲，就想办法寻找话题，给游客一点心理上的满足。他走到一位中年女士面前，和气地问："太太，您从台湾什么地方来的？"女士回答："小地方，说了你也不知道。""您说说是哪里，也许我知道呢。"女士说了她家乡的名称，果然是一个不知名的小地方。但是这位导游却知道，而且十分了解，他甚至能背诵当地著名亭子上的一副对联。于是，游客纷纷与这位导游攀谈起来。车内的气氛缓和了，主客之间关系融洽了。导游于是不失时机地说道："女士们，先生们，各位一路上遇到很多麻烦，仍无怨言，让我十分感动。

我一定让大家在这里玩好。”在游览期间，这位导游尽心尽责，努力满足游客的各种需求，不仅化解了游客的不满，还赢得了游客的赞赏。

（资料来源：谢苏，王明强，汪瑞军．旅游心理概述．北京：旅游教育出版社，2000.）

分析：对导游而言，建立良好的第一印象，建立融洽的主客关系，是优质服务的基础。本例中的旅客旅行途中很不顺利，情绪很差。针对这种情况，该导游从分析游客的心理入手，以热情的态度对待游客，并以与游客的交流和沟通为突破口，拉近了自己与游客的距离。加之，他及时的语言安慰及后来所提供的细致的游览服务，使他赢得了游客的赞许。这充分体现了这位导游的服务技巧和服务艺术，同时，也印证了一个道理：做好游客的心理服务，往往同做好功能服务一样重要，在一定程度上，心理服务能弥补功能服务的不足。

4. 保持微笑服务

德国旅游专家哈拉尔·德巴特尔在其《合格导游》中说：“在最困难的局面中，一种有分寸的微笑，再配上镇定和适度的举止，对于贯彻自觉的主张，争取他人合作，会起到不可估量的作用。”

微笑是一种重要的交际手段，微笑对游客起着积极的情绪诱导作用。它一方面会使游客感受到导游人员愉快的心境和热情的态度，另一方面会创造出温暖和友好的氛围，进而使游客产生心理上的安全感、亲切感和愉悦感。

二、投诉处理心理策略

投诉是旅游者因未能得到满足的服务而表达自己的不满，向有关部门提出自己的意见和要求。气质、性格、情绪不同的游客处理问题的方法有着明显的差异。一般说来，外向、情绪不好的客人容易投诉，内向、情绪好的客人通常抱怨几句就算了。所以我们不能武断地认为客人没有投诉便是没有问题。对于旅游企业来说，投诉未必都是坏事，投诉可以发现问题，完善自己。

（一）游客投诉原因

游客投诉的原因很多，既有与旅游经营单位服务、接待有关的主观原因，也有一些客观原因。

1. 主观原因

通常由于旅游企业服务人员自身的原因引起客人的投诉。首先是不尊重游客。如怠慢客人，对客人厚此薄彼，语言和行为不文明、不礼貌；冲撞客人，无端怀疑客人，不尊重客人的风俗习惯。其次是工作不负责任，马虎、不认真，不主动，经常忘记客人交办的事，损坏客人的物品等。

2. 客观原因

在对旅游服务的要求上，一千个游客心中有一千种标准。面对来自世界各地的游客，由于受语言障碍、自然环境、突发事件、风俗习惯等客观条件的影响，服务很难尽善尽美。游客投诉客观上主要表现：第一，旅游企业的硬件配置未达标准；第二，价格不合理引起的投诉。如饭店的客房、饮食及服务质量不好但收费却很高，旅行社增加新的收费项目。

（二）游客投诉心理

1. 求尊重心理

游客作为被服务者、作为消费者，有权利获得价质相符的服务。在整个旅游活动中，游客求尊重的心理一直贯穿始终，而当服务不能令人满意时，投诉更是其获得尊重的重要途径。

2. 求发泄心理

游客在遇到不称心的事情后，会产生挫折感，继而会产生抵触、焦虑、愤怒的情绪。只有通过适当的方式将这些情绪宣泄出来，游客才能恢复心理平衡。投诉便是一种最有效的发泄方式，通过口头或书面形式，将自己的烦恼、愤怒表达出来以后，挫折感会减少，心境才能平静、轻松。

3. 求补偿心理

游客在遭受了物质或精神损失后，当然希望能够得到一定的补偿，以弥补自己的损失。例如，游客对饭菜质量不满意，希望更换或打折；对于旅行社擅自改变路线、削减项目或降低服务标准，游客希望退还部分费用；被服务员弄脏的衣物希望能免费干洗；遇到交通意外，希望得到赔偿；买到假冒伪劣商品，希望退货；被虚假广告欺骗，希望补偿损失等等。

4. 求保护心理

游客敢于投诉，是自我法律保护意识的觉醒。通过合法的途径投诉，既是为自己，也是为所有的消费者，寻求利益保护。通过投诉，使相关部门重视游客的反映、并不断改进，服务质量才能不断提高，游客才能在今后的旅游中得到更优质的服务。

（三）处理游客投诉的心理策略

1. 礼貌接待、耐心倾听

提早起立问候。条件许可的话，可以为客人倒上茶，请他们坐下，以缓和气氛，让交谈变得轻松。游客投诉时，心中一定有怨愤，不发泄出来，情绪无法平静。我们应当有礼貌地接待，耐心听他们把话说完，听取意见时，可以适当做些记录，便于以后核实，保持冷静，不要做辩解和反驳。尤其是在投诉者宣泄愤怒时，接待人员不适时的解释可能会被认为是在推脱或是狡辩，而招致更多的不满。

2. 表示尊重、诚恳道歉

无论真相如何，发生投诉，就意味着我们的服务还存在缺陷，并给游客带来了不便与烦恼，他们发牢骚、投诉，是因为他们关心企业，是因为他们确实遇到了问题和麻烦，确实需要我们的帮助，而他们的投诉将有助于我们改进工作。学会站在投诉者的立场考虑问题，以诚恳的态度向他们表示理解、尊重与歉意；注意聆听，注意平息客人的怒气，适当地通过岔转话题来转移注意力；以旅游单位代表的身份欢迎并感谢他们提出批评和意见。有时，还可以请职位高的经理或主管来向客人道歉，以示重视。

3. 弄清真相、妥善处理

接到投诉后，要尽快核实情况，找出投诉的原因和出错的环节，给客人一个答复。

4. 吸取教训、完善服务

员工必须认识到，没有一个宾客愿意投诉，员工应该把客人的每次投诉看成是一次改善服务、留住客人的机会，必须尽一切努力，保证投诉的客人得到安抚，重新赢得客人对酒店的信心。问题解决后，要再与游客联系，欢迎他再提宝贵意见。作好投诉处理记录和报告，向上级汇报整个过程。定期了解客人对投诉处理工作的反映，及时归纳经验、总结工作中的疏漏和不足，并整理成书面意见，呈报总经理或相关部门，以便引起重视，帮助经营单位不断改进服务工作，完善管理制度。

归纳总结

本项目抓住导游工作的特点及作用，探讨了导游工作者导游心理过程和导游个性特征，并重点分析了旅游过程服务心理策略。

练习与实训

一、思考题

1. 作为导游工作者应具有怎样的工作认识、情感和意志？
2. 请谈谈导游在旅游过程中的服务心理策略。
3. 引起投诉的原因是什么，如何应对投诉？

二、案例分析

导游小屠感到特别委屈，她做导游一向认真负责，而这次，客人却给了她两个字：虚伪！

小杨问小屠："这个团是不是有什么特别的地方？"

小屠说："这个团一到，我就向领队了解情况。领队说他们比较浮躁，喜欢听好话。我想，这好办，游客比较浮躁，我的工作就仔细一点；喜欢听好话，我就多说一点夸奖、赞扬他们的话。所以，我就特别注意去发现游客们有什么值得赞扬的地方，一有机会就赞扬他们一下。"

小方走过来对小屠说："那天游太湖，我跟你在一条船上。当时有位客人穿龙袍拍照，你是这么说的：'先生，您一看就像个皇帝！您看您这个气度，胸有成竹，处变不惊'。小屠，是不是这么说的？"

小方接着说："后来你在船尾帮客人拍照，客人告诉你怎么选景，还示范了一下，你又把人家恭维一番。我记得你的话里有'功底深厚'，还有什么'思维严谨'、'情趣高尚'。当时那位客人就对你说：'我有那么好吗？'你记得不记得？"

小屠说："我是说过这些话。俗话说，好话千句不伤人嘛！再说，这些话我平时也说过嘛！像赵大哥，我就说他胸有成竹，处变不惊。我还说过你思维严谨嘛。也从来没有谁说过我虚伪呀！"

根据上述材料，谈谈导游小屠的问题出在哪里。

拓展阅读

一、走上百家讲坛的女导游——赵英健

她，只有36岁，却为何引得曾任全国人大常委会副委员长、全国政协副主席的雷洁琼发出“你是咱妇女的骄傲”的赞誉？

2006年11月4日，这位名不见经传的女子走进中央电视台《百家讲坛》这个成就了数位学术明星、讲坛大腕节目的录制现场，为观众讲述了“慈禧陵寝建造之谜”。

她，就是清东陵文管处副处长、高级导游员赵英健。

从唐山遵化清东陵幽静神秘的皇家陵群，到央视《百家讲坛》灯光炫目的演播大厅，赵英健的“星光大道”直线距离不过200公里。她感觉自己在做梦。

直到90分钟的节目一气呵成地录制完毕，赵英健仍觉得自己沉浸在一个真实却又遥远的梦里，虽然她是那样清楚地知道，自己是踏着整整15年所积累的知识与智慧搭建的台阶，才一步一步走向了这个万人瞩目的讲台。

精彩讲解折服央视编导

“您知道慈禧陵寝被盗之谜吗?”今年夏天，中央电视台《百家讲坛》栏目组人员来遵化清东陵参观，赵英健担任导游员。

陵址的选定及陵寝的修建、“东太后西葬，西太后东葬”之谜、地宫藏宝、盗案发生的缘由、重殓慈禧、珍宝下落，虽然这些内容大家早已有所了解，可赵英健旁征博引、深入浅出的讲解还是一下子吸引了栏目的编导。当时一位工作人员就半开玩笑地说：“小赵的水平完全可以上我们的栏目了。”

中午用餐的时候，栏目编导负责人孟庆吉一再向赵英健“请教”有关慈禧太后生前身后的一些历史问题，小赵引经据典一一作答——她当时并不知道，这也许就是编导对她的初试。

由于把这次导游当作了一次平常的接待活动，栏目组走后，赵英健也就完成了任务。9月初的一天，赵英健突然接到孟庆吉编导打来的电话，请她到央视试讲，主要讲述慈禧陵寝的选址与建筑风格以及慈禧陵寝被盗的经过。赵英健怔了一下，刹那间觉得手上的电话重有千钧。“我行吗?”“试试吧!”简短的对话，一个在赵英健一生中具有标志意义的活动就此敲定下来。

从接到电话到试讲的20多天时间里，赵英健就讲座的形式、内容、风格等与央视《百家讲坛》栏目组进行了数次交流切磋，其间几易讲稿，最终一篇取材于正史、适当借鉴当地民间传说的讲稿新鲜出炉。

10月20日，试讲。整整一天，赵英健的感觉就两个字——紧张。时间紧张，心情紧张。由于准备“过于”充分，整篇讲稿篇幅较长，信息容量很大，“恨不得将自己知道的正史野史都讲出来”，小赵说，第一次试讲语速明显太快，所以录制后觉得“没什么自信”。而编导也说得再“研究研究”，最后请制片人亲自拍板。

10月26日，正参加全国模范导游员颁奖的赵英健在领奖回来的路上接到节目组的电话：“11月4日参加正式录制!”11月4日上午，36岁的清东陵女导游赵英健正式登上《百家讲坛》。长达90分钟的讲座，她一气呵成，中间没有一次叫停。

"由于压缩了3个问题，正式录制时间上显得从容多了。"赵英健说，因为在讲台上讲的就是自己平时工作中所讲的内容，所以娓娓道来并不觉得有什么困难，而且有了试讲的经验，心情也放松了许多。

"紧张一点还治病呢。"完成了录制任务的小赵轻松地开起了玩笑。原来那几天正赶上她感冒咳嗽，直到录制前还咳个不停，可自从工作人员发出"开始"指令，一直到录制结束，她居然一声都没咳嗽！事后一位编导对她说，我们看到你脖子上的项链戴得有些歪，哪怕你咳嗽一声或喝口水我们都可以叫停提醒你一下，可你硬是没给我们这个机会！

巧的是节目录制当天下午，适逢《百家讲坛》栏目组内部举办"我与主讲人"主题演讲比赛，于是几名工作人员纷纷讨教赵英健怎样才能做到90分钟不看讲稿侃侃而谈。

"8分钟的演讲我们脱稿讲来还觉得挺困难，你这一讲就是90分钟不喘气，真不简单！"《百家讲坛》编导孟庆吉这样评价赵英健的演讲：表达能力强，学术根基深，具有亲和力。孟庆吉说，当初选定年纪轻资历浅的赵英健作为"百家中的一家"，栏目组内部不是没有争议，因为她是这个栏目开办迄今来自最基层也是最年轻的主讲嘉宾，而其他主讲人几乎全部是学术界小有成就的名家大腕及来自专业研究机构、大专院校的学者、教授、讲师。

孟庆吉认为，虽然导游出身的赵英健在电视讲解过程中由于受众群体的转换，在事例取材、表述风格等方面与"学院派"嘉宾略有不同，但她作为身在其中的东陵人，其讲解的优势就在于其可信度和说服力。加之其生动的表述、正史野史的巧妙结合，使节目增色不少。

"现场观众的反映也非常不错。"孟庆吉告诉记者，如果能够顺利通过最后审核，这期节目将排在明年年初播出，赵英健讲述慈禧陵寝之谜前，将由哈尔滨师范大学的女教授隋丽娟讲述慈禧生平。

"东陵的一砖一瓦是我走上讲坛的阶梯"

机遇总是垂青有准备的人。赵英健说，东陵的一砖一瓦是我走上《百家讲坛》的阶梯。1991年10月，赵英健大学毕业后，到清东陵文管处当了一名导游员。由于是土生土长的遵化人，赵英健对东陵并不陌生。然而她清楚地记得，当自己第一次以一名导游的身份置身于陵群的时候，仍旧被清东陵那雄伟壮观、极尽华美的陵寝建筑和其间蕴藏的文化价值深深震撼了。

清东陵是国内现存皇家陵寝中保存最完整、规模最宏大的皇家陵寝，埋葬着康熙、乾隆等五位皇帝和慈禧等15位皇后、皇妃，是大清朝268年基业由兴到衰的历史见证，有着深厚的文化底蕴，人们能够站在这里清晰地遥望一代王朝日渐远去的背影。

"那时候就觉得特别有心劲儿，东陵的一草一木都像是一个个美丽的谜，激发着我的好奇心和探知欲！"正如东陵每一个冰冷的陵穴中，都埋藏着一个神秘的故事，在每一位游客心中，都有一个想象中的东陵。

赵英健暗下决心，要给游客一碗水，导游自己必须有一桶水。于是她一头扎进了清史知识的海洋里，孜孜不倦地挖掘清东陵的文化内涵，对清东陵每一阶段的历史都从多方考证，以增加自己对清东陵的认知和了解。有时为弄清一个历史问题、解开一个传说疑惑，她要翻阅《大清会典》、《清鉴纲目》、《昌瑞山万年统志》、《清史稿》、《遵化州志》等几十万字的书籍。

"记得刚上班时，我就特别爱带大团，因为人越多我讲着越来劲。"赵英健记得，那时一般的导游人员每人每天带两到三个团，而她的最高纪录是半天就带4个团。"特有成就感！"赵英健这样形容自己的工作热情。

为了将正史与野史巧妙结合起来，使自己的讲解更有知识性和趣味性，赵英健在学习了大量清史的同时，还遍访了本地守陵人的后裔。"格格"在清朝初期后妃制度不健全时使用比较混乱，仅东陵就葬有17位格格。为了弄清这17位格格的真实身份和当时的历史背景，她就走访了30多位专家和老人。走访中，她结识了一位姓郭的老大爷，老人是迄今健在的守陵人后裔中年龄最长的，已是90多岁高龄。赵英健记得，就是这位老人传授的"哑巴院"的传说故事，独树一帜地丰富了自己的导游词。

"'哑巴院'正史中称作'月牙城'，这里是东陵地宫建筑的最后一道工序，也就是墓道最后砌死的封口处，属于绝密机关。为了保守陵寝的秘密，传说参与这座琉璃墙建设的工匠全部是聋哑人……"

正是凭借着一股子对东陵博大历史文化的深深热爱，赵英健多年来学习和研究了大量旅游专业知识，探索了不同层次游客心理，写下了几万字的读书笔记和心得体会，为做好导游服务打下了坚实的基础。

1995年，国家旅游局首次举办全国国内导游员大赛，赵英健凭着深厚的知识功底和机敏善辩的才华脱颖而出，跻身全国20佳优秀导游员行列。今年9月，她又被评为全国模范导游员。

（资料来源：赵英健：沿导游之路走上《百家讲坛》. 中国经济网，2007－1－31.）

二、张家界处理游客投诉有"新招"

近年来，张家界旅游行政主管部门创新处理方式，旅游投诉事件的数量逐年下降。今年1月至8月，全市旅游投诉纠纷数与2009年同期相比下降了35.2%；为游客挽回经济损失28.7万元；投诉纠纷处理游客满意率达98%以上。

及时发布信息　合力协调处理

为使游客在旅游过程中遇见的难题和问题能及时得到解决和处理，方便游客及时投诉，我市在网上发布了市委书记、市长投诉信箱、旅游行政主管部门投诉电话。针对游客电话或纸质投诉反应的问题，旅游行政主管部门建立质量监督属地管理登记制度。由值班人员当即记录，再由专人负责统一按月将投诉者名字、地址、投诉纠纷的内容、处理结果、投诉纠纷分析等信息整理、打印、上报并发布。

在投诉纠纷处理过程中，我市旅游质量监督管理部门形成了联合协调处理游客投诉纠纷机制。凡涉及经营、价格、治安、保险等问题的，由旅游部门按照"集中收集信息，分头规范处理"原则和相关部门职能权限分别转至工商、物价、公安、保险等相关职能单位依法依规协调处理。这样既避免了职能部门之间面对游客投诉纠纷问题相互推诿，又确保游客投诉纠纷问题及时得到处理。

近几年来，游客在我市旅游过程中投诉反映的问题，均能在游客返程前及时协调处理完毕。游客返程后投诉反映的问题或者在网络上反映的问题，也均在规定的时间内得到协调处理。

今年3月8日，北京游客张某投诉市城区北正街“常德钵子馆”。我市相关旅游行政主管部门根据投诉涉及问题及时转至公安、工商、物价等部门。该投诉及时得到张家界各相关部门进行调查并处理后，通过电话，投诉人张某对我市高度重视其反映的问题表示感谢，对公安机关认真负责的态度表示满意，投诉得到了及时处理。

处理回访道歉 接受社会评议

今年5月26日，市旅游局收到安徽省蚌埠游客李某夫妇的投诉信。市旅游局旅游质量监督管理所立即按照“投诉纠纷首问制”通知被投诉的地接社负责人。该社在第一时间与投诉者联系后赔礼道歉并协商，通过市旅游局质量监督管理所将投诉者多支付的团费直接电汇退还给投诉者。

5月28日，市旅游局、张家界国家森林公园管理处、平安满意办公室相关人员组成专门调查组，对此投诉事件涉及的其他问题进行调查、处理。

6月8日，市旅游局副局长周泽猛和被投诉的地接社负责人一行来到安徽省蚌埠市，在蚌埠市旅游质量监督管理所有关负责人的陪同下，登门向游客李某夫妇道歉。

李某说：“这段时间我三番五次地接到致歉电话。这次你们又专程过来，我非常感动。想不到这个事情能得到政府部门的高度重视。”

周泽猛说：“我们这次来登门一是表达我们的歉意，二是想听听你们两位对张家界旅游发展的意见。同时，我们也想邀请你们再游张家界。”李某对张家界景区大加赞赏同时也提出了殷切希望：“你们景区的环境非常好，环保车辆非常不错。希望大家同心协力搞好旅游，不要让个别人的行为影响张家界形象。”

被投诉的地接社负责人表示：“通过这件事我们深受教育，企业时刻都不能放松对工作人员的职业道德教育，以后将加强导游的业务素质和职业道德的培训，让游客真正感受到美丽的张家界。”

我市旅游行政主管部门的负责人说，这种投诉处理登门回访的行动，不仅让游客投诉的问题得到及时、圆满处理，而且也让旅游企业吸取了教训。同时，也可以听到外地游客对张家界的看法和建言，是张家界旅游管理发展路上的一次集思广益。

张家界不仅将游客投诉处理情况及时回执给投诉者，还交与社会评议。

9月20日，市旅游局举行第二次旅游投诉纠纷社会评议会议，请来市内中共党员代表、人大代表、政协委员、各民主党派代表及旅游企业负责人，公开评议1至8月张家界市旅游纠纷投诉处理情况。评议会上，代表们一致认为，近几年的投诉纠纷处理在依法处理力度和公正公平上较以往大有改进。但也提出，要进一步拓展旅游投诉的提示和受理渠道，如手机短信提示和受理等；创新旅游管理手段，加强从业者自律机制和旅游企业的星级评定工作；建立旅游投诉评议长效机制。会上，针对投诉中反映的问题，被投诉的旅游企业负责人致歉和表明今后整治和改进的措施。

市旅游质量监督管理所所长汪涌说：“通过这样的评议，让社会各界人士都来关注旅游，共同参与旅游监督管理，增加旅游管理的舆论监督，进一步提升张家界品质，真正让游客在张家界‘平安满意’。”

投诉即是资源 问题也是商机

今年以来，旅游行政主管部门把旅游投诉纠纷中反映的问题作为全市旅游市场整治工作的重点，加大整治力度，取得了明显的效果。

今年1月至6月，张家界市旅游质量监督管理所发布的33起投诉纠纷中有12起涉及旅行社门市部。7月，组织开展全市整治旅行社门市部服务网点的大行动。对全市104家旅行社服务网点（门市部）进行了工商营业执照、旅游虚假广告宣传、旅游报价等的清理和核查，成效显著。从8月份受理的游客投诉情况看，涉及旅行社门市部的投诉已下降到1起。

同时，张家界将中外游客反映的张家界大交通问题作为旅游市场的商机。自2009年以来，张家界与航空、铁路部门及旅游企业多次商洽，增开张家界—北京西、张家界—重庆等铁路旅游专线，日本、韩国直飞张家界的包机航线。同时与东航、春秋等航空公司建立客源合作协议，提高了张家界景区旅游客流量。

“游客的投诉就是资源，它可以反映旅游市场的商机，反映旅游者心态需求。”市委常委、市旅工委常务副主任陈初毅说。

（资料来源：张家界：处理游客投诉有“新招”. 中国旅游报，2010-9-29.）

项目十

旅游管理心理

随着世界旅游业的快速发展，如何使旅游企业职工积极有效地工作，并保持身心健康已成为现代旅游管理工作的一项重要内容。依据现代管理理论，人是管理的核心，管理的核心问题是如何激励人更好地工作。在旅游服务工作中，管理者与员工是怎样的相处环境，如何激励旅游企业员工的积极性和创造性，如何做好员工的心理保健将是本项目所要解决的问题。

任务一 了解管理者与员工
任务二 掌握人际交往的艺术
任务三 掌握员工心理激励的方法
任务四 掌握心理危机与心理保健

任务一 了解管理者与员工

任务介绍

介绍管理者的素质要求；
介绍员工的管理。

任务分析

从多个层面分析管理者的素质要求；探讨企业员工管理的有效方式，建立与绩效考评相对应的激励机制。

任务引入

京伦饭店举办"包饺子看春晚"活动
——与外埠员工共度佳节

农历除夕，万家团圆之际，京伦饭店特别推出"包饺子看春晚"活动，与外埠员工一起过年，营造浓浓的"家文化"。

当晚，京伦饭店党委书记、党办副主任、餐饮部总监、行政部总监、团委书记前往员工餐厅，代表饭店总经理及领导班子和全体员工为50多名外埠员工送上节日的问候，希望大家把饭店当成在北京的家，把同事看作自己的亲人，在此团圆，共度佳节。当晚，饭店准备了饺子面和馅料、10 款凉菜、6 种水果及干果。饭店领导和员工们一同包饺子，观看春节联欢晚会。员工们纷纷表示："在饭店，我们找到了家的感觉，非常温暖"。

京伦饭店长期以来重视员工的食住行，关心他们的文化需求。2012 年，饭店秉承"员工第一，宾客至上"的人本文化理念，加强人本文化建设，激发内在活力，为深入践行"中国服务"理念塑造良好企业氛围。

(资料来源：http：//www. bct2000. com/show/542. html)

评析：京伦饭店从外埠员工的心理出发，在人本管理上采取关心爱护的措施，用"饭店是家"的理念牵动起员工们积极工作的热情和信心。

任务实施

一、管理者的素质要求

要当好一名合格的管理者，同样需要多种素质的聚合。根据美国某研究机构对全国企业成功人士的一次问卷调查统计，在个人素质一栏，人们普遍看好以下五条内容。

1. 健全的思维

美国得克萨斯州一位工商界巨头说，"成功的关键要素是简单化，无论是开会还是同外界打交道，用三言两语将一个复杂问题还原出来的能力很重要"。

2. 专业知识

美国田纳科董事会主席 PhilipOxley 把他的成功归功于现场经验（On-the-job Experience），他就说自己喜欢"坐在油井口旁，观察（bird-dogging）正在进行地震勘测员工们的工作"，这样可以获得生产技术的第一手资料。"如果要当好一名好经理，你必须实际懂得行业里的专业知识"。

3. 自信

自信与其说是自我感觉怎么好，不如说要想方设法使事情进入你事业轨道的进取精神，它包括耐心（willpower）和设定目标的能力。

一位财务公司老总说，我在这个领域成功的经验是，"我不仅喜欢我的事业，而且有勇气、决心和顽强的毅力去不断地向目标冲击"。

4. 理解判断能力

要取得突出的成就，一个人应当具有快速理解、透彻分析问题的能力，这当然包括日常所说的智商（IQ），但还应包括丰富的词汇、良好的阅读能力和写作技巧。"喜欢探索的大脑加上广泛的兴趣也是成功的基本要素"。

5. 执行能力

执行能力至少包括三方面：组织能力、良好工作习惯和勤奋。

其他也有不少人选择了"领导力、创造性、与人相处的关系、运气"等内容，但相比之下，以上五个方面的得票率最高，看来可以列为经理人应该具备的基本素质。

而应该具备和实际具备之间是有距离缝隙的，这也是可以理解的，借用古典绘画大师安格儿的话来说就是，“严格地说，希腊雕像之所以超越造化本身，只是由于它凝聚了各个局部之美，而自然本身却很少能把这些美集大成于一体。”

在现实企业生活中，每个人的管理特长不完全一样，有的人专业技术能力较强；有的人热情似火，充满自信；有的人做事情不怕费劲，能“耐烦”。这些都难能可贵，不过“健全的思维”和“理解判断能力”是基础中的基础。

说一千道一万，“管理的精髓不在知而在行，它的考验不在逻辑而在于成果”（德鲁克），管理者的素质也不在书本的学习，而在于通过长期磨炼去领悟，那样得来的素质才是真本领。

二、员工的管理

随着经济全球化和市场竞争的加剧，人才的竞争日益成为企业竞争的关键。而企业正确的管理，也会让企业一方面留住了人才，使其为企业发挥最大的能力，为企业创造财富，另一方面，激发企业员工无限的内在潜力，为企业创造效益。本文从以下几个方面来探讨企业员工管理的有效方式。

1. 建立完善的绩效考评机制

绩效考评主要包括主观因素考评和客观因素考评。主观因素的考评即企业可以要求员工为自己制定指标或目标，每半年对工作成绩进行一次自我评定，然后汇总给人力资源部门审核。这种绩效评估方法鼓励管理人才对指定的计划和自己对企业所做的贡献承担更大的责任，有助于管理人才充分发挥自己的才能，满足自我实现的需要。客观因素考评即不同岗位的员工其工作内容是不同的，管理者可以根据各种客观因素来进行考评，比如工作质量、工作指标完成率、出勤率等等，有利于企业对各个部门的员工进行管理。

通过建立完善的绩效考评制度，企业的管理者可以有效掌握员工的知识状态，并由此来判断员工的工作能力与态度。同时，通过考核，管理者也可以对被评估者提供评语与建议，表达企业对其的肯定或是进一步的渴望，让管理者能够充分感受到绩效评估为其工作带来的帮助和指导意义。

2. 建立与绩效考评机制相对应的激励机制

所谓激励，就是管理者遵循人的行为规律，运用多种有效的方法和手段，最大限度地激发下属的积极性、主动性和创造性，以保证组织目标的实现。企业应制定完善的激励制度，制定多种激励制度，从各个方面来激励人才。

第一，目标激励。所谓目标激励是指通过目标来激发下属的主动性和创造性。无论是组织还是个人，一旦有了鲜明的目标便会有明确的行动方向。企业管理者首先要根据本企业的实际状况制定一套目标体系，有了鲜明的目标，才能使员工有努力的方向，才会充满热忱。

第二，奖惩激励。所谓奖惩激励就是指运用奖励和惩罚的手段来激励自己或他人。在每个企业中，员工都有各种各样的行为方式，但其中有一部分行为并不是企业所希望的。对希望出现的行为，企业可以采用奖励进行强化；对不希望出现的行为，可以采用约束措施和惩罚措施，来创造一种令人带有压力的条件，将员工行为引导到特定的方向上。

第三，薪酬激励。所谓薪酬激励是指通过设计合理的薪酬福利体系来调动员工的工作积极性。总体来看，每个员工的薪酬结构主要由三部分组成，即基本工资、奖金和福利。调查表明：84% 的企业领导和员工认为薪酬及其他物质奖励激发了员工的工作热情，因此，应该说薪酬激励是组织激励机制的主要内容和手段，发挥着举足轻重的作用。薪酬作为一种主要的激励手段，是永远不能被忽视的。

第四，参与激励。所谓参与激励是指被激励者直接参与组织的决策而对其进行激励的一种形式。参与决策的作用是让企业员工亲身体验到自己的主人翁地位，当管理者和员工处于平等地位商讨组织中的重大问题时，可以使员工感到上级主管的信任，也增强了员工对企业的归属感和责任感。同时，如果员工参与了决策过程，那么，在实施决策时，他们对这项决策的认知和认同程度最高，因为企业的决策并不是来自于上级的命令，而是来自于自我的选择。这样，员工对企业会更加的忠诚，对自己的工作更满意，同时激发了员工的工作积极性和创造性，又能为企业的成功获得更多有价值的认识。

3. 合理分配员工岗位，做好员工培训工作，优化企业的员工结构

在对员工岗位的分配方面，企业的管理者应该注重他们的行业知识、业务能力、专业技能，从这些方面来确定他们的岗位，创造最有效的团队。同时还要做好员工的培训工作。一方面是培养员工对企业文化理念的认同。只有员工的思想与企业的文化理念产生共鸣的时候，才会最大的激发员工“以企业为家”而努力工作的心态。另一方面是对员工的自身业务能力的培养。在高科技的现代，企业只有不断的提升员工的自身能力，才能提高整个企业的团队的能力，进而提高企业在现代化市场的竞争力，为企业的稳定发展提供坚实的人力资源。

4. 以人为本，积极发挥员工的主观能动性

将对“人”的工作放在企业管理的首位。现代企业应当将“以人为本”的管理思想放在企业管理工作的首位。企业中的“人”是能动的，具有创造性，而企业所要做的，就是最大化地让员工发挥其自身能动性，发挥自身的创造性，让员工对企业产生一种归属感。当员工能够视企业为家时，企业的荣辱也就会被看成是自己的荣辱，无论酸甜苦辣都能够和企业一起去分享，他们就能主动开展工作，使企业内部环境达到和谐。

5. 注重员工的心理健康

长期以来，人们普遍关注的只是员工的身体健康而忽视了更加重要的心理健康。事实上，调动员工的积极性，充分发挥员工在企业中的作用，使员工保持健康、向上、乐观的心态，是提高企业工作效率和管理效能的一个重要条件。

随着人才和市场的竞争日益激烈，人们生活和工作的节奏加快，压力加重，企业员工容易出现心理紧张、挫折感、痛苦、自责、丧失信心等不良心理状态。对管理者来说，做好员工的心理健康工作，是管理人的主要内容，是提高管理水平的主要手段，如何保持企业员工的心理健康，是优秀管理者的一项重要工作。

企业及企业管理者应对员工的压力和心理问题，首先要转变观念，要充分认识到员工心理健康问题对企业的影响，把员工的心理和个人问题当成是企业本身的问题，看成

是企业管理的必要组成部分。管理者应尊重员工，善于沟通，尽量满足员工的合理要求，激发员工工作积极性，消除消极情绪，使员工轻松愉快地工作，减轻心理负担。大量研究证明，在职业生涯中，一个人受尊重的程度越高，他受到的压力越小，或他承受压力的能力就越强。事实也证明，一个人在工作中学习的自主性越大，在竞争中感受到的公平性、公正性和透明度越大，在生活、学习、工作中得到的关爱和帮助越大，他感受到的职业压力就越小，或者他承受职业压力的能力就越强。这说明，尊重人、理解人、关爱人的平等式管理，以人为本的管理方式会使职业压力保持在一个合理而适度的水平上，使员工保持在高效、健康、愉悦和昂扬向上的职业状态。

6. 知人善任，用人不疑

企业要结合自己的发展步伐，为员工指定人力资源战略规划。企业在任用员工时，要知人善任，帮助员工在其工作岗位上不断地发挥潜力。企业在这种规划中，必须充分注意企业文化和员工的融合性与渗透性，保障企业经营的特色、组织行为的约束力。知人善任，往往能够最有效地发挥其效应，做到扬长避短，人尽其才，使其在合适的工作岗位上发挥最大的效用。

知人善任，也就是企业确定员工的主要才能，继而分配其合适的工作岗位。因而，也要做到用人不疑。当企业经过充分的考察后任用员工到某一部门工作，就要相信员工具备这方面的能力，相信其会为企业努力工作，尽其所能。企业管理者只有做到用人不疑，才有可能让员工树立自信心，为企业的发展努力做出贡献。

任务二 掌握人际交往的艺术

任务介绍

介绍人际关系的内涵；

介绍人际关系的影响因素；

介绍如何构建企业内部良好的人际关系。

任务分析

本任务从如何处理好企业内部的人际关系进行探讨，不仅把自己打造成招人喜欢的人，更重要的是把整个企业组织的人际关系处理好，建立和谐的人际关系。

任务引入

合理情绪疗法对自我心理的调适

她是一个年轻的旅游工作者，长久以来有件事一直令她相当烦恼，那就是她所在的办公室里气氛相当沉闷。经常的情形是：同事们经常在办公室做事，却很少有人说话，也没有笑声。每当她回到办公室，本想放松一下，可是遇到这种所有人都沉默的情形，她就感到特别难受和压抑。她常常忍不住猜测其他人不说话的原因，想来想去总是惟恐自己做错了什么，从而惹得她们对自己不满，因而个个都显出不高兴的样子。

偶尔，办公室里的气氛也会轻松一会儿，四五个人在一起聊天，说说笑笑。那时她的心情会稍稍放松一些。但是这种时候实在太少了，多数时间她都特别紧张，生怕做错了什么，每天小心翼翼，别人不讲话，她也就闷不作声。这样的日子令她难以忍受。

为了改变这种处境，她开始尝试用合理情绪疗法进行自我心理调适。以下是她对心理调适过程的记述。

(1)（诱发事件）：办公室气氛很沉闷，很少人说笑。

(2)（自己的不合理信念）：

① 办公室里的同事不爱说笑，一定是她们不高兴，在生气；

② 她们都不愿说话，都在生气，而我却愿意说话，我并没有生气，那么她们一定是在生我的气，认为我某些方面错了；

③ 我不能做错事或者说错话，否则一定会惹得她们对我不满；

④ 如果我做错事或说错话，冒犯了她们，她们就会冷淡我、疏远我。那全怪我自己不好，没有用。接下去，周围其他的人也会不喜欢与我交往；

(3)（造成的结果）：每天神经都处于紧张状态之中，说话、行动都特别谨慎、小心，惟恐做错了什么，感到特别压抑、紧张、疲惫。

(4)（与不合理信念的辩论）：

① 办公室里总是很沉闷，大家都不说笑，就一定是因为她们在生气吗？——她们不说话，可能是因为工作太紧张，她们要思考自己的问题，也可能是他们累了需要喘口气，并不一定是在生气。有的人天性喜欢安静，不爱大声说笑，总是少言寡语，并不一定在生气。

② 即使她们真的在生气，难道一定是生我的气吗？——每个人都会遇上不如意的事情，难免有心烦的时候。当她们不高兴的时候，也许是工作中碰到了困难，生活中遇到了挫折，工作中发生了矛盾和冲突，并不一定是在生我的气。我没有理由总是把别人的不愉快看成是由我造成的。

③ 即使她们真的生我的气，那就一定很糟糕吗？——每个人都会有弱点，不可能永远不做错事，我也不例外，这是正常的。如果我真的做错了事，冒犯了她们，那么她们生我的气也是可以理解的，这并不说明她们对我存有特别的、一贯的不满态度。我不可能、也不应该要求自己不在任何一件事上出错。只要不是我故意造成的，就不必过分自责。

④ 即使我做错了，令她们对我不满，她们就一定会因此疏远我吗？而且其他人也必定会疏远我吗？——我做错了，会令她们对我不满，但那也并非罪过，只是暂时的错误，我会吸取教训并改正。她们不必因此而对我产生“深仇大恨”，不会不理睬我、故意疏远我。其他人更没有理由疏远我。以往我太过于担心被别人拒绝了。往最坏处设想，就算很多人都冷淡我，我就一定一无是处了吗？我既然生存在这个世界上，就有自己存在的价值，而且只有我自己最了解自己，我应当对自己充满信心。

(5)（产生的心理效果）：通过与自己辩论，卸下了一些心理包袱，心情轻松了许多。我开始主动与办公室的同事交谈、说笑，并进行工作、学习和情感等方面的交流。

我从中了解到他们之所以不爱说笑，也是因为没有别人说笑，他们也不便、不敢说笑，完全出于与我相同的想法。逐渐地，我在办公室里不再感到过分压抑和紧张了，气氛比以前好多了。虽然有时遇到别人都沉默不语的时候，我仍然觉得有点不自在，但心理上却不再像以前那样背包袱了。

（资料来源：http：//www.fangjiao2010.com）

评析：人际关系是否良好与人看待问题的方式积极还是消极有关，上述案例中的合理情绪疗法是从积极的角度看人际关系的问题，具有借鉴意义。

任务实施

一、企业内部人际关系

（一）企业内部人际关系的内涵分析

所谓人际关系，就是指人与人之间的交往关系，是人们在为满足自己的各种需要而采取的自觉自主的活动过程中，与他人形成的关系。人际关系实质上，是一种心理关系，好的人际关系在于满足对方的需要的程度。而企业人际关系是人际关系的特殊形式，是指在企业这一特定环境中的人与人之间的交往关系，是企业成员在同一群体中或不同群体间相互认知、体验而形成的带有浓烈情感色彩的人与人之间比较稳定的心理关系。

人际关系是以情感为纽带的，不同的人际关系会引起人们不同的情感体验。这些不同的情感体验又反过来淡化或加深这种人际关系。一个人在亲密和谐的组织里工作、学习和生活，就会感到愉快，有归属感，有了这样的情感体验，他便会在这样的组织里更加勤奋忘我的工作，同时与这组织中的每一个人的关系将更为融洽。反过来，一个人在一种不和谐的、甚至勾心斗角的组织里工作，他就会感到不安和恐惧，变得谨小慎微，甚至设法离开这个组织。当某一组织由不和谐的人际关系造成四分五裂的状态时，人们彼此提防，甚至相互拆台，能量抵消。那么，这样的组织就会成为一盘散沙，工作效率将急转直下。

企业内部人际关系好与否，大致可从以下几方面的表现来评价。

一是表现为企业、员工在目标认同的一致性上。即为了实现企业的战略目标，企业员工能自觉地履行企业赋予的义务与责任，忠诚于企业。同时，企业给予员工较为充分的个人发展的空间和自由度。在人格平等、分配合理、发展机会均等等方面，员工对企业有较高的公认度。

二是表现在企业员工之间相互情感理念的认同上。在企业内部，诚信、友爱、宽容是否形成了一种氛围，企业员工相互之间能否主动为别人着想，经常注意去理解他人，对他人的过失是否具有同情心，诚实守信是否真正成为企业绝大多数员工的行为准则。

三是表现在个体之间、个体与组织的利益观念上。人际关系的不和谐，甚至紧张，往往是从价值观念、利益观念上开始产生分歧的。即企业员工群体是否具有双赢、互利的意识理念，并以此去看待、处理、指导个体之间、个体与组织之间的利益矛盾。

四是表现在企业员工竞争的行为实践上。竞争是人类社会发展永恒的主题。员工之间的竞争是企业活力的表现，但只有竞争而没有协作、互助的关系，那么这种竞争将是企业的灾难。有竞争、有协作、有互助、有团队凝聚力的人际关系，才是和谐的、发展的人际关系。企业内部的竞争是以平等为基础的，企业内部的协作、互助是以团队精神为核心的。

（二）企业内部人际关系不和谐的原因和表现

第一，企业员工等级观念的障碍。企业经营管理分工的上下级关系异化，致使下级畏惧上级，上级领导者成了下属的主宰。管理者高高在上，官气十足；“官”大一级“压死人”，盲目地畏“官”和服从，成为员工说话做事的准则。主要表现是：领导一到，大家各个“提心吊胆”，甚至希望领导赶紧离开。

第二，专业分工、兴趣的差异。企业的各专业、各部门是企业运行中不可或缺的有机组成部分。但由于长期专业的实践，专业人员专业思维十分突出，而缺乏或轻视对其他专业的兴趣和学习。时间久了，逐渐形成了一种自我封闭、轻视他人的成见。企业内部各个部门之间的沟通不够，有时各个部门甚至会相互抱怨，客服前台说保安部工作不认真，财务部说前台工作混乱等。

第三，企业成员心理品质的落差。企业成员心理品质的差异也是影响企业人际关系的客观因素。具有较高文化程度的员工，一般自我表现较为含蓄，而文化程度较低的员工，其自我表现则相对较为外向。由于这种差异，致使企业的人际关系受到影响。在企业内部，由于其对学历的重视不够，或者说学历高的人不多，当本科生去工作时，时常会被排挤，被人误认为“狂妄”“眼高手低”。

第四，企业成员对分配的公平、透明度的感受差异。利益分配是直接影响企业成员心态情绪的物质因素。由于企业中不同专业、不同群体对分配的公平、透明度认识的不同，因此，每个员工对分配的公平、透明的心理感受自然也是不一样的。这种不一样的感受是在同事之间、不同部门之间、不同专业工种之间的比较过程中产生的。因此，要实现企业人际关系的和谐，就必须十分注重员工物质利益分配的感受差异。

第五，非正式群体影响。人际关系理论告诉我们，非正式群体客观存在于正式组织中，是不以人的意志为转移的。它是人们在生产和生活过程中由于共同兴趣、爱好、情感、观点等而自发形成的群体，它在一定程度上支配或影响着成员的行动。这些非正式群体对其成员的认知和行为产生较为深刻的影响，从而对人际关系造成重要影响。

二、构建企业内部和谐人际关系

企业构建良好的人际关系有利于调动企业成员的积极性，有利于增强群体凝聚力，有利于促进人的身心健康发展，有利于确保各项管理工作顺利开展，有利于服务质量和管理效率的提高，因此，企业构建良好的人际关系是非常重要的。主要从管理机制和员工行为两个方面探讨如何构建企业内部良好的人际关系。

（一）建立良好的管理机制

1. 推进企业民主管理，注重转变领导作风

运用民主管理，充分发挥员工的积极性、创造性，是企业发展永恒的主题。众人拾柴火焰高的道理大家都明白，但如何使众人踊跃“拾柴”？三个臭皮匠顶个诸葛亮，员

工中潜藏着无限的智慧，但如何去发掘他们的智慧呢？企业的领导者就必须放下架子，转变高高在上、唯我独尊的作风。“沉到海底去，才能捧出珍珠来！”要根据企业的实际，扎实地开展民主管理，并坚持制度化，才能充分挖掘员工的智慧。实行民主管理，并坚持制度化，才能充分挖掘员工的智慧。现在一些企业采用楼长管理体制，即每个人负责一栋或几栋楼，楼长得到充分的授权，负责这些楼的事宜，这样灵活机动，提高了工作效率，可以在更短的时间内满足业主的需要，从而提高业主的满意度。

2. 构建完善信息平台，增强领导沟通能力

企业内部信息传导是否通畅，直接影响员工的心理情绪。信息误导有时会使员工形成难以化解的心理障碍，影响工作效率。要使信息成为管理的工具，促进员工积极性、创造性的发挥，企业就应完善信息化平台。一方面，领导者必须提高会“说”话的能力，力求把话“说”到员工心里去，真正实现上下级心灵的沟通。另一方面，员工之间要注意信息的交流，重要事情尽量做到每个人都心知肚明。

3. 倡导一专多能，注重团队精神

在日益强调团队合作的时代，企业要重视构建团队合作精神。人们的需要千姿百态，不是一个两个人就能解决的，我们是一个团队，不能只顾自己的事情，在同事遇到困难时，要以大局为重，提供自己的帮助和支持。企业管理的诸多环节的链接点，既要有制度去维系，更需要用“多走一步”、“多干一点”、“多想一点”、“多看一点”的团队理念来保证。员工工作的独立性特点和“互不买账”的心态，往往使员工间多了独立多了嫉妒，少了团结合作。这会严重阻碍工作的顺利开展和服务质量的提高，引起人际关系的紧张与冲突。个体的力量毕竟有限，团队的力量是无穷的。因此，员工间只有谦虚谨慎，互帮互学，优势互补，建立和谐团结的人际关系，充分施展各自才智，劲往一处使，才能产生“共振效应”“互激效应”，实现共进双赢。

4. 努力完善薪酬制度，淡化公平的绝对性

薪酬一般由基本工资、福利补贴、各类奖金组成。前两项相对稳定，奖金是动态的。因此，建立有效的考核激励机制，是改善员工人际心态的实质性因素。薪酬制度的完善应从动态考核上下功夫。在思想教育方面，必须淡化公平的绝对性，强化公平的相对性。即公平是一个结果，但公平也是一个过程。通过强化公平相对性的认识，使物质分配对员工产生的负面影响弱化。每个人都有自己的期望值，也会不自觉地拿自己和别人进行对比，从而判断自己的薪酬是否公平合理，人往往会因为自己的期望值过高等原因产生心理偏差，认为自己比某同事工作优秀，而实际奖金却不如该同事，从而对领导对该同事不满意，破坏两人之间的人际关系。

5. 组织一些活动来改善企业内部的人际关系

一场篮球赛、一次春游、一次聚餐或者一次晚会，都可以加强同事之间的关系，增进了解，利用临近因素、相似性因素和互补因素等来改善人际关系。大家相识相知是良好的人际关系的起点。

（二）从自身做起，培养良好和谐的人际关系

如何处理好同事之间的人际关系，是每一个人都面临的现实问题。可以从自身的角度出发，在交往过程中找到最佳的理解点或接触点，这需要遵守以下几个原则。

1. 尊重

一方面表现为自尊，另一方面表现为尊重别人。此外，互相尊重，还要注意不要越俎代庖，因为每一个体都有明确的分工和职权范围。如果个体擅自超越自己的职权范围插手别的个体职权范围内的工作，就会使他人产生一种被人瞧不起、不被尊重的感觉，甚至会产生一种被人“夺权”的想法，这样就会使个体的自尊心受到伤害。因此，一个人在完成自己的本职工作后，在有能力和有必要帮助他人工作时，一定要掌握好分寸和尺度，掌握好时机和方法。

2. 信任

互相信任，互不猜疑是处理好同级间相互关系的一个重要原则。一方面是自己要言必行，行必果，给对方以信任感；另一方面是要信任对方，遇事不要胡乱猜疑，不要依据自己的臆想来推测对方如何如何。信任是在相互间的交往中产生的，一个人只有自己行得端，立得直，才能有值得别人信任的地方，才能期望得到别人的信任。同时，信任别人，还要正确地看待别人对自己的忠言和直言，千万不要把这些话当作别人对你不信任的信息加以“反馈”，正是因为别人信任你，才敢于同你讲真话，敢于同你倾诉肺腑之言。

3. 宽容

一个人要有宽广的胸怀和气量，对于别人的缺点和短处应该持包容和体谅的态度，并想办法用自己的长处弥补。当然，容忍和体谅并非是无原则的迁就，而是要在相互交往中互相宽容。

4. 真诚

“精诚所至，金石为开”用在同级间的相互关系上，是十分恰当的。一个人在与他人交往的过程中若能以诚相待，对方就能以礼相还。“投之以李，报之以桃”乃是人之常情。

5. 自制

组织中各成员对工作中的某些问题的看法、意见、态度不一致而发生分歧，甚至会出现争吵、发脾气的现象，这些是正常的事。只要双方都是为了工作，没有个人私怨和成见，心胸都比较开阔，即使发生争执，也没什么大不了。但出现这种情况时，双方都应控制自己，增强自己的自制力，如果不能很好地控制自己的情绪，就会言辞激烈，伤害对方的感情。一个人经常发怒往往是很难与人相处的。

6. 沟通

沟通是组织的生命线，它意味着沟通双方分享经验、思想、感知和情感。良好的沟通是信息准确传递的前提条件，是员工相互认识的有效工具，所以在日常工作中，要积极和周围的人沟通。

日本管理学家筱崎德量教授认为：“一个人的发展、事业的成功，良好的人际关系是一个很重要的条件，如处理不好人际关系，足以毁了你的一切。”对于企业也是一样的道理，良好和谐的人际关系是企业发展壮大的基石，它不但可以提高组织的工作效率，还可以提高组织成员的认可度，给员工以归属感和满足感。

任务三 掌握员工心理激励的方法

任务介绍

介绍几种常见的激励理论；

介绍几种常见的激励方法。

任务分析

学会如何运用激励机制，调动员工的工作积极性，获得自我实现，并且积极地引导员工热爱工作，实现旅游业的持续发展。

任务引入

员工激励：奖在“年终”还是奖在“平时”?

很多员工在领完年终奖后选择离职，这其中不乏关键员工。那年终奖对企业究竟意味着什么，是员工奋进的动力，还是离职的催化剂？如果年终奖不能作为有效的手段激励员工，尤其是关键员工，那又该如何进行员工激励？很多企业将年终奖作为留住人才的核心手段是不现实的，很多时候都会事与愿违。在新的一年，对于员工激励，企业需要做的是奖在“平时”，而非奖在“年终”。对于员工而言，丰厚的年终奖固然很有吸引力，在一定程度上能够留住员工，但如果平时没有做好激励，员工同样也会流失。虽然企业有一定的人员流动率是正常的，但如果关键员工流动率较高的话，就是不正常的，会在一定程度上影响企业的健康发展。在一些关键员工流动率高的公司，常常会存在这样一个现象，老板平时对待员工的态度是不冷不热，对其发展没有给予过多的关注，甚至有时还想些办法克扣一下，等到年底的时候发一些奖金作为“安慰”奖。殊不知，此时的“安慰”奖金跟老板在员工心中的负面形象比起来，就没有了温暖的味道，取而代之的则是理所当然。

有效的员工激励机制必须要一个基本的前提，那就是要体现出“心”的存在。对于职场人而言，大部分的时间都在上班，因此员工对其工作的环境及周边的人是存在感情的，而这种感情也在一定程度上吸引着员工继续工作下去。如果没有这种感情的存在，员工就会很容易选择离开。员工激励的方式有很多种，物质只是比较直接的一种，但也是最容易失效的一种。尤其是在对待关键员工时更是如此，他们更多在意的是自我的一种愿景实现和自我价值体现，因此，在对他们进行激励时除了体现“心”以外，还需要体现出充分的重视。例如，对突出表现的员工进行公开表扬；在掌握了员工详细情况后，对员工进行针对性的指导。也许就是一次与员工的促膝而谈，都能比给予丰厚的物质奖励取得更好的效果。

（资料来源：http：//www. ceo. hc360. com）

评析：从上述案例可以看出对员工的心理激励不仅单是金钱和物质的奖励，更重要的是心的沟通、理解和支持。

任务实施

一、激励理论

(一) 激励概述

所谓激励，就是组织通过设计适当的外部奖酬形式和工作环境，以一定的行为规范和惩罚性措施，借助信息沟通，来激发、引导、保持和归化组织成员的行为，以有效地实现组织及其成员个人目标的系统活动。这一定义包含以下几方面的内容。

首先，激励的出发点是满足组织成员的各种需要，即通过系统设计适当的外部奖酬形式和工作环境，来满足企业员工的外在性需要和内在性需要。

其次，科学的激励工作需要奖励和惩罚并举，既要对员工表现出来的符合企业期望的行为进行奖励，又要对不符合员工期望的行为进行惩罚。

第三，激励贯穿于企业员工工作的全过程，包括对员工个人需要的了解、个性的把握、行为过程的控制和行为结果的评价等。因此，激励工作需要耐心。赫兹伯格说，如何激励员工：锲而不舍。

第四，信息沟通贯穿于激励工作的始末，从对激励制度的宣传、企业员工个人的了解，到对员工行为过程的控制和对员工行为结果的评价等，都依赖于一定的信息沟通。企业组织中信息沟通是否通畅，是否及时、准确、全面，直接影响着激励制度的运用效果和激励工作的成本。

最后，激励的最终目的是在实现组织预期目标的同时，也能让组织成员实现其个人目标，即达到组织目标和员工个人目标在客观上的统一。

(二) 激励理论

激励理论的基本思路，是针对人的需要来采取相应的管理措施，以激发动机、鼓励行为、形成动力。因为人的工作绩效不仅取决于能力，还取决于受激励的程度，通常用数学公式表示：工作绩效 = f（能力 × 激励）。因此，行为科学中的激励理论和人的需要理论是紧密结合在一起的。

1. 马斯洛的需要层次理论

著名心理学学家马斯洛把人的需要由低到高分为五个层次，即：生理需要、安全需要、社交和归属需要、尊重需要、自我实现需要。并认为人的需要有轻重层次之分，在特定时刻，人的一切需要如果都未得到满足，那么满足最主要的需要就比满足其他需要更迫切，只有排在前面的那些属于低级的需要得到满足，才能产生更高一级的需要。当一种需要得到满足后，另一种更高层次的需要就会占据主导地位。从激励的角度看，没有一种需要会得到完全满足，但只要其得到部分的满足，个体就会转向追求其他方面的需要了。按照马斯洛的观点，如果希望激励某人，就必须了解此人目前所处的需要层次，然后着重满足这一层次或在此层次之上的需要。比如一个饥肠辘辘的人，他更渴望你给他几个馒头或面包，而不是你赞赏他如何长得英俊潇洒或出类拔萃。

2. 双因素理论

激励因素—保健因素理论是美国的行为科学家弗雷德里克·赫茨伯格（Fredrick Herzberg）提出来的，又称双因素理论，双因素理论是他最主要的成就。

20 世纪 50 年代末期，赫茨伯格和他的助手们在美国匹兹堡地区对二百名工程师、会计师进行了调查访问。结果他发现，使职工感到满意的都是属于工作本身或工作内容方面的；使职工感到不满的，都是属于工作环境或工作关系方面的。他把前者叫做激励因素，后者叫做保健因素。

保健因素包括公司政策、管理措施、监督、人际关系、物质工作条件、工资、福利等。当这些因素恶化到人们认为可以接受的水平以下时，就会产生对工作的不满意。但是，当人们认为这些因素很好时，它只是消除了不满意，并不会导致积极的态度，这就形成了某种既不是满意、又不是不满意的中性状态。

那些能带来积极态度、满意和激励作用的因素就叫做“激励因素”，这是那些能满足个人自我实现需要的因素，包括：成就、赏识、挑战性的工作、增加的工作责任，以及成长和发展的机会。如果这些因素具备了，就能对人们产生更大的激励。从这个意义出发，赫茨伯格认为传统的激励假设，如工资刺激、人际关系的改善、提供良好的工作条件等，都不会产生更大的激励；它们能消除不满意，防止产生问题，但这些传统的“激励因素”即使达到最佳程度，也不会产生更大的激励。

根据赫茨伯格的研究发现，经理人应该认识到保健因素是必需的，不过它一旦使不满意中和以后，就不能产生更积极的效果。只有“激励因素”才能使人们有更好的工作成绩。

双因素理论告诉我们，满足各种需要所引起的激励深度和效果是不一样的。物质需求的满足是必要的，没有它会导致不满，但是即使获得满足，它的作用往往是很有限的、不能持久的。要调动人的积极性，不仅要注意物质利益和工作条件等外部因素，更重要的是要注意工作的安排、量才使用、个人成长与能力提升等，注意对人进行精神鼓励，给予表扬和认可，注意给人以成长、发展、晋升的机会。随着人们物质“小康”问题的解决，人们对精神“小康”的需求也越来越迫切。

3. 期望理论

美国心理学家弗鲁姆于 1964 年提出了期望理论。该理论认为，激发的力量来自效价与期望值的乘积，即：激励的效用 = 期望值 × 效价。

就是说，推动人们去实现目标的力量，是两个变量的乘积，如果其中有一个变量为零，激励的效用就等于零。效价是企业和团队的目标达到后，对个人有什么好处或价值，及其价值大小的主观估计。期望值是达到企业目标的可能性大小，以及企业目标达到后兑现个人要求可能性大小的主观估计。这两种估计在实践过程中会不断修正和变化，发生所谓“感情调整”。比如，我认为我有能力完成这项任务，完成任务后我估计老板肯定会兑现他给我晋升工资的诺言，而增加工资正是我的最大期望，所以，我工作的积极性肯定很高；反之，任何一个变量的变化，都会影响到工作的积极性。管理者的任务就是要使这种调整有利于达到最大的激发力量。因此，期望理论是过程型激励理论。

二、员工心理激励原则

1. 目标结合原则

在激励机制中，设置目标是一个关键环节。目标设置必须同时体现组织目标和员工需要的要求。

2. 物质激励和精神激励相结合的原则

物质激励是基础，精神激励是根本。在两者结合的基础上，逐步过渡到以精神激励为主。

3. 引导性原则

外激励措施只有转化为被激励者的自觉意愿，才能取得激励效果。因此，引导性原则是激励过程的内在要求。

4. 合理性原则

激励的合理性原则包括两层含义：其一，激励的措施要适度。要根据所实现目标本身的价值大小确定适当的激励量；其二，奖惩要公平。

5. 明确性原则

激励的明确性原则包括三层含义：其一，明确。激励的目的是需要做什么和必须怎么做；其二，公开。特别是分配奖金等大量员工关注的问题时，更为重要；其三，直观。实施物质奖励和精神奖励时都需要直观地表达它们的指标，总结和授予奖励和惩罚的方式。直观性与激励影响的心理效应成正比。

6. 时效性原则

要把握激励的时机，“雪中送炭”和“雨后送伞”的效果是不一样的。激励越及时，越有利于将人们的激情推向高潮，使其创造力连续有效地发挥出来。

7. 正激励与负激励相结合的原则

所谓正激励就是对员工的符合组织目标的期望行为进行奖励。所谓负激励就是对员工违背组织目的的非期望行为进行惩罚。正负激励都是必要而有效的，不仅作用于当事人，而且会间接地影响周围其他人。

8. 按需激励原则

激励的起点是满足员工的需要，但员工的需要因人而异、因时而异，并且只有满足最迫切需要（主导需要）的措施，其效价才高，其激励强度才大。因此，领导者必须深入地进行调查研究，不断了解员工需要层次和需要结构的变化趋势，有针对性地采取激励措施，才能收到实效。

三、员工心理激励方法

对于旅游企业来说，可以从以下三个角度来进行科学的员工激励。

1. 从对员工进行具体管理行为的角度

(1) 吸引优秀的人才到企业来

在发达国家的许多企业中，特别是那些竞争力强、实力雄厚的企业，通过各种优惠政策、丰厚的福利待遇、快捷的晋升途径来吸引企业需要的人才。

(2) 开发员工的潜在能力

美国哈佛大学的威廉·詹姆斯（W. James）教授在对员工激励的研究中发现，按时计酬的分配制度仅能让员工发挥20% ~30%的能力，如果收到充分激励的话，员工的能力可以发挥出80% ~90%，两种情况之间60%的差距就是有效激励的结果。管理学家的研究表明，员工的工作绩效是员工能力和受激励程度的函数，即绩效 = F（能力×激励）。如果把激励制度对员工创造性、革新精神和主动提高自身素质的意愿的影响考虑进去的话，激励对工作绩效的影响就更大了。

(3) 留住优秀人才

德鲁克（P. Druker）认为，每一个组织都需要三个方面的绩效：直接的成果、价值的实现和未来的人力发展。缺少任何一方面的绩效，组织注定非垮不可。因此，每一位管理者都必须在这三个方面均有贡献。在三方面的贡献中，对“未来的人力发展”的贡献就是来自激励工作。

(4) 造就良性的竞争环境

科学的激励制度含有一种竞争精神，它的运行能够创造出一种良性的竞争环境，进而形成良性的竞争机制。在具有竞争性的环境中，组织成员就会收到环境的压力，这种压力将转变为员工努力工作的动力。正如麦格雷戈（Douglas M · Mc Gregor）所说：“个人与个人之间的竞争，才是激励的主要来源之一。”在这里，员工工作的动力和积极性成了激励工作的间接结果。

2. 从激励本身类型的角度

不同的激励类型对行为过程会产生程度不同的影响，所以激励类型的选择是做好激励工作的一项先决条件。

(1) 物质激励与精神激励

虽然二者的目标是一致的，但是它们的作用对象却是不同的。前者作用于人的生理方面，是对人物质需要的满足，后者作用于人的心理方面，是对人精神需要的满足。随着人们物质生活水平的不断提高，人们对精神与情感的需求越来越迫切。比如期望得到爱、得到尊重、得到认可、得到赞美、得到理解等。

(2) 正激励与负激励

所谓正激励就是当一个人的行为符合组织的需要时，通过奖赏的方式来鼓励这种行为，以达到持续和发扬这种行为的目的。所谓负激励就是当一个人的行为不符合组织的需要时，通过制裁的方式来抑制这种行为，以达到减少或消除这种行为的目的。

正激励与负激励作为激励的两种不同类型，目的都是要对人的行为进行强化，不同之处在于二者的取向相反。正激励起正强化的作用，是对行为的肯定；负激励起负强化的作用，是对行为的否定。

(3) 内激励与外激励

所谓内激励是指由内酬引发的、源自于工作人员内心的激励；所谓外激励是指由外酬引发的、与工作任务本身无直接关系的激励。

内酬是指工作任务本身的刺激，即在工作进行过程中所获得的满足感，它与工作任务是同步的。追求成长、锻炼自己、获得认可、自我实现、乐在其中等内酬所引发的内激励，会产生一种持久性的作用。

外酬是指工作任务完成之后或在工作场所以外所获得的满足感，它与工作任务不是同步的。如果一项又脏又累、谁都不愿干的工作有一个人干了，那可能是因为完成这项任务，将会得到一定的外酬——奖金及其他额外补贴，一旦外酬消失，他的积极性可能就不存在了。所以，由外酬引发的外激励是难以持久的。

3. 从激励本身机制的角度

激励机制就是在激励中起关键性作用的一些因素，由时机、频率、程度、方向等因素组成。它的功能集中表现在对激励的效果有直接和显著的影响，所以认识和了解激励的机制，对搞好激励工作是大有益处的。

(1) 激励时机

激励时机是激励机制的一个重要因素。激励在不同时间进行，其作用与效果是有很大差别的。打个比喻，厨师炒菜时，不同的时间放入味料，菜的味道和质量是不一样的。超前激励可能会使下属感到无足轻重；迟到的激励可能会让下属觉得画蛇添足，失去了激励应有的意义。

激励如同发酵剂，何时该用、何时不该用，都要根据具体情况进行具体分析。根据时间上快慢的差异，激励时机可分为及时激励与延时激励；根据时间间隔是否规律，激励时机可分为规则激励与不规则激励；根据工作的周期，激励时机又可分为期前激励、期中激励和期末激励。激励时机既然存在多种形式，就不能机械地强调一种而忽视其他，而应该根据多种客观条件，进行灵活地选择，更多的时候还要加以综合的运用。

(2) 激励频率

所谓激励频率是指在一定时间里进行激励的次数，它一般是以一个工作周期为时间单位的。激励频率的高低是由一个工作周期里激励次数的多少所决定的，激励频率与激励效果之间并不完全是简单的正相关关系。

激励频率的选择受多种客观因素的制约，这些客观因素包括工作的内容和性质、任务目标的明确程度、激励对象的素质情况、劳动条件和人事环境等等。一般来说有下列几种情形：

对于工作复杂性强，比较难以完成的任务，激励频率应当高，对于工作比较简单、容易完成的任务，激励频率就应该低。

对于任务目标不明确、较长时期才可见成果的工作，激励频率应该低；对于任务目标明确、短期可见成果的工作，激励频率应该高。

对于各方面素质较差的工作人员，激励频率应该高；对于各方面素质较好的工作人员，激励频率应该低。

在工作条件和环境较差的部门，激励频率应该高；在工作条件和环境较好的部门，激励频率应该低。

当然，上述几种情况，并不是绝对的划分，通常情况下应该有机地联系起来，因人、因事、因地制宜地确定恰当的激励频率。

(3) 激励程度

所谓激励程度是指激励量的大小，即奖赏或惩罚标准的高低。它是激励机制的重要因素之一，与激励效果有着极为密切的联系。能否恰当地掌握激励程度，直接影响激励作用的发挥。超量激励和欠量激励不但起不到激励的真正作用，有时甚至还会起反作用。比如，过分优厚的奖赏，会使人感到得来全不费工夫，丧失了发挥潜力的积极性；过分苛刻的惩罚，可能会导致人的摔破罐心理，挫伤下属改善工作的信心；过于吝啬的奖赏，会使人感到得不偿失，多干不如少干；过于轻微的惩罚，可能导致人的无所谓心理，不但不改掉毛病，反而会变本加厉。

所以从量上把握激励，一定要做到恰如其分，激励程度不能过高也不能过低。激励程度并不是越高越好，超出了这一限度，就无激励作用可言了，正所谓“过犹不及”。

（4）激励方向

所谓激励方向是指激励的针对性，即针对什么样的内容来实施激励，它对激励效果也有显著影响。马斯洛的需要层次理论有力地表明，激励方向的选择与激励作用的发挥有着非常密切的关系。当某一层次的优势需要基本上得到满足时，应该调整激励方向，将其转移到满足更高层次的优先需要，这样才能更有效地达到激励的目的。比如对一个具有强烈自我表现欲望的员工来说，如果要对他所取得的成绩予以奖励，奖给他奖金和实物不如为他创造一次能充分表现自己才能的机会，使他从中得到更大的鼓励。还有一点需要指出的是，激励方向的选择是以优先需要的发现为其前提条件的，所以及时发现下属的优先需要是管理者实施正确激励的关键。

任务四 掌握心理危机与心理保健

任务介绍

介绍心理危机类型及形成原因；

介绍自我调节和保健方法。

任务分析

掌握心理危机的基本含义、心理危机的特征和旅游心理危机的类型，知道心理危机的表现形式如心理疲劳、心理挫折、心理压力的形成原因及预防和消除的方法，把握基本的一些调节心理健康的途径。

任务引入

东航返航事件折射职业心理健康危机

2008年3月31日至4月1日，中国东方航空公司云南分公司从昆明飞往大理、丽江、西双版纳、芒市、思茅和临沧等地的共18架航班在飞抵目的地上空后，未降落而直接返航飞回昆明，导致昆明机场多架次航班延误。东航云南分公司对此做出了“因天气原因而返航”的解释，但同一时间段内飞往上述地区的其他航空公司航班则正常降落。很快有消息指出“飞行员罢工”是诱发此次返航事件的主要原因。舆论一时哗然，“东航返航事件”迅速上升为当前最引人关注的公共事件。目前，民航总局已初步认定东航云南分公司确有机组涉嫌“人为原因返航”。

当返航以集体的规模出现，我们已经不能简单地把东航返航事件定性为失职行为，或解读为个别飞行员职业道德与职业精神的缺失。“健康863心理网”著名心理学专家筱丹女士认为：返航事件的表面原因看似为飞行员因不满奖金分配、征税比例等薪酬分配问题，从而展开的一场劳资博弈，但实际上此行为的深层原因是飞行员职业心理健康危机的一次集体爆发。飞行员的个人负面情绪在不能通过合理渠道得到正确疏导的情况下，逐渐蔓延到群体，导致矛盾激化，产生集体返航的极端行为。

评析：此次事件中折射出的职业心理健康危机问题值得深思。如果这种极端行为被同行或其他行业效仿，将导致全社会职业道德的大面积缺失，后果不堪设想。

任务实施

一、员工心理危机

（一）心理危机概述

1. 危机的含义

精神医学范畴的心理危机是指由于突然遭受严重灾难、重大生活事件或精神压力，使生活状况发生明显的变化，尤其是出现了用现有的生活条件和经验难以克服的困难，致使当事人陷于痛苦、不安状态，常伴有绝望、麻木不仁、焦虑，以及植物神经症状和行为障碍。

具体而言，危机（crisis）有两个含义，一是指突发事件，出乎人们意料发生的，如地震、水灾、空难、疾病爆发、恐怖袭击、战争等；二是指人所处的紧急状态。当个体遭遇重大问题或变化发生使个体感到难以解决、难以把握时，平衡就会打破，正常的生活受到干扰，内心的紧张不断积蓄，继而出现无所适从甚至思维和行为的紊乱，进入一种失衡状态，这就是危机状态。危机意味着平衡稳定的破坏，引起混乱、不安。危机出现是因为个体意识到某一事件和情景超过了自己的应付能力，而不是个体经历的事件本身。心理危机须具备下列3个条件：（1）必须存在具有重大心理影响的生活事件（如自然灾害、空难、海难、车祸、失业、财产被盗、被强奸、被绑架等意外伤害，亲人死亡、离婚、移民、退休、人际关系紧张等）；（2）出现一些不适感觉，引起急性情绪扰乱（如烦躁、恐惧、焦虑、抑郁）、认知改变（如注意力不集中、记忆障碍）、躯体不适（如头昏、头痛、腰酸背痛）和行为改变（如失眠、不愿与人接触等一般的生活规律被打破），但这些表现均未达到精神疾病程度，不符合任何精神疾病的诊断标准；（3）依靠自身的能力无法应付困境。

我们应该清楚地认识到，心理危机是一种正常的生活经历，并非疾病或病理过程。每个人在人生的不同阶段都会经历危机，心理危机是一种过渡状态，人不可能长久地停留在危机状态之中，整个心理危机活动期持续的时间因人而异，短者仅24~36个小时，最长也不应超过4~6周。

2. 心理危机的特征

首先，危险与机遇并存。危机有危险和机遇两种含义，如果它严重威胁到一个人的生活和家庭，并使人产生自杀或精神崩溃的可能，这种危机是危险的。但如果一个人在危机阶段得到及时有效的治疗性干预，不仅会防止危机的进一步发展，而且还可以帮助其学会新的应对技巧，使心理平衡得以恢复甚至超过危机前的水平，因此也可以说，危机是一种机遇或转折点。另外，在伴随危机的不平衡中，焦虑情绪总是存在的，这种情绪导致的不舒服为变化提供了动力，是个体成长和变化的机缘。不过在很多情况下，个体只是在焦虑达到极限以后，才会承认他们对问题已经失去了控制，并接受帮助和治疗。

其次，缺乏万能的或快速的解决方法。危机是复杂的、难以理解的，个体环境的所有方面都相互交叉在一起，所以对那些长期存在的问题，基本上不存在快速解决的方法。许多遭受严重应激影响的求助者的问题来自于，他们总是企图找到迅速解决问题的方法，通常是使用药物，尽管这样的方法可以延缓极端反应的出现，但对造成危机的原因毫无影响，最后只会导致危机的加深。需要注意的是，缺乏快速解决方法并不意味着个体在面对危机时采取消极不作为的态度，相反，采取正确的应对方法、做一些积极的努力才能使人解决困难并最终成长和发展。

再者，普遍性与特殊性。无论是普遍的还是特殊的危机，每一个危机都伴随着不平衡和解体。说危机是普遍的，是因为在特定的情况下，没有人能够幸免；说危机是特殊的，是因为即使面对同样的情况，有些人能够成功地战胜危机，而另一些人却不能。但不管怎样，相信一个人能够免于心理打击，能够稳定、冷静地处理任何危机是不明智的，无论一个人受过多少心理训练，当他面对严重的危机时，解体、失衡、迷惑以及应付机制的破坏都是不可避免的。

（二）旅游者心理危机

1. 旅游心理危机的类型

旅游是一项充满挑战也是充满危机的事业，可以将旅游者的工作危机划分为三种类型：

一是发展性危机，指在正常成长和发展过程中，急剧的变化或转变所导致的异常反应。例如，在旅游业从事几年工作以后，由于对工作的熟悉和职业倦怠的加剧，可能导致发展性危机。这种危机是正常的，但每个人所面临的具体情况是独特的，因此必须以独特的方式进行评价和处理。

二是境遇性危机，指当出现罕见或超常事件，且个人无法预测和控制时出现的危机。在旅游领域可能会出现交通意外、被绑架、被劫持、突然的疾病和死亡等，都可以导致境遇性危机，它具有随机性、突然性、震撼性和灾难性等特点。

三是存在性危机，指旅游从业者关于事业的目的、责任、独立性、自由和承诺等出现的内部冲突和焦虑。这种危机可能是基于现实的，也可能基于后悔，还可能基于一种压倒性的、持续的感觉。

2. 心理危机产生的原因

个体危机反应的严重程度并不一定与事件的强度成正比，也就是说个体对危机的反应有很大差异，即相同的刺激引起的反应是不同的。那么危机反应程度到底受哪些因素影响呢？一般来说，个体的个性特点、对事件的认知和解释、社会支持状况、以前的危机经历、个人的健康状况、干预危机的信息获得渠道和可信程度、危机的可预期性和可控制性、个人适应能力、所处环境等都会影响危机反应。

事件发生越突然或事件持续时间越长，心理损害的程度就越严重，越易使人发生危机；当事人对事件的危害性与严重性的评估越严重，越易产生危机；人格健全、心理素质好的人不易产生危机；当事人的应付技巧高，方法适当，则不容易发生危机；社会、家庭、亲友能及时给予经受者帮助与支持，防止其精神崩溃，并使之尽快摆脱困难，则不易发生心理危机。

3. 心理危机的变化阶段

人们对危机的心理反应通常经历四个不同的阶段。首先是冲击期，发生在危机事件发生后不久或当时，感到震惊、恐慌、不知所措。其次是防御期，表现为想恢复心理上的平衡，控制焦虑和情绪紊乱，恢复受到损害的认识功能。但不知如何做，会出现否认、合理化等。再次是解决期，积极采取各种方法接受现实，寻求各种资源努力设法解决问题。焦虑减轻，自信增加，社会功能恢复。最后是成长期，经历了危机变得更成熟，获得应对危机的技巧。

4. 心理危机的表现形式

在竞争激烈的现代社会，职场人面临着诸多身心健康问题，其中职业心理健康危机尤为突出。职业心理健康危机通常是由工作中出现的各种消极因素累积产生，包括繁重的工作压力、心理疲劳、心理挫折等。职业心理健康危机如果不能得到及时释放或缓解，将直接影响到企业的发展和员工的个人成长。

（1）心理疲劳

所谓心理疲劳，是指人长期从事一些单调、机械的工作活动，伴随着肌体生化方面的变化，中枢局部神经细胞由于持续紧张而出现抑制，致使人对工作对生活的热情和兴趣明显降低，直至产生厌倦情绪。

我们之所以感到累，是因为不能在工作中找到乐趣和价值感，在心理上将其当作沉重的包袱，背负着这个包袱才感到格外地累。另外很多人在工作和生活中总是重复单调的活动，缺少变化，也必然会导致心理上的疲劳。

（2）心理挫折

心理挫折是指个体在从事有目的的活动过程中，遇到无法克服的障碍或干扰，致使个人动机不能实现，个人需要不能满足的情绪状态。

人们在体验到挫折后，无论挫折情境是由客观外在因素还是由主观因素造成的，在情绪和行为上都可产生下列几种反应，如攻击、焦虑、抑郁、倒退、固着和冷漠。一个人面对挫折时产生何种反应，取决于情境的性质与特点，也取决于当事者的生活经历、经验和有关的知识等。有的人能忍受严重挫折而毫不灰心丧气；有的人稍遇挫折则意志消沉，一蹶不振；有的人能忍受工作上的严重挫折但不能忍受自尊心受到伤害等。研究表明，人对挫折的耐受力，受到人的生理条件、过去挫折经验及个人对挫折的主观判断的影响。一般来说，身体强壮的人比体弱多病的人更能容忍挫折；生活中历尽艰辛的人比一帆风顺的人更能忍受挫折。一个心理健康的人，应能体会到挫折是现实生活中的正常现象，不必逃避，也无法逃避，并在可能的范围内予以克服。

（3）心理压力

心理压力是由个体在生活适应过程中的一种身心紧张状态，由于环境要求与自身应对能力不平衡而来；这种紧张状态倾向于通过非特异的心理和生理反应表现出来。

人们一直生活在两种压力中，一是作用于躯体的物理压力，如大气压、地心吸引力、心脏压力等，这些压力维持生命形式。二是内在的精神压力，如生存竞争的压力、对危险与死亡的恐惧、人际压力、情绪与情感的压力等，这些压力保持人的警觉（清醒状态）和合适的行为模式。压力过小的生活让人消沉、昏昏欲睡、机体懈怠、思维变慢。但是突如其来的过大压力可能使机体调节失常。压力并不可怕，可怕的是我们对压力有不恰当的观念与反应。越怕压力就越会生活在压力的恐惧中，喜欢压力的人在任何压力面前都会游刃有余。如果学会管理压力，就可把压力变成实实在在的动力：行为有效、感情丰富、精力充沛等。

二、员工的心理保健

1. 提高心理保健的意识

1948 年世界卫生组织（WHO）指出：健康乃是一种身体的、心理的和社会适应的健全状态，而不仅是没有疾病或虚弱现象。现代意义上的健康应该包括躯体健康、心理健康、社会适应良好和道德健康。

心理健康的标准主要有：（1）正确认识自己，接纳自己；（2）能较好地适应现实环境；（3）具有和谐的人际关系；（4）能控制情绪，心境良好；（5）智力正常，行为合理。心理健康状态是动态的，一个心理健康的人并不意味着完全没有不健康的心理和行为。

心理学上一般认为，心理健康主要与心理压力、身心疾病、心理应付技能、自信心和社会支持等因素有关。用公式表示为：

$$\text{心理（健康）状况} = \frac{\text{心理压力} + \text{身心疾病}}{\text{心理应付技能} + \text{自信心} + \text{社会支持}}$$

对于自我心理健康的保健和维护，我们可以从以下三个方面入手：

首先，增强自己的心理应付技能，即对待麻烦的态度与处理能力。

其次，提高自信心。自信心是一个人重要的内在品质，包含有自我认可、自我接纳和自我价值感。

第三，扩大自己的社会支持系统。社会支持系统主要包括一个人的社会交往能力，也包括一些针对心理健康问题提供帮助的社会服务系统。

2. 增强挫折容忍力水平

挫折容忍力俗称心理承受力，是指一个人遭遇挫折时，能够摆脱其困扰而保持适应、保护自己心理健康的能力。

挫折产生的原因主要受客观环境因素和个体主观因素的共同影响。

客观环境因素是指由外界事物阻碍人们达到目标而产生挫折，包括自然环境的影响，即各种非人为力量所造成的时空限制、自然灾害和各种事故，以及人世间的生老病死等等。社会环境的影响即个人在社会生活实践中所遭遇到的政治、经济、法律、道德、宗教、风俗习惯等方面的障碍。另外还有管理因素的影响如组织管理方式、组织内的人际关系、工作性质、工作环境、管理机制等。个体主观因素主要指个体生理因素和个体心理因素。个体生理因素主要指个体具有的智力、容貌、身材以及健康状况或生理缺陷所带来的限制而导致的挫折。个体心理因素包括自我估计不适当导致不自量力或畏缩不前；自我抱负水平过高导致总是感到不满意；由于某些需要或动机的冲突所产生的难以抉择的矛盾心理状态。

一个人对挫折容忍力的高低受到四种因素的影响：即生理条件、个性心理品质、过去的经验与学习和对挫折的认知。提高旅游企业员工的挫折容忍力水平就要做到：

(1) 加强引导，正确对待挫折

挫折可以吓倒人，也能锻炼人，正确对待挫折的关键，是加强沟通，提高认识，对任何事情均作好两手心理准备，万一失败不惊慌失措与灰心丧气。当员工在受挫时，管理者应帮助他们冷静下来，客观地分析致挫的主客观原因，消除对挫折的畏惧心理。要让员工明白，就像一台大机器是由许多零配件组成的一样，个别小零件出现了故障，机器就无法正常运转，一次较大的挫折也是由一些小问题造成的，逐一消除小问题就能避免较大的挫折。

(2) 帮助员工，重新调整目标

对水平较弱，尚待重新工作定位的员工，管理者应重新确定适合员工实际能力和水平的工作目标，建立起新的信心，对将来可能遇到的挫折有良好的心理准备，相反，如果员工看不到成功的希望，感受不到成功的喜悦，有的只是接二连三的失败，自信必然会大大下降，甚至完全丧失，这时再来培养员工的挫折容忍力，为时晚矣。

(3) 改善管理，转变模式

许多员工受挫的事实证明，不少挫折之所以发生，是旅游企业管理机制或领导者工作方法有问题，因此，管理人员应认真分析员工受挫折的原因，及时改变管理方法或模式，提高员工对挫折的容忍力。

(4) 发泄情绪，达到心理平衡

创造一种环境，使员工的紧张、焦急、压抑的情绪通过一定的渠道发泄出来，使心理平衡，恢复理智，如经过较长时间的紧张工作之后，组织安排员工参加积极有益的活动，会对接下来的工作大有帮助。

3. 开展员工心理卫生辅导

员工心理卫生辅导就是通过辅导者与员工彼此协调以求解决员工的心理问题的方法，这样可以使那些心理活动轻微失常或变态的心理健康状况不佳的人，消除心理上的痛苦和纠正行为不轨，使他们在心理上和行为上更好地适应社会。

传统的观点认为，心理辅导是心理学家、医生等专门技术人员给病人施行的一种治疗方法，其实，心理辅导完全可以在非专业人员中相互进行。包括一个单位的领导人，如果他能够自觉或不自觉地应用心理学的原理和技巧，通过自身的言语和行为以及人际关系的交往，改善下属的情绪，提高下属的认识，解除其顾虑，增强其战胜困难与挫折的信心和能力，达到改善下属不合理的心理和行为状态，提高工作效率的目的，那么这实际上也是在对下属进行心理辅导。

向员工宣传心理卫生知识，便于员工了解和鉴别正常心理与失常心理的差别，不把暂时的、个别的症状错误地当做心理疾病。在西方，心理卫生产生于精神疾病的治疗实践中，这使得心理卫生一开始就具有浓厚的医学干预色彩。而心理保健是通过个体自身的努力，在恰当的心理健康知识的引导下，发现自己的心理问题，及时解决，从而保持健康的心理状态。

企业可以通过心理测验（如明尼苏达多相个性测验、艾森克人格量表等）对员工进行心理健康普查，结合平时观察，发现有心理疾患症状的员工，早日帮助其进行心理咨询或送有关医院治疗。

心理卫生辅导的内容，主要是两个方面：

（1）改变认知

所谓认知，这里是指社会认知，即个人对他人的心理状况、行为动机和意向作出推测与判断的过程。改变认知就是改变职工对环境、事件的看法或认识。挫折是由挫折情境（外界刺激）引起的，对挫折情境缺乏正确的客观的评估，是造成挫折的内在原因。因而要消除挫折感、减少焦虑，应帮助职工重新认识和估价挫折情境，也就是要改变原来对挫折情境的认识。

具体做法是：① 疏导、劝说。教育职工正确地对待挫折情境，不为一时的失败而灰心丧气，应振作精神，继续努力，争取达到目标。② 倾听职工的抱怨。让其发泄自己的情绪，减轻压抑，并借此了解职工的心理需要，以便有的放矢地引导。③ 给职工提供学习机会，提高业务技术水平，使其更好地适应工作需要。④ 组织好业余文化生活。丰富多彩的业余生活既能满足职工的文化娱乐的需要，又能满足交往的需要，从而避免空虚感。

（2）员工帮助计划（EAP）

Goedings · A（1987～）认为，员工帮助计划是企业通过合理的干预方法，积极主动地去了解、评估、诊断和影响员工工作表现与绩效问题的过程。国内学者张西超认为，EAP是组织为员工设置的一项系统的、长期的援助和福利计划。通过专业人员对组织的诊断、建议和对员工及其直接家属的专业指导、培训和咨询，旨在帮助解决员工及其家庭成员的心理和行为问题，以提高员工在组织中的工作绩效。EAP的内容分为八方面：① 个体咨询；② 团体咨询；③ 咨询服务；④ 教育培训；⑤ 职业生涯规划；⑥ 特别服务；⑦ 研究工作；⑧ 紧急服务。EAP分为个人事务与工作事务两大类。个人事务的内容包括酒精与药物、情绪控制、家庭关系、财务、健康、法律与人际关系技巧；工作事务包括工作职务、工作环境、工作场所性骚扰、人际冲突、工作绩效、工作压力与退休规划。

案例10-1

产业心理咨询在日本

产业心理咨询是员工帮助计划（EAP）在日本的变形和再应用。之所以称之为产业心理咨询，而不是企业心理咨询，主要是因为产业的概念更为广泛，包括第一产业、第二产业以及以服务为主的第三产业，工商企业、服务机构、学校、警察、金融、医院、政府部门等都包含其中，涵盖了全社会的职业类型。

日本的产业心理咨询至今已经有五十多年的历史。企业一般都设有咨询室、恳谈室、宣泄室和茶室等，还有一些企业引进了心理服务，包括心理咨询、心理测试、心理援助等。松下公司著名的“出气室”就是一个典型的例子。在这个房间里有松下幸之助的仿真橡皮人，供有怨气的员工打击以发泄内心的情绪。当员工打击完橡皮人之后，那橡皮人嘴里就会响起松下幸之助本人的声音，这是他写给员工们的一首诗。诗中说：“这不是幻觉，我们心心相通，团结合作，因为我们都生在日本国。我们有一致的目标——让日本繁荣幸福。我们的做法可能有分歧，但必须记住祖先的忠告：让民族强盛、子孙和睦。”松下把“出气法”的心理宣泄与爱国主义教育紧密结合起来，把与员工的沟通、理解凝聚到民族精神上，可以说是一个明智而巧妙的做法。

产业心理咨询服务的主要内容，一是员工的心理健康；二是员工压力管理和员工职业生涯的规划与发展；三是员工工作场所的人际关系调适。产业心理咨询服务的对象是所有的劳动者和与劳动者相关的人，包括员工的家属，通过对从业人员及其家属的心理问题进行辅导，解决他们的问题，增进其健康，提高其生活质量。

在日本，从事产业心理咨询的人员是一批训练有素的产业心理咨询师。他们的年龄大多在40～50岁，专、兼职的都有，男女基本各半。这些人的出身背景有学医学的、有学护理的、有专门学产业咨询的、有学心理学的。产业心理咨询师在企业里一般身兼数职，担当着咨询师、训练者、员工福利顾问等多重角色。他们与企业的人力资源管理部门密切合作，开展职业心理咨询、心理健康咨询、员工个人能力开发和自我发展等工作。要想成为一名合格的产业心理咨询师，必须经过严格的资格培训和资格认证。初级咨询师必须是大学心理学本科毕业，中级咨询师起点是硕士，高级咨询师是博士。如非心理学本科、硕士、博士，则必须具有很多年的工作经验并经过严格的心理咨询专业的培训和考核。

日本的产业心理咨询，一般在企业设有专门的机构，配备有一至几名专门人员。机构设置各个企业不尽相同，有的设在总务部，有的设在人力资源部，有的设在健康管理部。名称叫法也不尽相同，有叫职员咨询中心的，有叫职员咨询室的。产业咨询师在工作中经常遇到的问题是身体健康、工作场所不适应、人际关系困扰、岗位和职位改变、精神病、酒精或其他药物依赖、工作压力、离婚、中年期抑郁症、退休适应等问题。

归纳总结

本项目主要分析了三个方面的内容：一是管理者与员工之间的人际关系问题；二是管理者对员工工作激励问题；三是员工心理健康保健问题。这三个问题的核心是建立在以人为本的管理理念上，主要是处理好员工在工作中的身心状态，积极地对待工作，争取取得更加良好的绩效。

练习与实训

一、思考题

1. 如何处理好管理者与员工的人际关系？

2. 常见的激励理论有哪些？请举例说明。

3. 作为一名学生，你的心理压力有哪些，你是如何缓解这些压力，进行自我调节的？

二、案例分析

某宾馆经理接到处分职工王大成的报告，他觉得问题不太清楚，就作了一番调查。事实是王大成的母亲患病住院，他母亲想喝鸡汤。由于王白天上班，晚上去医院陪母亲，连去市场买鸡的时间都没有。在这种情景下，他在餐厅里偷了一只鸡，犯了错误。经理了解了情况以后，批准了餐厅对王作记大过一次、扣发当月奖金。然后带着慰问品去医院看望王的母亲，并对他母亲说："王大成在工作中表现很好，在家里对你也很孝顺，他是你的好儿子。"患病的母亲含笑听着。次日，经理找王大成谈话，先肯定他工作好，接着又指出偷公家东西是十分错误的，并征求其对处分的想法。

王大成对这种赏罚分明、合情合理的处理十分感动，并表示自己错了，愿意接受这种处分。这时，经理离开座位说："你母亲生病半个多月，我们都不知道，没有给予关心，我们很对不起你。"说后，经理毕恭毕敬地向王大成鞠了一个躬。

根据上述材料分析问题：

1. 从管理与道德的关系，分析王大成的行为。

2. 评价经理处理这件事的做法。

三、实训题

1. 设计一份关于本地饭店和旅行社员工的调查问卷，调查员工的工作目的除了获取相应的物质报酬外，还有哪些目的。

2. 从企业的角度分析企业应该采取哪些措施来激励员工。

参考文献

[1] 马继兴．旅游心理学．北京：清华大学出版社，2010.
[2] 杨立，曲凤娟，杨明伟．旅游心理学．北京：清华大学出版社，2010.
[3] 李祝舜．旅游心理学．北京：高等教育出版社，2010.
[4] 周义龙，龚芸．旅游心理学．武汉：武汉理工大学出版社，2010.
[5] 李清霞．旅游心理学．西安：西北工业大学出版社，2010.
[6] 赵淑云．旅游心理学．合肥 ：安徽大学出版社，2009.
[7] 李祝舜．旅游心理学．北京：机械工业出版社，2009.
[8] 林莉．实用旅游心理学．合肥：安徽大学出版社，2008.
[9] 李雪冬．旅游心理学．天津：南开大学出版社，2008.
[10] 花菊香．旅游心理学．北京：冶金工业出版社，2008.
[11] 舒伯阳．旅游心理学．北京：清华大学出版社，2008.
[12] 俞文钊．管理心理学．大连：东北财经大学出版社，2008.
[13] 孙喜林，荣晓华．旅游心理学．大连：东北财经大学出版社，2007.
[14] 孙庆群．旅游心理学．北京：化学工业出版社，2007.
[15] 舒伯阳．旅游心理学．大连：东北财经大学出版社，2007.
[16] 牛志文．饭店服务员培训教材．北京：金盾出版社，2007.
[17] 马莹．旅游心理学．北京：中国旅游出版社，2007.
[18] 李一文．旅游心理学．大连：大连理工大学出版社，2006.
[19] 叶奕乾．心理学．上海：华东师范大学出版社，2006.
[20] 李天元．旅游学．北京：高等教育出版社，2006.
[21] 欧晓霞．旅游心理学．北京：对外经济贸易大学出版社，2006.
[22] 娄世娣．旅游心理学．郑州：郑州大学出版社，2006.
[23] 余敦旺．旅游心理学．合肥：中国科学技术大学，2006.
[24] 余凯成．组织行为学．大连：大连理丁大学出版社，2005.
[25] 李昕．实用旅游心理学教程．北京：中国财政经济出版社，2005.
[26] 刘纯．旅游心理学．北京：高等教育出版社，2004.
[27] 陈筱．旅游心理学．武汉：武汉大学出版社，2003.
[28] 马建敏．旅游心理学．北京：中国商业出版社，2003
[29] 李铮，姚本先．心理学新论．北京：高等教育出版社，2002.
[30] 黄希庭．心理学导论．北京：人民教育出版社，2002.
[31] 莫雷．20 世纪心理学名家名著．广州：广东高等教育出版社，2002.
[32] 王柯平．旅游美学新编．北京：旅游教育出版社，2002.
[33] 孙喜林．旅游心理学．广州：广东旅游出版社，2002.

[34] 马莹．旅游心理学．北京：中国轻工业出版社，2002.

[35] 刘纯．旅游心理学．北京 ：高等教育出版社，2002.

[36] 黄福才．旅游学概论．厦门：厦门大学出版社，2001.

[37] 王婉飞．餐饮消费心理与经营策略．北京：中国发展出版社，2001.

[38] 张树夫．旅游心理学．北京：高等教育出版社，2001.

[39] 卢家楣．心理学．上海：上海人民出版社，2000.

[40] 孟昭兰．普通心理学．北京：北京大学出版社，2000.

[41] 谢苏，王明强，汪瑞军．旅游心理概述．北京：旅游教育出版社，2000.

[42] 李祝舜．旅游公共关系学．北京：高等教育出版社，1999.

[43] 甘朝有．旅游心理学．天津：南开大学出版社，1998.

[44] 张春兴．现代心理学．上海：上海人民出版社，1996.

[45] 杨宏伟．旅游心理学．长春：东北师范大学出版社，1996.

[46] 小爱德华·J·梅奥，兰斯·P·贾维斯．旅游心理学．南开大学旅游系译．天津：南开大学出版社，1987.

[47] 吴莉．旅游与人的缺乏性需要探析．洛河学院学报，2010（6）.

[48] 尚明娟．现代旅游动机浅析．吉林广播电视大学学报，2010（4）.

[49] 郭克峰．旅游决策及其影响因素研究．特区经济，2009（2）.

[50] 王志华．旅游者决策模式的研究和建立．焦作大学学报，2008（2）.

[51] 吴琳，杨慧慧．心理知觉与旅游决策研究初探．宁波大学学报，2008（1）.

[52] 任曼丽．现代旅游动机分析．安阳工学院学报，2008（1）.

[53] 曹奇刚．关于发展个性化旅游的几点思考．河南科学，2006（6）.

[54] 李妍．旅游者旅游动机的形成途径．辽宁行政学院学报，2006（3）.

[55] 邱扶东，吴明证．认知方式与消极情绪对旅游决策影响的实验研究．心理科学，2005（5）.

[56] 邱扶东，汪静．旅游决策过程调查研究．旅游科学，2005（2）.

[57] 国家旅游局网：http：//www. cnta. gov. cn/

[58] 国家统计局网：http：//www. stats. gov. cn/

[59] 中国网：http：//www. china. com. cn/